*Coleção*
FILOSOFIA
ATUAL

Impresso no Brasil, setembro de 2014

Título original: *Experimentul și Spiritul Matematic*
Copyright © Humanitas, 1998
Todos os direitos reservados.

Os direitos desta edição pertencem a
É Realizações Editora, Livraria e Distribuidora Ltda.
Caixa Postal: 45321 · 04010 970 · São Paulo SP
Telefax: (11) 5572 5363
e@erealizacoes.com.br · www.erealizacoes.com.br

*Editor*
Edson Manoel de Oliveira Filho
*Gerente editorial*
Sonnini Ruiz
*Produção editorial e preparação*
William C. Cruz
*Revisão técnica*
Lucas Belussi
*Revisão*
Danielle Mendes Sales
*Capa e projeto gráfico e diagramação*
Mauricio Nisi Gonçalves e André Cavalcante Gimenez / Estúdio É
*Pré-impressão e impressão*
Edições Loyola

Proibida toda e qualquer reprodução desta edição
por qualquer meio ou forma, seja ela eletrônica ou mecânica,
fotocópia, gravação ou qualquer outro meio de reprodução,
sem permissão expressa do editor.

*Coleção*
**FILOSOFIA ATUAL**

# O EXPERIMENTO E O ESPÍRITO MATEMÁTICO

## LUCIAN BLAGA

APRESENTAÇÃO À EDIÇÃO BRASILEIRA
**HORIA-ROMAN PATAPIEVICI**

TRADUÇÃO
**CRISTINA NICOLETA MANESCU**

REVISÃO DA TRADUÇÃO
**ELPÍDIO MÁRIO DANTAS FONSECA**

**É Realizações**
Editora

# Sumário

Apresentação ............................................. 7
Esboço biobibliográfico ................................ 31
Nota acerca da edição .................................. 35

1. A ciência de tipo galileo-newtoniano e suas premissas históricas............................................. 37
2. Os lógicos e o método experimental..................... 65
3. Métodos, pares metodológicos, supramétodo ............ 79
4. A intuitividade da ciência e o erro positivista............ 145
5. A matematização dos métodos de pesquisa científica e o pan-matematismo filosófico ....................... 159
6. Modos de racionalização ............................. 179
7. Senso comum e conhecimento científico ............... 191
8. Experimento e teoria ................................ 199
9. As duas linhas de desenvolvimento do experimento...... 215
10. O experimento na perspectiva de suas implicações licenciosas e de seus frutos ......................... 229
11. Leis de precisão e leis estatísticas ..................... 237

Adendo ............................................. 249

# Apresentação

## *Lucian Blaga: Uma voz do passado que ainda não teve um futuro*

> "A presente obra encerra em suas páginas
> a matriz de futuras metafísicas."
> Lucian Blaga (1931)

É sem dúvida difícil apresentar ao público de 2014 uma obra filosófica escrita para gaveta sessenta anos atrás – num país que estava sob ocupação soviética e submetido a um regime de terror – por um filósofo proibido em seu próprio país e, durante a vida, quase não traduzido em línguas de circulação internacional. Mas, se dissermos que o filósofo do qual estou falando é romeno, que o país onde foi proibido é a Romênia, e o país onde hoje este filósofo é traduzido é o Brasil, então talvez a apresentação não seja tão difícil. Pois entre o Brasil e a Romênia já existe uma ligação. Eis o que declarava em 2000 o embaixador do Brasil na Romênia, Sua Excelência Jerônimo Moscardo:

> Os romenos estiveram presentes no Brasil em dois momentos essenciais: na obtenção da independência cultural e no desencadeamento da industrialização! O Brasil deve sua independência cultural ao movimento dadaísta, iniciado, como se sabe, pelo

romeno Tristan Tzara. O manifesto dadaísta foi a arma que o Brasil usou contra a Metrópole Colonial, ou seja, Portugal. A ideia era romper as "correntes", ou seja, o formalismo, e fazer com que o Brasil se abrasileirasse, se reconhecesse como país. No aspecto econômico, cria-se que fôssemos condenados a permanecer um país agrícola, como a Romênia em dado momento. Mas Deus quis que existisse um grande romeno, ex-ministro de assuntos externos do país dos Srs. e economista de porte mundial, Mihail Manoilescu (1891-1950). Depois da tradução em 1932 de sua obra genial, destinada ao corporativismo integral e puro (*Nova Teoria do Protecionismo e Troca Internacional*), esta tem sido até hoje a inspiradora do desenvolvimento econômico do Brasil. Tivemos o Presidente Vargas, que conduziu o Brasil durante 15 anos, exatamente no período de Manoilescu – seu grande mentor. Seguiu-se então o Presisente Kubitschek, o construtor de Brasília, cujo principal ministro, Furtado, foi também um grande discípulo do economista romeno. Enfim, mesmo o atual presidente do Brasil, Fernando Henrique Cardoso, é, em certa medida, um dos discípulos do grande romeno. Ora, não são estes motivos suficientes de amor dos brasileiros para com os romenos?[1]

A obra de Mihail Manoilesu a que o embaixador Moscardo se referia é *Théorie du Protectionisme et de l'Échange International*, publicada em Paris em 1929. Traduzida primeiro em português (em 1931), depois em alemão (1937), a obra aparece em tradução romena somente em 1986. Nos anos de 1930 e 1940, as ideias de Manoilescu acerca do modo como um país agrícola pode concorrer com as potências industriais foram muito populares em alguns países da América Latina: em alguns deles foram até aplicadas. É o caso do Brasil. Nos círculos industriais brasileiros dos anos de 1930, as ideias de Manoilescu acerca da passagem do subdesenvolvimento para o desenvolvimento econômico constituíram "uma espécie de Bíblia para boa parte

---

[1] S. E. Jerônimo Moscardo (embaixador do Brasil em Bucareste no período), "România nu trebuie să fie modestă. România este o mare putere culturală" [A Romênia não deve ser humilde. A Romênia é uma grande potência cultural]. *Formula AS*, n. 417, 2000. Disponível em: www.formula-as.ro/2000/417/spectator-38/spectator-1497.

dos industriais brasileiros, sobretudo paulistas", dizia em 1999 Boris Fausto (Professor aposentado do Departamento de Ciência Política da USP).[2]

\*\*\*

Quem foi Lucian Blaga? Não evitemos a palavra. Lucian Blaga foi um gênio. Nascido em 1895, falecido em 1961, ativo na cultura de 1919 até 1948, quando foi proibido pelo regime comunista,[3] Blaga foi uma das três ou quatro figuras excepcionais da cultura romena do século XX. Escreveu poesia, teatro, filosofia, prosa memorialística.[4] Em todos se distinguiu. O seu volume de estreia, *Poemele Luminii* [Os Poemas da Luz] (1919), exerceu na literatura romena um papel modernizador comparável ao exercido na literatura de língua inglesa pelo volume de T. S. Eliot, *The Waste Land* (1922). Derivando da sensibilidade do expressionismo alemão, mas enxertada numa natureza profundamente impregnada do que Mircea Eliade caracterizou como "o cristianismo cósmico" das sociedades rural-neolíticas do sudeste da Europa, a poesia de Blaga revolucionou completamente a sensibilidade poética romena. Assim como Georg Trakl, Blaga foi expressionista sem ser um romântico. Foi um poeta metafísico, apocalíptico, trágico, paradisíaco e demoníaco (no sentido de Goethe). Esteticamente, sua poesia

---

[2] Boris Fausto, "Estado Novo no Contexto Internacional". In: Dulce Pandolfi (org.), *Repensando o Estado Novo*. Rio de Janeiro, Fundação Getúlio Vargas, 1999, p. 18: "Por que Maiolescu foi importante? Foi importante por suas concepções políticas conservadoras, autoritárias e corporativas e porque, do ponto de vista econômico, esposava uma doutrina do agrado dos industriais brasileiros, tendo como um de seus itens principais a defesa do protecionismo como forma de desenvolver a economia nas áreas periféricas. Daí seus trabalhos terem sido referência obrigatória nos círculos industriais brasileiros na década de 1920 e no início dos anos 1930. Manoilescu influenciou também intelectuais ligados ao Estado Novo, como Oliveira Viana e Azevedo Amaral. Este último traduziu para o português o livro *O Século do Corporativismo*, publicado em 1934".

[3] Período em que se lhe permitiu apenas a publicação de traduções: traduziu Goethe, *Fausto*; Lessing, *Nathan der Weise* (Natã, o sábio); e a lírica universal.

[4] O único livro de Lucian Blaga traduzido até agora no Brasil é o romance memorialístico *Luntrea lui Caron* (escrito por Blaga entre 1951-1953 e finalizado entre 1956-1958; publicado pela primeira vez postumamente, em 1990), editado em setembro de 2012, com um prefácio especialmente escrito para essa edição pela filha do autor, Dorli Blaga: *A Barca de Caronte*. Trad. Fernando Klabin. São Paulo, É Realizações, 2012 (560 p.).

está ao lado dos maiores poetas do século XX. O teatro de Blaga transformou radicalmente a dramaturgia romena, introduzindo em cena, pela primeira vez, o expressionismo poético, os dramas abissais da alma (psicanalíticos), a tragédia construída em contexto mitológico e a força psicológica dos mitos arcaicos. Em 1935, Blaga caracterizou seu próprio teatro como proveniente do "realismo mítico". Mas é mais. É uma dramaturgia dos grandes gestos rituais, misteriosos, cósmicos, com efeitos disruptivos ou redentores sobre os homens e as comunidades. No período de perseguição e de exílio interno, em que se lhe foi proibido publicar, e se retirou às suas obras o direito de continuar circulando, Blaga escreveu, para a gaveta, poesias de amor: as mais belas de sua criação e uma das mais belas da literatura universal. Em filosofia foi igualmente original, clássico e provocador. No curso de trinta anos (1929-1959), Lucian Blaga construiu, passo a passo, o mais imponente sistema filosófico da cultura romena, organizado em trilogias, como que à maneira em que o sistema de Plotino fora organizado (por Porfírio) em enéadas. Em Plotino são seis enéadas, totalizando cinquenta e quatro tratados. Em Blaga são quatro trilogias, compreendendo no total quinze volumes (tendo em média duzentas páginas cada um).

A primeira trilogia é *Trilogia Cunoașterii* [A Trilogia do Conhecimento], composta de três tratados – *Eonul Dogmatic* [O Eão Dogmático] (1931), *Cunoașterea Luciferică* [O Conhecimento Luciférico] (1933), *Censura Transcendentă* [A Censura Transcendente] (1934) –, precedidos de uma introdução de tipo protréptico (*Despre Conștiința Filozofică* [Da Consciência Filosófica], 1946, publicada pela primeira vez em 1974) e de uma conclusão epistemológica de filosofia da ciência (*Experimentul și Spiritul Matematic* [O Experimento e o Espírito Matemático], escrito entre 1949-1951 e publicado a primeira vez em 1969).

A segunda trilogia é *Trilogia Culturii* [A Trilogia da Cultura], constituída de três tratados: *Orizont și Stil* [Horizonte e Estilo] (1936), *Spațiul Mioritic* [O Espaço Miorítico] (1936), *Geneza Metaforei și Sensul Culturii* [A Gênese da Metáfora e o Sentido da

Cultura] (1937). É a trilogia que gozou da maior audiência, assim nacional como internacional. Se a Romênia não tivesse estado cativa no espaço da cortina de ferro, *A Trilogia da Cultura* teria sido integralmente traduzida na Itália e, tendo a recomendação de um Antonio Banfi, poderia ter entrado na discussão filosófica geral do mundo livre.[5]

A terceira trilogia tem o nome de *Trilogia Valorilor* [A Trilogia dos Valores] e é composta dos volumes: *Ştiinţă şi Creaţie* [Ciência e Criação] (1942), *Gândire Magică şi Religie* [Pensamento Mágico e Religião] (1941; 1942), *Artă şi Valoare* [Arte e Valor] (1939). O volume do meio da trilogia dos valores, o tratado *Gândire Magică şi Religie*, é, a seu turno, constituído de dois volumes, intitulados *Despre Gândirea Magică* [Do Pensamento Mágico] (1941) e *Religie şi Spirit* [Religião e Espírito] (1942).

A última trilogia, a quarta, é intitulada *Trilogia Cosmologică* [A Trilogia Cosmológica] e é constituída dos volumes: *Diferenţialele Divine* [Os Diferenciais Divinos] (1940), *Aspecte Antropologice* [Aspectos Antropológicos] (curso ministrado em 1947-1948; publicado pela primeira vez em volume em 1976), *Fiinţa Istorică* [O Ser Histórico] (manuscrito de 1959; publicado pela primeira vez em 1977). *Aspecte Antropologice* [Aspectos Antropológicos], representando o texto do último curso (1947-1948) que Blaga ainda ministrou na Universidade de Cluj, antes de ser expurgado do ensino pelas autoridades comunistas (1948), foi publicado em volume póstumo (1976), segundo o curso litografado no arquivo da universidade. Blaga começou a escrever o estudo *Fiinţa Istorică* em algum dia durante a guerra: escreveu quatro capítulos dele, depois, abandonou-o; retomou-o e finalizou-o no ano de 1959, quando, da perspectiva do encerramento de seu sistema filosófico e, quiçá, de um pressentimento da aproximação da morte, redigiu um "testamento editorial", em que deixou indicações

---

[5] Em 1946 aparecia, com um prefácio caloroso do filósofo italiano Antonio Banfi, a tradução em italiano da obra de Blaga *Orizont şi Stil* (1936), a primeira parte da Trilogia da Cultura: Lucian Blaga, *Orizzonte e Stile*. Org. Antonio Banfi. Trad. Mircea Popescu e Eugeniu Coseriu. Milano, Alessandro Minuziano Editore, 1946. Na folha de rosto do volume aparecia a seguinte inscrição: "Orizzonte e Stile – L'estética del più significativo filosofo romeno contemporaneo" (*Horizonte e Estilo* – a estética do mais significativo filósofo romeno contemporâneo).

acerca da maneira em que deveriam ser agrupadas todas as suas obras filosóficas. Nessa data, o volume *Ființa Istorică* já estava terminado (em manuscrito).

\*\*\*

Deve-se situar o *estilo* filosófico de Blaga. Blaga foi um filósofo de formação alemã (era bilíngue: dominava igualmente bem o alemão assim como sua língua materna). Embora tenha estudado filosofia em Viena, onde obteve também o doutorado, sua formação filosófica não era austríaca (ou seja, influenciada pelo positivismo de Ernst Mach ou pela filosofia da linguagem formulada por Fritz Mauthner ou pelo aristotelismo de Franz Brentano, com a abertura deste para a fenomenologia, para uma filosofia da ciência do tipo do positivismo lógico ou para o que, em Meinong, passaria a ser *Gegenstandstheorie* [Teoria do Objeto]), mas era uma formação filosófica essencialmente alemã. Do ambiente intelectual vienense, Blaga passou a ter um interesse *epistemológico* diante das ciências exatas, o que é tipicamente austríaco e que não se reencontra (quase nunca) na filosofia alemã no espírito em que se formou.

A escrita filosófica de Blaga difere enormemente da praticada hoje na comunidade acadêmica. É o estilo da filosofia alemã da época, um estilo que foi expulso da escrita filosófica de hoje pela imposição da maneira insípida, impessoal e pedante de escrever dos universitários americanos de depois da Segunda Guerra Mundial. Hoje a marca "científica" da escrita filosófica passou a ser a falta de talento literário. Blaga transborda de talento literário. É metafórico, mas sempre sistemático; inventa conceptualmente todo tempo, mas o faz com precisão teminológica; é pessoal na terminologia, mas nunca arbitrário; é poético, mas apenas para estar (como dizia Aristóteles na *Poética*) mais próximo da verdade; emprega livremente a nomenclatura tradicional de conceitos da filosofia, mas apenas para fazer, na rigidez da tradição, a precisão ainda fluida de sua própria originalidade, da qual é cada vez mais consciente, à medida que os tratados constituintes das trilogias se compõem e se reúnem, uns após outros, na estrutura exigida pela lógica do sistema imaginado por ele. Por exemplo, em Blaga, o conhecimento não é empírico e teorético, mas "paradisíaco" e "luciférico";[6] a morfologia da cultura não é determinada por um "sentimento espacial", mas por uma "matriz estilística", de natureza "funcional e abissal"; em vez do Absoluto ou de Deus, Blaga fala de "O Grande Anônimo"; a gênese cósmica é "trifásica", a individuação e os tipos (as formas ideais) não são primeiros, mas se decompõem em "diferenciais divinos", que são continuamente gerados pelo "Grande Anônimo", do "centro" ou de suas "periferias"; etc. Outra particularidade da escrita filosófica de Blaga é a ausência quase total de referências e de notas de rodapé. O estilo anglo-saxão impôs na filosofia um gênero de controle administrativo de todas as afirmações feitas, pela obrigação (chamada hoje de maneira errônea *scholarship*") de assinalar a fonte delas na literatura especializada. Blaga pertence a uma tradição hoje extinta, em que os livros eram escritos para um público cultivado, que possuía em princípio a maioria das referências do autor e que não tinha necessidade de "polícia das competências" (o catálogo ISI dos anglo-saxônicos) para saber se o autor diante dele é bom, é competente, é original, sabe o que diz ou divaga. Era um público formado de pessoas dotadas de cultura e de juízo, que a doença da especialização ainda não afastara umas das outras e que nutriam interesse de conhecimento em muitas disciplinas (diferentes, conexas, ou sem ligação com a sua própria). Era um público que não fora ainda desencorajado pelas escolas em que se formara a conhecer por conta própria e a quem o orgulho das universidades ainda não confiscara o direito de ler em todos os domínios importantes. Hoje também a noção de "importante" perdeu qualquer importância; e para cada domínio do conhecimento inventou-se uma instituição que, semelhante aos orfanatos que institucionalizam crianças sem pais, ou abandonadas, é destinada a "institucionalizar" a paixão pelo conhecimento dos homens. Ao tempo de Blaga, ninguém se admirava de que homens comuns lessem filosofia e que falassem entre si acerca das ideias dos filósofos mais interessantes e importantes. Blaga não escrevia apenas

---

[6] Os motivos pelos quais essas conceptualizações não se equivalem reciprocamente são expostos por Blaga no capítulo final ("Încheiere") [Encerramento] do volume *Cunoașterea Luciferică* [1933]. In: Lucian Blaga, *Opere*, col. 8, 1983, p. 434-36.

para filósofos universitários, que fazem da filosofia sua carreira; escrevia para pessoas sedentas de conhecimento, que faziam um modo de vida de sua paixão (não institucionalizada) pelas ideias filosóficas. A escrita filosófica de Blaga não é nem insípida, nem impessoal, nem pedante: é a escrita de um escritor, de um pensador pessoal. Como tal, é muito possível que irrite a todos os universitários que queiram ter as ideias filosóficas cativas no orfanato das especializações institucionalizadas.

Como *estrutura* filosófica, Blaga era um neokantiano. Mas não ortodoxo (como quase todos os *últimos* neokantianos). Atormentado, como todos os neokantianos, pelo problema "da coisa em si", Blaga interessou-se por tudo o que podia dar um conteúdo cognitivo positivo às proibições impostas pelo funcionamento do sujeito transcendental. Daí, seus interesses de conhecimento terem sido relacionados ao inconsciente, às categorias abissais, à relevância epistemológica do mistério, ao fenômeno do estilo (epistemologia, valor cultural, função civilizacional), à especificidade não biológica da natureza humana, à relação entre ontologia e estilo, entre conhecimento e cultura, entre os dados últimos da composição do mundo e o que chamamos civilização. Em Blaga, também a teoria do inconsciente (derivada de Freud, mas trabalhada segundo Jung) se organiza kantianamente, em categorias abissais *a priori*, que organizam o mistério, o potencializam e conduzem, pelo funcionamento deles, a uma experiência tipicamente humana de transformação do mistério em estilo, em cultura. Se a coisa em si, para Blaga, não pode ser conhecida, é porque ela de fato pode ser atingida, mas não diretamente, e sim de maneira transfigurada, por intermédio das obras de criação, que são marcadas pelo selo do estilo. Para Blaga, o estilo é um fato igualmente ontológico, cognitivo e transcendental, um selo das categorias abissais do inconsciente: sofrendo e beneficiando-se do selo do estilo, a obra de criação nos põe transfiguradamente na presença do mistério e, ao mesmo tempo, nos impedem o acesso *direto* a ele.

Como *natureza* filosófica, Blaga não era de maneira nenhuma um kantiano, mas um adepto de Goethe, com sua teoria morfológica quanto à estrutura e evolução do vivo ou com reflexos de Goethe quanto ao *demonismo* da natureza (um Goethe passado, quem sabe, por Rudolf Steiner); tinha a sensibilidade morfológica de um morfólogo da cultura do tipo de um Leo Frobenius (passado também por Oswald Spengler), que procurava ultrapassar a simples morfologia por uma teoria "funcional" do estilo, capaz de explicar "abissalmente" (ou seja, por categorias cognitivas situadas no inconsciente) as formas de cultura e de civilização; enfim, Blaga tinha um sentido das polaridades e uma sensibilidade diante do desafio vital entre realidades antagônicas, a qual é tipicamente alemã e foi afirmada, completamente, para a época deles, por Ludwig Klages no livro *Der Geist als Widersacher der Seele* [O Espírito como Oponente da Alma] (1929).

\*\*\*

A filosofia de Blaga estreia em 1931 com uma obra-prima de originalidade, *Eonul Dogmatic* [O Eão Dogmático]. A obra surpreendeu todo o mundo, porque, sob disfarce filosófico, parecia esconder uma obra de teologia (herética). Blaga tinha uma formação tripla: estudos de teologia em Sibiu (licenciatura em 1917), estudos de biologia e filosofia em Viena (1916-1920), com doutorado em filosofia (Viena, 1920). A matéria da obra mobiliza de maneira muito engenhosa suas referências de teologia e de filosofia e é construída, partindo dos dados do dia da erudição alemã (àquela época, os mais sólidos) na história da filosofia e na história dos dogmas (uma especialidade então alemã). Ao mesmo tempo, as tradições de pensamento da filosofia especulativa e da dogmática sistemática não são empregadas apenas para se iluminarem reciprocamente, mas, de modo inesperado, também para explicar os mecanismos de pensamento postos em jogo pela mecânica quântica (à época, a mais nova, mais revolucionária e mais paradoxal teoria da física).

A ideia com que Blaga unifica esses três campos de conhecimento – a teologia dogmática, a filosofia especulativa e a ciência mais moderna – é profundamente original. Ele não vê o dogma como um "conteúdo religioso", mas como uma "forma", tendo um "sentido metodológico".[7] Diz ele:

---

[7] Diz Blaga: "o dogma, além de ser uma fórmula metafísica, esconde ainda também um sentido *metodológico* [...]". "[...] *o dogma*, embora pressuponha, de certa maneira, o que resta ser precisamente determinado, uma renúncia ao intelecto, *formula-se*

Qualquer dogma representa para as possibilidades lógicas do intelecto uma antinomia, mas qualquer dogma compreende, pelos próprios termos que emprega, também uma indicação precisa que o lógico deve superar e que a antinomia é pressuposta como solucionada contra as nossas possibilidades de compreender.[8]

Mais ainda, o dogma contém também o mecanismo pelo qual a antinomia pode ser ultrapassada: "o dogma é antilógico exatamente à medida que indica também uma solução".[9] Pela afirmação de que o dogma é uma forma que encerra em si um sentido metodológico, Blaga entende o fato de que a estrutura formal do dogma constitui um mecanismo intelectual, um mecanismo pelo qual o intelecto pode superar teoricamente a antinomia lógica.

Resumindo a análise, pode-se dizer que o dogma nasce da sobreposição de dois procedimentos distintos: primeiro, pelo procedimento de estabilização de uma antinomia, e, em segundo lugar, pelo procedimento de transfiguração. A transfiguração faz-se pela cisão[10] de alguns conceitos solidários.[11]

Dito de outro modo, o dogma dá ao intelecto uma sugestão de funcionamento; no nível do funcionamento da mente, o dogma comporta-se como um dispositivo mental estável, entrando em "operações do intelecto";[12] é, como procedimento mental de transcender da antinomia, um "modo de pensar".[13] "Os dogmas [como modo de pensar] são antinomias transfiguradas";[14] pela aplicação do procedimento metodológico do dogma, "a antinomia não é repelida, não se racionaliza, mas é apenas transfigurada".[15]

---

*num plano totalmente de intelectualidade.* Em consequência, ele pode ser separado em abstrato, como qualquer fórmula metafísica, e tratado como tal sob aspecto exclusivamente intelectual." (*Eonul Dogmatic*. In: *Opere*, vol. 8, p. 197-98; 203).

[8] Ibidem, p. 221.

[9] Ibidem, p. 222.

[10] Em outro lugar, Blaga emprega para "cisão" o termo de "diferenciação" (p. 253).

[11] Ibidem, p. 222.

[12] Ibidem, p. 224.

[13] Ibidem, p. 225.

[14] Ibidem, p. 221.

[15] Ibidem, p. 223.

Como aparece, pois, uma antinomia "transfigurada"?[16] "O dogma utiliza conceitos com correspondentes concretos, mas postula uma síntese recusada pelo concreto. [...] Ao paradoxo dogmático se lhe *postula* uma solução para além da lógica e do concreto".[17] Onde? Em outro plano de realidade. E, deste modo, o pensamento que inicialmente fora bloqueado pela antinomia, agora pode ir mais longe, superando-a e incorporando-a, ao mesmo tempo, num outro nível de realidade.

Aqui não se trata da famosa superação hegeliana, *Aufhebung*, mas de um mecanismo diferente e muito mais fértil do ponto de vista cognitivo: o método dogmático cria um dispositivo mental pelo qual o bloqueio das antinomias é superado, mas não numa síntese hegeliana, e sim pela postulação de um nível superior de realidade, em que a construção teórica pode continuar, sem nenhuma contradição lógica, embora a antinomia tenha sido incorporada.[18] O exemplo mais à mão é o número imaginário $i = \sqrt{-1}$. Porque a raiz quadrada de -1 não tem realidade, existem equações que não têm solução; mas se se postulasse que a $\sqrt{-1}$ é um número, não real, mas imaginário (ou complexo), e a quantidade dos números complexos pudesse ser construída, partindo do corpo dos números reais e da unidade imaginária ($i = \sqrt{-1}$), então todas as equações teriam ao menos uma solução. Se postulamos dogmaticamente a unidade imaginária (o que, no nível de realidade dos números reais, representa uma contradição em termos), então chegamos ao teorema fundamental da álgebra (como se dizia dele no tempo de Blaga), que afirma o seguinte: o campo dos números complexos é algebricamente fechado. Sem o salto dogmático na unidade imaginária, o nível de realidade dos números complexos não poderia ter sido atingido, e o teorema fundamental da álgebra não existiria.

Outro exemplo é a ligação entre a antinomia fundadora da mecânica quântica (a luz comporta-se como se fosse algumas

---

[16] Observai, peço-vos, a linguagem metafórica, não técnica, de grande sugestão simbólica, tão distanciada do jargão acadêmico da filosofia de hoje.

[17] Ibidem, p. 236; 244.

[18] Blaga faz distinção entre o método dialético de Hegel e o método dogmático nas p. 232-36.

Apresentação | 17

vezes onda e outras vezes corpúsculo, não podendo ser explicados certos experimentos senão admitindo-se que ela é ora uma, ora outro – o que é contraditório) e o dogma cristológico, que afirma que Cristo une em sua pessoa tanto a natureza divina quanto a natureza humana, de tal maneira que as duas naturezas estão unidas sem serem misturadas e, ao mesmo tempo, são distintas sem serem separadas. É surpreendente a similaridade: o procedimento de "transfiguração" da antinomia é baseado no mesmo "dispositivo mental". No caso do dogma cristológico, a antinomia é superada no plano da realidade de Cristo; a antinomia onda-corpúsculo é "transfigurada" num nível de realidade chamado espaço Hilbert, chamando-se função de onda ou vetor de estado a transfiguração dela (cuja evolução no tempo é descrita pela equação de Schrödinger).

O modo como são definidas na matemática as quantidades infinitas e as transfinitas depende do mesmo mecanismo intelectual que, na origem, foi uma construção dogmática que tinha um conteúdo puramente religioso. O que é o dogma Theotókos (Θεοτόκοζ, *Mater Dei*), do ponto de vista metodológico, senão a estrutura formal da definição das quantidades infinitas? Na verdade, se é possível que Deus seja nascido de sua própria criatura, então significa que é possível serem construídas quantidades cuja totalidade pode ser colocada em correspondência biunívoca com qualquer parte delas. Os exemplos podem multiplicar-se.

Estes mecanismos intelectuais impuseram-se à mente como necessários exclusivamente devido a seus motivos religiosos. A fé religiosa os fez plausíveis, apesar de inicialmente terem sido considerados pelos homens racionais do tempo (de regra, filósofos gregos que continuaram pagãos ou cristãos que optaram por diversas "heresias", sendo sabido que todas, mas absolutamente todas as "heresias" cristãs, são formas de racionalização dos dogmas canônicos). Por que então os Santos Padres optaram por certas fórmulas dogmáticas que desafiam a razão comum? Do ponto de vista religioso, a resposta é: este é o conteúdo da revelação cristã. Do ponto de vista filosófico e lógico, é um mistério por que os Santos Padres optaram *apenas* por fórmulas dogmáticas que violam e cometem uma falta contra o pensamento normal. Do ponto de vista histórico, é um fato que estas fórmulas dogmáticas, tornadas inicialmente obrigatórias em todo o mundo cristão pelo conteúdo religioso delas, foram incorporadas ulteriormente no funcionamento da mente cristã como certos dispositivos mentais estáveis, oferecendo, depois do esvaziamento gradual de seu conteúdo religioso, os principais mecanismos de funcionamento da mente europeia, que, ao longo do tempo, provaram ser perturbadoramente férteis no desenvolvimento das matemáticas superiores e da física teorética. Com muita razão dizia Blaga que

> pela sua atitude espiritual, os Padres da igreja podem ser tidos [...] como representantes simbólicos de uma possível metafísica no futuro. Eles continuam sendo [...] os descobridores de um método e representantes de um tipo de ideação, que ainda não disse sua última palavra.[19]

A esperança de Blaga, em 1931, era que sua obra *Eonul Dogmatic,* pela qual estabeleceu com perspicácia extraordinária o fato enunciado mais acima, contivesse, por sugestão dela, "*a matriz* de futuras metafísicas".[20] Não foi assim. Sua obra permaneceu ignorada e, até há pouco,[21] não foi traduzida nenhures. A filosofia europeia caminhou por outros caminhos (Heidegger, Wittgenstein, Marx). Mas a ideia de Blaga de tratar as grandes teorias científicas ou as grandes teologias como janelas abertas para o modo de funcionamento da mente é uma das ideias mais originais e fecundas do século XX.

\*\*\*

---

[19] Ibidem, p. 227. A atitude teorética de Blaga não tem nada de apologético; igualmente advertiu de maneira explícita em muitas linhas que "nós nos assentamos desde o começo fora do cristianismo, fora da fé, e, analisando o dogmático num plano abstrato, esforçamo-nos para ver o dogmático apenas pelo seu lado intelectual e metafísico" (loc. cit., p. 262).

[20] Ibidem, p. 295.

[21] Graças aos esforços e à competência de Rainer Schubert (ex-adido cultural da Áustria em Bucareste), os dois primeiros volumes da *Trilogia Cunoașterii* apareceram recentemente em traduções alemãs: Lucian Blaga, *Das dogmatische Weltalter,* übers. v Rainer Schubert, Wien. Berlin, Lit Verlag, 2014; *Die luziferische Erkenntnis,* übers. v Rainer Schubert, Wien. Berlin, Lit Verlag, 2012; em breve, assegura-nos Rainer Schubert, aparecerá também o último volume da trilogia (*Censura Transcendentă*).

Não menos original é o estudo *Experimentul și Spiritul Matematic*, com o qual se encerra *Trilogia Cunoașterii*. Redigido entre 1949 e 1951, quando Blaga se encontrava sob proibição, não pôde ser publicado senão depois da morte do autor (1961). O estudo permaneceu em manuscrito até 1969, quando, num breve contexto de liberalização da pressão ideológica marxista, pôde finalmente ser publicado. Não hei de dizer todos os argumentos da pesquisa de Blaga deste volume importante, mas vou procurar pôr à luz, para o leitor brasileiro, duas coisas: como se desenvolve a originalidade de Blaga, partindo de premissas bem anódinas; e qual é o mecanismo explicativo global que Blaga põe em jogo para responder à pergunta kantiana: como foi possível a ciência moderna da natureza? Espero despertar-lhe a curiosidade por todo o resto do livro.

O livro começa de maneira algo banal, com uma discussão referente ao descobrimento e à relação do homem com o trabalho. Desenvolve depois uma distinção ainda não clara entre prática, empiria, trabalho e experimento (a prática seria uma fonte de conhecimento; a empiria, uma experiência direta do mundo; o trabalho, uma atividade de contato direto com a natureza, e o experimento seria um método de pesquisa da natureza).[22] A obra começa a ficar interessante quando nos chama a atenção para o fato de que a atitude das diferentes culturas diante de atividades práticas não é um problema sociológico, mas um problema profundamente filosófico, e passa a ser original no momento em que Blaga nos explica em que consta o mecanismo de transformação das atitudes diante do trabalho, da prática e da experiência (como uma das premissas *sine qua non* para o descobrimento do experimento como método de pesquisa da natureza).[23] O que Blaga põe à luz é um mecanismo genérico, ilustrado pelo contraste entre

---

[22] Ver, neste volume, o capítulo "A ciência de tipo galileo-newtoniano e suas premissas históricas", p. 37: "A experiência acrescida pela prática é uma fonte de conhecimento"; "As atividades que visavam diretamente à natureza, os "trabalhos" [...] (38); o experimento, ou seja "a intervenção ativa no fluxo da natureza", é "um meio metodológico de ampliação da experiência e do conhecimento." (40); "a experiência e o conhecimento, condicionados pela prática humana, se amplificam sempre", chegando, nesta última, "a firmar o experimento como método de pesquisa" (40).

[23] Neste volume, p. 200 ss.

a atitude de Platão, respectivamente à de Agostinho, diante da criação do mundo pelo "trabalho".

Em Platão, o mundo é feito por um Demiurgo, que, para criar, copia as Ideias (que são perfeitas) com a ajuda da matéria (que é imperfeita): todos os objetos do mundo físico são feitos de matéria (pequenos corpúsculos triangulares) e dos elementos (a água, o ar, o fogo, o éter), tendo por modelo as Ideias. O Demiurgo, que não é um ser perfeito, mas um ser intermediário, é uma espécie de *Handwerker*, um "trabalhador manual", que trabalha com a matéria para construir o mundo. A novidade do mito platônico consta no fato de que o mundo chega a existir pelo trabalho de um "trabalhador manual", o que implica uma primeira valorização do trabalho físico (que o mundo da cidade antiga desprezava).

Em Agostinho, o criador do mundo já não é um ser intermediário, mas é o próprio Deus, o ser supremo; a criação já não é "manual", de uma matéria pré-estabelecida, mas *ex nihilo*, ou seja, do nada (é uma criação absoluta, não relativa); e as "ideias" segundo as quais cria o mundo não existem separadas Dele, mas são Dele, são pensadas por Ele.

Blaga assinala a seguinte transferência: no cristianismo, a criação dos objetos físicos (o mundo físico) passa a ser um atributo do ser supremo; para os gregos, podia ser, quando muito, um atributo do demiurgo (um ser intermediário).[24] Chama a esta transferência "mudança de mentalidade". De regra, a análise da mentalidade é sociológica, psicológica ou econômica. Blaga as emprega todas, para não deixar nada de fora. Mas sua verdadeira originalidade consta na maneira em que analisou a estrutura da mudança de mentalidade, como um mecanismo pelo qual se produz uma transferência de atributos, do criador à criatura. Que significa isto?

Qualquer mundo imaginável deixa-se analisar em duas classes de entidades: as entidades que podem ser agrupadas na "classe do Ser" (o ser dos filósofos gregos, os deuses, as divindades,

---

[24] "O trabalho e as criações técnicas eram já mais valorizados do que na época de Platão". Ibidem, p. 555.

as Ideias platônicas, o Deus cristão, o Absoluto, etc.) e as entidades que podem ser agrupadas na "classe das criaturas" (a própria criação, os objetos e os seres vivos do mundo físico, o mundo físico, a matéria, a natureza, etc.). Essas duas classes são separadas pela distinção de gênero entre criador e criatura, a qual ainda se diz também diferença ontológica. Já desde Parmênides[25] essas duas classes foram descritas de maneira tradicional por duas séries de atributos: os atributos próprios do Ser e os específicos da Natureza (o mundo do devir, da matéria, dos corpos físicos). Na maior parte das vezes, essas duas séries são formadas por pares de atributos polares, em que o atributo forte é sempre o acordado ao Ser, e o fraco é o acordado à natureza.[26] Temos, em consequência, duas classes – a classe do Ser e a classe da Natureza – e duas séries de atributos, a série dos atributos fortes e a série dos atributos fracos. Entre os gregos, a série dos atributos fortes correspondia ao Ser, e a série dos atributos fracos correspondia ao Devir (à Natureza).

Ora bem, o mecanismo de mudança histórica decifrado por Blaga para explicar "a mudança de mentalidade" consta na transferência dos atributos de uma classe de entidades para outra. Um atributo forte tirado da zona da divindade e aplicado a uma realidade "fraca", da zona da natureza, constitui uma transferência de atributos; e a transferência de atributos tem o efeito mesmo de *valorização ontológica* da realidade "fraca": esta não sai de sua classe de pertencimento, mas, permanecendo nela, recebe um campo de possibilidades de existência e de devir que, antes, lhe tinham sido proibidos. Este é o mecanismo original descoberto por Blaga: o enriquecimento das possibilidades de existência próprias de uma entidade da classe da Natureza pela transferência para ela de alguns atributos fortes, da classe do Ser.

---

[25] No sistema de indexação dos fragmentos dos pré-socráticos estabelecido por Hermann Diels e Walther Kranz (*Die Fragmente der Vorsokratiker*), trata-se do fragmento B 8.

[26] Uma exposição dos atributos fortes do ser e uma análise sutilíssima, da perspectiva da evolução da teologia negativa, podem ser encontradas no estudo de Aram M. Frenkian, *Les Origines de la Théologie Négative de Parménide à Plotin*, Extrait de "Revista Clasică", tomo XV (1943). București, Imprimeria Națională, 1943.

Aprofundado, o raciocínio de Blaga pode ser circunstanciado também assim. Para o experimento poder vir a ser um método de pesquisa, é necessário, primeiro, que as atividades práticas, orientadas para a transformação da matéria pelo trabalho (ou pela criação), sejam valorizadas *positivamente*. Os princípios de geração e de funcionamento de qualquer sociedade podem ser expressos pelas ênfases e relações estáveis que se estabelecem entre as séries daquelas duas classes de objetos que definem o mundo, em sua totalidade (a classe do Ser e a classe da Natureza). A estabilidade destes é expressa pelas configurações psicológicas, comportamentais e sociais que os historiadores chamam "mentalidade" (*mentalité*). As mudanças de ênfase correspondem, na cultura e na história de uma sociedade, a uma "mudança de mentalidade". Filosoficamente, a mudança de mentalidade pode ser sempre analisada em termos de uma "transferência de atributos". A seu turno, apenas "a transferência de atributos" têm consequência mesmo na liberação das latências contidas numa atividade (por exemplo, a experiência direta da natureza); ou a abertura de um novo campo de possibilidades de emprego ou de existência (por exemplo, a compreensão do fato de que a experiência pode ser organizada matematicamente sob a forma de um experimento). Esta é a ideia original de Blaga.

De fato, toda a análise de Blaga deste livro admirável volta à identificação daqueles mecanismos objetivos que tornam possíveis as coisas; que abrem as potencialidades bloqueadas (por certas circunstâncias) em certas situações históricas, teoréticas, sociológicas dadas; esses mecanismos que eliminam os estorvos do caminho da concepção de certas finalidades (para as coisas ou as teorias) ou para o entendimento do fato de que certos empregos são (de fato) possíveis, embora pareçam, quando os bloqueios são ativos, como (necessariamente) impossíveis. Com uma perspicácia extraordinária, Blaga identificou os mais importantes bloqueios que impediam o acesso do homem antigo, depois, do pré-moderno, ao descobrimento da ciência moderna da natureza. Não cabe enumerar neste prefácio os elementos de bloqueio identificados por Blaga nem expor sua teoria extremamente interessante quanto às relações entre aqueles dois tipos de ciência, "a ciência antigo-aristotélico-goetheana" e a "ciência galileo-newtoniana", quanto ao método, aos tipos de racionalidade, às relações com a experiência direta, com o experimento, assim como da relação com o que ele chamou o "supra-método" das ciências galileo-newtonianas. É suficiente assinalar o fato de que, nas pegadas de Kant, a análise oferecida por Blaga é uma análise das condições de possibilidade do transcendental que torna possíveis as formas e os tipos de experiências. Blaga sempre teve um sentimento especial diante de mecanismos de desmarginação do horizonte de experiência ou de conhecimento, que se encontram enraizados nas funções perceptivas ou cognitivas. Esta perspicácia epistemológica estava estritamente ligada, em Blaga, à sua concepção quanto à limitação intrínseca do poder de aprofundamento do conhecimento pelos próprios instrumentos com cuja ajuda se faz possível o aprofundamento no mistério (as categorias estilísticas).

Este tipo de análise pode oferecer respostas às perguntas cruciais (e extremamente difíceis) da história da ciência, a saber: por que a ciência dos gregos permaneceu estática e não conseguiu dar o passo para a invenção de uma dinâmica? Por que os gregos não puderam matematizar nem ao menos os movimentos uniformes? Por que os gregos, a despeito de seu gênio, não fizeram experimentos? Por que se bloqueou a ciência dos gregos? Por que a ciência antiga não deu nenhuma atenção à tecnologia? Por que a ciência moderna da natureza foi descoberta tão tarde e apenas no quadro da cultura ocidental? Perguntas para as quais a resposta habitual da historiografia da ciência consta na produção de uma descrição das condições históricas, sociológicas, psicológicas ou religiosas. Mas estas condições não oferecem uma resposta verdadeira a não ser que a "mudança de mentalidade" (como a chama Blaga) seja analisada funcionalmente, em sua estrutura ou em seus mecanismos de funcionamento; em termos de dispositivos cognitivos transcendentais (no sentido kantiano) – aqueles que tornam possíveis tanto a experiência quanto o conhecimento. Ora bem, este é o gênero de trabalho realizado por Blaga no livro *O Experimento e o Espírito Matemático*, que, graças aos tradutores Cristina Nicoleta Mănescu e Elpídio Mário Dantas Fonseca, o leitor brasileiro tem agora em mãos.

***

Uma última palavra. Nas obras que Blaga dedicou ao desenvolvimento das ciências (compostas entre 1941-1951),[27] podemos reconhecer muito bem algumas das ideias que tornaram famosos Alexandre Koyré,[28] Thomas Kuhn[29] ou Gerald Holton.[30] Os conceitos são diferentes, mas muitas das ideias são surpreendentemente semelhantes, algumas vezes quase idênticas. Alguns exemplos: Blaga não alcançou a conceptualização de Kuhn quanto aos paradigmas, mas operou com ideias similares.[31] E mesmo alguns dos exemplos cruciais deles são similares: ambos empregam Priestley (subsidiariamente, em oposição a Newton e Kepler) para ilustrar os casos de fronteira, pelos quais pode ser exemplarmente marcada a dificuldade de passar de um estilo de ciência baseada na "qualidade" (para a qual o flogístico era pensado como "elemento químico" do fogo, no quadro da "ciência antigo-aristotélica"), a um outro, radicalmente diverso, baseado numa nova concepção de elementos químicos, como formados de unidades distintas, separáveis e combináveis.[32] Em muitos lugares de seu estudo, Blaga parece um filósofo que leu e assimilou Kuhn, mas que emprega uma terminologia pessoal, mais plástica e sem relação com a

---

[27] *Ştiinţă şi Creaţie* (1942); *Experimentul şi Spiritul Matematic* (1949-51).

[28] Alexandre Koyré, *Études Galiléénnes*. Paris, Hermann & Cie, 1939 (3 vols.); "Galileo and Plato", *Journal of the History of Ideas*, vol. IV, n. 4, Outubro de 1943, p. 400-428; "Du Monde l' "à-peu-prés" à l' Univers de la Précision", *Critique*, n. 28, 1948.

[29] Thomas S. Kuhn, *The Structure of Scientific Revolutions* (1962). 2. ed. Enlarged. The University of Chicago Press, 1970; o caso Priestley é tratado na primeira parte do capítulo VI, que retoma o artigo "Estrutura histórica do descobrimento científico". *Science*, 136 (1962), p. 760-64). [Ed. bras.: *A Estrutura das Revoluções Científicas*. Trad. Beatriz Vianna Boeira e Nelson Boeira. São Paulo, Perspectiva, 1998.]

[30] Gerald Holton, *Thematic Origins of Scientific Thought. Kepler to Einstein*. Cambridge, Mass, and London, Harvard University Press, 1973; *The Scientific Imagination: Case Studies*. London, New York, Melbourne, Cambridge University Press, 1978. [Ed. bras.: *A Imaginação Científica*. Rio de Janeiro, Zahar, 1979.]

[31] Blaga fala de "ciência antigo-aristotélica" (algumas vezes também "antigo-goetheana") e de "ciência galileo-newtoniana", mas é claro que tem em vista aqueles estilos de raciocínio e teorização que tendem a constituir as grandes e resistentes tradições de pesquisa, que Kuhn havia de chamar, em 1962, paradigmas.

[32] A discussão de Blaga acerca do modo em que, no caso de Priestly, as expectativas teoréticas "velhas" atrasam a compreensão e distorcem a interpretação dos resultados do experimento "novo" (que, à luz da teoria nova, são tão evidentes!), encontra-se no capítulo "Experimento e Teoria". Ver, neste volume, p. 199-214.

tradição universitária da filosofia da ciência à qual pertence este (uma tradição derivada da terminologia e das concepções do neopositivismo lógico, corrigida com a história analítica da ciência). Somente que Blaga escreveu em 1951, e Kuhn, dez anos mais tarde.

Semelhante é a situação da relação de Blaga com Gerald Holton. Holton passou a ser famoso na filosofia da ciência pela "análise temática das teorias científicas".[33] Este tipo de análise lógico-histórica, que Blaga também praticou em seus estudos dedicados à ciência, se baseia na ideia de que qualquer teoria científica pode ser analisada em três dimensões, que são irredutíveis uma à outra e que concorrem de modo específico a cada uma para a configuração estrutural da teoria. Holton distinguiu entre uma dimensão "lógica", uma dimensão "empírica" e uma dimensão "temática" das teorias científicas. Conhecidas e já extensamente analisadas haviam sido, até Holton, as primeiras duas dimensões, as únicas que a filosofia da ciência levara em consideração até então. A originalidade de Holton é a de ter identificado e descrito a dimensão "temática", construindo um modelo de análise epistemológica que denominou, com uma fórmula feliz, "the thematic imagination in science".[34] Sem a precisão terminológica de Holton e sem poder ser facilmente enquadrado na tradição disciplinar em que são escritas as contribuições deste, Blaga distinguia também ele, de modo sistemático, já desde 1934, entre três dimensões de qualquer teoria científica: a dimensão empírica, a dimensão teorética e a dimensão que ele denominava "ressonância atitudinal".[35] As análises de Blaga quanto à "carga teorética" das observações, assim como estas são construídas pelo experimento

---

[33] Gerald Holton, *Thematic Origins of Scientific Thought, Kepler to Einstein.* Cambridge, Mass., and London, Harvard University Press, 1973.

[34] Gerald Holton, "On the Thematic Analysis of Science" [1964] (representa o capítulo I do volume citado mais acima: *Thematic Origins of Scientific Thought*, p. 47-68); igualmente "On the Role of Themata in Scientific Thought" [1975]. In: *The Scientific Imagination*, p. 3-24.

[35] Lucian Blaga, *Censura Transcendentă* [1934]. In: *Opere*, vol. 8, as explicações dele estão a p. 443 ss. Este tipo de tratamento reencontra-se, implícita ou explicitamente, em todos os seus estudos dedicados à ciência.

matematizado, permanecem exemplares[36] – e realizadas sem defeito *antes* do tempo em que, no mundo anglo-saxão, este tipo de análise começou a ser feito sistematicamente.[37] Blaga viu como nenhum outro, em seu tempo, que são mudos os fatos sem teorias; que os instrumentos modernos de investigação científica são a "resultante congelada" de alguns experimentos, o que significa que uma observação científica implica, de fato, todos os experimentos; e que a novidade dos experimentos modernos consta no fato de que não são um simples alargamento da experiência direta, mas representam uma modalidade de fazer, através delas, a experiência de um domínio de existência que, até elas, tinha sido apenas das teorias inventadas pelo homem, e nunca do homem natural pura e simplesmente.[38]

São bastantes esses dois exemplos. Não há lugar neste prefácio para ilustrarmos todos os pontos de contato, conceitos comuns e pontos de vista surpreendentemente semelhantes que Blaga tem em comum com os mencionados filósofos da ciência. Mas é significativo, para "o caso Blaga", verificarmos que Alexandre Koyré escreveu seus estudos mais originais exatamente no período em que Blaga escreveu os seus, e Kuhn e Holton publicaram, depois da morte de Blaga, os estudos que os consagraram. Não reivindico, como romeno, nenhuma prioridade para Blaga. Seria absurdo. Quero apenas assinalar o caso trágico de grandes pensadores para quem o pertencer a uma cultura pequena, a expressão numa língua de circulação restrita ou o cativeiro deles

---

[36] Ver a discussão quanto à interpretação de fotografias feitas em câmara de vapores d'água, neste volume, no capítulo "Experimento e Teoria", p. 199: "O experimento e a teoria determinam um ao outro. [...] "a 'teoria' participa mesmo, [...] na identificação dos fatos experimentais (p. 207)". As fontes de Blaga, neste aspecto, são dadas no texto: Louis Pasteur, Henri Poincaré e Heinrich Hertz, para a orientação geral, e Pierre Duhem, para a análise técnica (citada por Blaga segundo E. Meyerson, *Du Cheminement de la Pensée*, 1931; a análise de Duhem foi feita em 1906, no estudo clássico *La Théorie Physique: Son Object, Sa Structure*).

[37] Embora Pierre Duhem (em 1906) possa ser considerado o autor da tese da "carga" teórica das observações, das percepções ou dos fatos, a tese ganhou popularidade na filosofia da ciência depois das obras de Norwood Russell Hanson, *Patterns of Discovery. An Inquiry into the Conceptual Foundations of Science*. Cambridge, Cambridge University Press, 1958: "There is a sense, then, in which seeing is a 'theory-laden' undertaking" [Há um sentido, então, em que a visão é um empreendimento de 'carga de teoria' (N. T.)] (p. 19; igualmente, p. 54 ss; 59; 62 etc.)

[38] *Opere*, vol. 8, p. 701; 704; 705.

em situações históricas desnaturadas ou catastróficas os mantêm escondidos, aferrolhados e, assim, permanecem mudos para a posteridade – quiçá para sempre. Quantas ideias maravilhosas não se perderam assim! Quanta cultura, beleza e engenhosidade não permaneceram, por essa causa, fora da grande troca de inteligência e gênio que é a cultura universal!

O pensamento de Blaga entra agora, através desta tradução, na cultura brasileira. Que a aparição desta pequena joia filosófica no Brasil lhe dê enfim razão em sua esperança, expressa há oitenta anos, de que nas páginas de suas obras os leitores inteligentes encontrarão "*a matriz* de futuras metafísicas".

*H.-R. Patapievici* (Agosto de 2014)

H.-R. PATAPIEVICI é um dos mais destacados filósofos romenos contemporâneos. Nascido em 18 de março de 1957 (Bucareste), estudos física (1977-1981), tendo se especializado em 1982. Foi pesquisador científico (1986-1994), assistente universitário (1990-1994), diretor de estudos (1994-1996), membro do Colegiul Național pentru Studierea Arrhivelor Securității (CNSAS, 2002-2005) (Colégio Nacional para o Estudo dos Arquivos da Securitate), presidente do Instituto Cultural Romeno (ICR, de 2005 a agosto 2012). Pesquisador privado de história das ideias. Escritor. Produtor de TV. Diretor da revista *ID – Idei în Dialog* [Ideias em Diálogo]. Ministrou cursos de história da ciência e história das ideias (Universidade de Bucareste). Membro do Grupo para o Diálogo Social (GDS); da Uniunea Scriitorilor din România (USR) (União dos Escritores da Romênia); do PEN Club. Membro fundador da Sociedade Acadêmica Romena (SAR) e do Grupo de Pesquisa dos Fundamentos da Modernidade Europeia (Universidade de Bucareste e New Europe College). Membro de honra do Instituto Ludwig von Mises – Romênia.

Estreia na imprensa em 1992 (*Contrapunct*). Colaborações nas revistas *22, LA&I, Dilema, Orizont, Vatra* [O Forno], *Secolul 20*. Artigos permanentes na *22* (1993-2003), *LA&I* (2003-2004), *Dilema Veche* [O Dilema Velho] (2004-2005) e *ID - Idei în Dialog* (desde 2004). Editorialista no *Evenimentul Zilei* [O Acontecimento do Dia] (desde 2006). Correspondente das estações de rádio *Deutsche Welle* (1995-2005) e *Europa Liberă* (1998-2005).

Emissões de TV realizadas: *Idei în Libertate* [Ideias em Liberdade], para a TVR Cultural: 2002-2005 (Prêmio do Conselho Nacional de Audiovisual, CNA, como a melhor emissão cultural do ano de 2003; Grande Prêmio da Associação dos Profissionais de Televisão, APTR, 2004). *Înapoi la Argument* [De Volta ao Argumento], para a TVR Cultural, de 2006 até 2011, e desde fevereiro de 2013 para a Editora Humanitas, com transmissão mensal via internet na última quinta-feira do mês.

Em breve será lançado, de sua autoria, pela É Realizações, *Zbor în Bătaia Săgeții* [*Voo contra a Flecha*], com tradução de Elpídio Mário Dantas Fonseca e conferência com o texto romeno de Cristina Nicoleta Mănescu.

# Esboço biobibliográfico

Lucian Blaga nasceu em Sebeș, em 9 de maio de 1895. Faleceu em Cluj, em 6 de maio de 1961 e, atendendo a seu desejo, foi enterrado em Lancrăm. Frequenta a escola primária alemã em Sebeș (1902-1906), depois o Liceu "Andrei Șaguna" (1906-1914) em Brașov. No bacalaureato apresenta a "Teoria da relatividade" (restrita) de Albert Einstein. Inscreve-se em teologia, como muitos ardeleanos,[1] para evitar o alistamento no exército austro-húngaro. Nos anos de 1916-1920, estuda filosofia e biologia em Viena, onde conhece sua futura esposa, Cornelia Brediceanu, aluna de Medicina. Em 1919 estreia com *Poemele Luminii* [Os Poemas da Luz] e *Pietre Pentru Templul Meu* [Pedras para o Meu Templo] (aforismos e notas), recebidos muitíssimo bem pela crítica da época. Em 1920 defende em Viena o doutorado com a tese "Kultur und Erkenntnis" [Cultura e Conhecimento]. Casa-se e estabelece-se em Cluj. Candidata-se a um posto de ensino na Universidade de Cluj, mas não é aceito. Colabora com artigos e ensaios em diferentes revistas (*Patria* [A Pátria], *Voința* [A Vontade], *Gândirea* [O Pensamento], *Adevărul Literar și Artistic* [A verdade Literária e Artística], *Universul Literar* [O Universo Literário], *Cuvântul* [A Palavra] e assim por diante). Publica peças de teatro, volumes de poesias, volumes de ensaios e estudos. Em 1924 estabelece-se com a esposa em Lugoj, onde Cornelia abre,

---

[1] Habitantes de Ardeal, outro nome dado à Transilvânia. [N.T.]

na casa dos pais, um consultório dentário. É nomeado adido de imprensa em Varsóvia (1926), em Praga e depois em Berna (1928-1932), em Viena (1932-1936) e em Berna (1937). Em 1930 começa a elaboração e a publicação da obra filosófica: *Trilogia Cunoașterii* [A Trilogia do Conhecimento]: *Eonul dogmatic* [O Eão Dogmático], *Cunoașterea Luciferică* [O Conhecimento Luciférico] (dedicada a Nicolae Titulescu), *Cenzura Transcendentă* [A Censura Transcendente] (1930-1934); *Trilogia Culturii* [A Trilogia da Cultura]: *Orizont și Stil* [Horizonte e Estilo], *Spațiul Mioritic* [O Espaço Miorítico], *Geneza Metaforei și Sensul Culturii* [A Gênese da Metáfora e o Sentido da Cultura] (1935-1937); *Trilogia Valorilor* [A Trilogia dos Valores]: *Știință și Creație* [Ciência e Criação], *Despre Gândirea Magică* [Do Pensamento Mágico], *Religie și Spirit* [Religião e Espírito], *Artă și Valoare* [Arte e Valor] (1938-1942). Em fevereiro de 1938 é, por apenas algumas semanas, ministro subsecretário de estado de Relações Exteriores, depois Ministro Plenipotenciário em Lisboa. Nos anos passados no serviço diplomático, continua os esforços de chegar a professor universitário. Em 1936-1937 é eleito membro pleno da Academia Romena. O discurso de recepção é "O Elogio da Aldeia Romena". No outono do ano de 1938, em Cluj, ministra a aula inaugural da "Cátedra de Filosofia da Cultura" e é nomeado professor universitário. No começo do ano de 1939, solicita ao rei Carlos II a exoneração da diplomacia. Em 1939 estabelece-se em Cluj como professor universitário. Depois do Ditado de Viena (agosto de 1940), refugia-se em Sibiu juntamente com a Universidade Rei Fernando I. Em 1942-1943 começa a dirigir a revista de filosofia *Saeculum*, em que colaboram Constantin Noica, Zevedei Barbu e outros. Começando em 1942 publica, na *Fundațiile Regale* [Fundações Reais], as "edições definitivas" das obras: *Poezii* [Poesias] e as três *Trilogias*. Imprime a edição definitiva da *Obra Dramática* na Editora Dacia Traiana de Sibiu. Em 1946 volta com a universidade para Cluj. É o período em que começam os ataques contra ele (Lucrețiu Pătrășcanu, Nestor Ignat e outros). Em 1946 demite-se publicamente do PNP (partido formado como anexo do PCR),[2] cuja orientação não podia aceitar. Entre 1946 e

---

[2] Respectivamente, Partidul Național Popular e Partidul Comunist din România [Partido Nacional-Popular e Partido Comunista da Romênia]. (N. T.)

1948, publica os últimos dois cursos litografados, que inclui no plano das Trilogias conforme o "testamento editorial". Em 1948 é excluído da vida pública, ou seja, da Universidade e da Academia. Suas obras são eliminadas dos programas analíticos, das bibliotecas e das bibliografias. O nome dele pode ser citado apenas como exemplo ideológico negativo, "inimigo de classe". Já não pode publicar obras originais. Começando em 1951, traduz *Fausto* de Goethe, versão que aparece em 1955. Entre 1950 e 1960 traduz obras da lírica universal e seleções de obras de Lessing, que são publicadas. De 1948 até 1951 trabalha no Instituto de Filosofia e, entre 1951 e 1959, na filial de Cluj da Biblioteca da Academia. Em 1959 aposenta-se, recebendo uma pensão da União dos Escritores, o único foro de que não foi eliminado. Entre 1946 e 1960 encerra seu sistema filosófico, escreve para gaveta alguns ciclos de poesia, *Hronicul și Cântecul Vârstelor* [A Crônica e o Cântico das Idades] e o romance *Luntrea lui Caron* [A Barca de Caronte] (em duas redações), conferências e aforismos. Em 1956 é indicado, no exterior, para o Prêmio Nobel. Faz a redação final para impressão de quase todas as obras de gaveta. Em agosto de 1959 redige à mão um "testamento editorial". No que diz respeito à obra original, morre como *autor proibido*. Quase dois anos depois de sua morte aparecem as primeiras antologias de poesia e depois, devagar, outras obras. O romance *Luntrea lui Caron* [A Barca de Caronte] é publicado em primeira edição pela Editora Humanitas em 1990.

*Dorli Blaga*

DORLI BLAGA nasceu a dois de maio de 1930, em Berna, Suíça, onde seu pai, Lucian Blaga, trabalhava na condição de adido de imprensa da Legação Romena. O nome carinhoso "Dorli" é de fato um derivado da palavra "dor" [saudade], um dos símbolos centrais da poesia de Blaga, escrita principalmente no período em que foi adido cultural nas legações romenas da Suíça ou de Portugal. Segue os cursos de liceu em Sibiu, no período da guerra e, depois, após a libertação de Ardeal do Norte, no Liceu de meninas, "Rainha Maria", de Cluj (hoje Colégio Nacional George Coșbuc – Cluj). Inscreve-se na Faculdade de Física de Cluj, transferindo-se depois para a mesma faculdade da Universidade de Bucareste. No período de 1962-1967, Dorli Blaga trabalhou no Instituto de

Documentação Técnica. Em 1967 transferiu-se para o Conselho Nacional de Pesquisas Científicas, onde trabalhou até 1971, na Comissão de Plano de Síntese. Em 1972 voltou ao Instituto de Documentação Técnica, trabalhando como redatora responsável pela publicação de "pesquisa científica de desenvolvimento tecnológico", publicação realizada com base em documentos da UNESCO e ONU. Dorli Blaga foi incumbida por Lucian Blaga, em seu testamento, de administrar-lhe a obra. Sendo também a destinatária dos direitos de autor da obra de Lucian Blaga, ela envolveu-se dedicadamente, de modo especial no período posterior a 1990, no trabalho de recuperação e valorização da obra do poeta. Contribuiu para a edição do romance póstumo de Lucian Blaga, *Luntrea lui Caron* [para cuja edição brasileira, "A Barca de Caronte", publicada pela É Realizações em setembro de 2012 escreveu o prefácio e o anexo] e colaborou com o monografista Ion Bălu na redação da mais completa biografia, em quatro volumes, *Viața lui Lucian Blaga* [A Vida de Lucian Blaga]. Igualmente, coordenou a publicação da edição crítica da obra completa de Lucian Blaga. Dorli Blaga também escreveu um volume de memórias: *Tatăl Meu, Lucian Blaga* [Meu Pai, Lucian Blaga]. Dorli Blaga recebeu em 2009 o Grande Prêmio da 19ª edição do Festival "Lucian Blaga" de Cluj.

# NOTA ACERCA DA EDIÇÃO

Lucian Blaga elaborou o estudo *O Experimento e o Espírito Matemático* em Cluj, no período de 1949 a 1953.

No testamento editorial redigido em 29 de agosto de 1959, o filósofo menciona: "Quinze volumes formam o meu 'sistema' filosófico, que considero encerrado".[1] *O Experimento e o Espírito Matemático*, como décimo quarto título enumerado, encontra-se naquela mesma data em estágio de manuscrito. E mais abaixo: "Outra obra que não figura no projeto inicial [compreendendo cinco trilogias (N. E.)] é *O Experimento e o Espírito Matemático*, em que apresento uma filosofia da "ciência exata" de hoje, completando com ela a teoria do conhecimento".[2]

No projeto definitivo de quatro trilogias, Blaga coloca este estudo como "suplemento na *Trilogia do Conhecimento*".

A primeira edição da obra foi publicada postumamente pela editora Ştiinţifică, de Bucareste, em 1969, com um prefácio de Călina Mare.

Em 1983, a editora Minerva, de Bucareste, relança o texto no volume 8 da série *Opere*, aos cuidados de Dorli Blaga, em continuação à *Trilogia do Conhecimento*. O estudo introdutório foi assinado por Alexandru Tănase.

---

[1] Ver "Notă Asupra Ediţei". In: Lucian Blaga, *Opere*, vol. 8. Bucareste, Minerva, 1983, p. 57.

[2] Ibidem, p. 58.

O presente volume reproduz integralmente o manuscrito homônimo encontrado na propriedade do Museu de Literatura Romena (MLR 26784) e inclui passagens omitidas nas edições de 1969 e 1983. O texto respeita fielmente a terminologia empregada pelo autor.

Achei útil consignar em notas de rodapé as intervenções operadas nas edições anteriores, na tentativa de atualização dos termos científicos originais.[3]

Foram completadas as informações contidas nas notas de rodapé. Descuidos de redação e de pontuação foram tacitamente corrigidos.

Na página 122, foi anexado o fac-símile da página 134 do manuscrito autógrafo, correspondendo à página 121-22 deste volume.

Por amabilidade do Museu de Literatura Romena, consultei o manuscrito inédito do curso universitário *Evoluția Gîndirii Științifice* [*Evolução do Pensamento Científico*] (MLR 267851), redigido por Lucian Blaga depois da publicação do ensaio *Știință și Creație* [*Ciência e Criação*] (1942). Um "adendo", impresso nas p. 249-53, compreende uma seleção de fragmentos cujo conteúdo aborda a filosofia da ciência da perspectiva matemática em alguns momentos cruciais da história do pensamento.

Agradecemos ao Museu de Literatura Romena pela contribuição generosa dada à presente edição.

A editora

---

[3] No original consta uma página e meia com observações acerca da ortografia e da morfologia romenas, que entendi serem de interesse apenas aos falantes da língua romena, motivo pelo qual foram suprimidas. (N. T.)

# 1. A CIÊNCIA DE TIPO GALILEO-NEWTONIANO E SUAS PREMISSAS HISTÓRICAS

Em sua luta com a natureza, a cada passo, o homem é colocado na situação de "observar" e de reter aquilo que pode representar algum interesse para sua existência. Na maioria dos casos, o observar não acontece como ato gratuito, mas serve diretamente aos interesses vitais do ser humano. Para fazer observações, o homem só precisa abrir seus sentidos e mover-se na direção de seus propósitos no meio ambiente. Desde sua aparição nas precárias condições da pré-história, o homem não é somente um ser dotado de sentidos e capaz de acumular observações, mas é, ao mesmo tempo, um ser que "trabalha": ele produz, por exemplo, as ferramentas destinadas a levá-lo adiante, passo a passo, na sua aspiração de dominar a natureza. Nos primórdios do homem, entre as ferramentas que ele inventa, o mais importante papel é o dos "punhais" de sílex. O papel eminente dos punhais reside no fato de eles possuírem a qualidade de serem ferramentas para a produção de outras ferramentas. No seu esforço de produzir e aperfeiçoar os punhais, o homem pré-histórico tinha a oportunidade de fazer observações não somente a respeito da estrutura dos materiais, mas também a respeito dos efeitos da sua *atividade*. Batendo o sílex com outro pedaço de sílex, o homem pôde, por exemplo, "observar" a produção da "faísca". A descoberta da "faísca" por meio da *prática* do homem nos parece um *fato*, mesmo que o fogo, como produto da natureza (pelo relâmpago), tenha sido conhecido primariamente por experiência direta. Da multidão de experiências às quais o homem pré-histórico teve acesso, escolhemos um exemplo eloquente para as possibilidades que a prática abre à evolução humana. Pensemos quantas observações, sempre mais ou menos incidentais, mas na maioria dos casos em estreita ligação com a sua prática, o homem teve de fazer até o momento em que, finalmente, conseguiu captar as faíscas do sílex, para poder ele mesmo acender o fogo. A experiência acrescida pela prática é uma fonte de conhecimento que acompanha o homem ao longo de toda a sua pré-história. Naqueles tempos, os homens estavam organizados em coletividades em si pouco diferenciadas; estavam primeiramente preocupados com a luta com a natureza; todos também estavam interessados em ampliar, por meio da experiência direta e da prática, os conhecimentos acerca do seu habitat natural. Quando o homem entra na fase incipiente da "História", suas atividades passam por um grande processo de diferenciação. Os homens, organizados em formas sociais cada vez mais diferenciadas, são levados cada vez mais à condição de arcar não somente com as vantagens, mas também com as desvantagens da diferenciação em questão que também era uma diferenciação das preocupações e das atividades humanas. Os homens que teriam tempo de meditar sobre as observações obtidas empiricamente ou pela prática, ou seja, os homens que "dominam", se encontram agora na situação de somente se dedicarem a atividades decorrentes dos privilégios dos quais estão gozando, ou seja, as atividades bélicas ou de gerenciamento dos diversos trabalhos cujo peso cai sobre os dominados. As atividades que visavam diretamente à natureza, os "trabalhos", eram confiados aos escravos ou aos artesãos, que constituíam as camadas intermediárias entre senhores e escravos. Aqueles que "trabalhavam" podiam ampliar a sua experiência pela prática; isso é indubitável, mas, geralmente, nas condições precárias que enfrentavam, não tinham nem o tempo nem, principalmente, a alegria de meditar sobre as observações obtidas como resultado do seu trabalho. Pode-se dizer que nesta fase do desenvolvimento da sociedade humana, quando os de cima manifestam desprezo diante do "trabalho", e os de baixo, uma relativa e muito explicável "indiferença" diante dos frutos cognitivos do trabalho, apresentam-se dois momentos que põem freio de maneira evidente à experiência por intermédio da prática humana.

Não se poderia sustentar que a ampliação do conhecimento pela prática cessaria; mas ela não acontece numa escala tão grande quanto ocorreria sem a existência dos momentos que relevamos. Verificamos, ao longo da História, a existência de dois momentos em que a ampliação da experiência dependente da prática é freada. No decorrer da História, esses momentos ficam, a bem da verdade, cada vez mais atenuados, acompanhando em paralelo o desenvolvimento da sociedade humana. Os dois momentos de contenção retardam durante a Antiguidade o processo de ampliação da experiência pela prática humana (em comparação com aquilo que teria sido possível) e impedem durante muito tempo a constituição do "experimento" como método de pesquisa da natureza.

Expliquemo-nos. É sabido que os primeiros homens a se emanciparem do domínio do pensamento mitológico, conferindo ao pensamento uma virada racionalizante e, ao mesmo tempo, uma orientação para a pesquisa da natureza, são, pelo menos na nossa região geográfica,[1] os gregos jônicos. É óbvio que nem mesmo no caso dos jônicos é possível falar em aplicação lúcida, consciente, do método experimental ao considerar a natureza. As pesquisas jônicas têm, em geral, um pronunciado caráter empírico-especulativo. No empirismo especulativo por vezes muito especulativo dos jônicos, certamente, às vezes, entram elementos derivados de uma espécie de *cotidiano* de "experimentação", mais precisamente de "observação" ligado à atividade do homem na natureza, mas tais fronteiras não constituem ainda indícios de algum "método". Os jônicos nunca intervêm de maneira "ativa" no fluxo da natureza, com a nítida intenção de colher conhecimentos decorridos de tal intervenção; mas é claro que, sem uma intervenção ativa do homem no fluxo da natureza, com o nítido e sustentado propósito de colher informações a respeito dela, estamos ainda longe do marco histórico a partir do qual surgirá o método cuja existência e desenvolvimento nos interessam.

---

[1] Aqui se trata do Leste Europeu. (N. T.)

É verdade que, "atuando" na natureza, o homem sempre teve a oportunidade de fazer observações a respeito dela. Tais observações, no entanto, são fruto ocasional da atividade humana. Ao longo de centenas de milhares de anos, o homem procedeu dessa forma. Contudo, só muito mais tarde ele entenderá que a intervenção ativa no fluxo da natureza poderá vir a ser um meio metodológico de ampliação da experiência e do conhecimento. Ao experimento, no sentido metodológico, o homem chegará apenas no momento em que se tiver desprendido conscientemente da preocupação puramente prática, para fazer dessa prática uma feliz oportunidade de expansão no nível do conhecimento.

Entretanto, o efeito das forças que retardam em dupla relação o processo de constituição e de desenvolvimento do método experimental é relativo. Queremos dizer que, em nenhum momento, o retardo se apresentou como total anulação do progresso. A nossa verificação é suscetível a ser positivamente completada. De fato, num enfoque mais atento, descobriremos que, no decurso da Antiguidade, a experiência e o conhecimento, condicionados pela prática humana, amplificam-se sempre. E, evidentemente, de acordo com tal processo, chegar-se-á também a firmar o experimento como método de pesquisa. A estruturação do experimento em etapas implica naturalmente uma apreciação cada vez mais acentuada das atividades, inclusive das manuais, por meio das quais o homem enfrenta a natureza. Fica interessante, do ponto de vista histórico, o recuo mais pronunciado dos momentos de contenção, também notado na cultura e na civilização gregas, nos mesmos jônicos, naquelas cidades-estados às margens do Egeu, onde, anteriormente, se declarou a emancipação do espírito grego do pensamento mitológico e a sustentada orientação para a pesquisa da natureza. Nas cidades jônicas, as camadas sociais intermediárias espremidas entre a classe dominante e a multidão dos escravos, ou seja, os artesãos, os trabalhadores manuais dedicados a várias atividades, sobretudo de natureza técnica, conquistam pouco a pouco uma posição notável na organização social; simultaneamente, a vida e suas formas ganham maior mobilidade, mais elasticidade e liberdade. Aqui, a dignidade humana deixa de ser avaliada apenas em função da origem de sangue das pessoas. A divisão gentílica já não se faz em bases aristocráticas, mas, cada vez mais, em função dos reais ganhos materiais dos cidadãos, ganhos que, em macrovisão, apresentam relação direta com a capacidade e o esforço provados no "trabalho". Essa virada é percebida sobretudo nos jônicos das margens da Ásia Menor. Em seus sítios prepara-se também, de fato, a atmosfera cívica precursora que mais tarde – muito mais tarde – favorecerá a constituição do método experimental no pensamento científico grego.[2] A preparação da atmosfera propícia para a construção do método "experimental" estendeu-se por muitos séculos. Às mudanças econômicas e sociais que ocorriam nas cidades-estados correspondiam mudanças do mesmo estilo no plano político. O desenvolvimento político oscilava, com avanços e recuos, entre sistemas de governo ora aristocrático, ora democrático. No quadro das antigas democracias *sui generis* alcançou-se também certa valorização dos trabalhos manuais (ofícios). As aristocracias, que na Antiguidade eram ligadas principalmente ao critério da origem de sangue e da propriedade de terras, conseguiam, no mais das vezes, impor à opinião pública seu julgamento acerca do lugar dos trabalhos manuais na escala de valores. Esse julgamento era reflexo, naturalmente, do mais decidido desprezo. As aristocracias, fechadas nos seus preconceitos, exaltavam em primeiro lugar as atividades ligadas à guerra e à liderança política, ou as atividades gratuitas que visavam às competições retóricas, poéticas ou esportivas. Uma das causas por que, durante a Antiguidade, não se chegou a uma fundamentação mais sistemática do método experimental na pesquisa da natureza certamente há de ser procurada na influência que os critérios de avaliação das atividades humanas exercem sobre a opinião pública, próprios da mentalidade da aristocracia de sangue. A maneira como tais critérios respondem a uma obra de pensamento é perfeitamente ilustrada no exemplo oferecido pelas especulações filosóficas de Platão. É particularmente significativo, nesta linha de ideias, o conceito platônico de "Demiurgo". Antes de tudo, algumas palavras sobre o significado e a origem desse termo, que, na filosofia de Platão, designa uma força cósmica. No uso corrente,

---

[2] No que tange à situação cada vez mais favorável dos trabalhadores manuais e dos artesãos na pólis jônica da Ásia Menor, confrontar com: Helmut Berve, *Griechische Geschichte*. 2 vols. Freiburg im Breisgau, Herder, vol. 1, 1931, p. 137 ss.

chamavam-se δημιουργοι [*demiurgói*] os trabalhadores manuais em diversos ofícios. O termo corresponde de maneira bastante adequada ao alemão "*Handwerker*". Na sociedade grega, estes *demiurgói* constituíam uma camada social de estratificação múltipla, intermediária entre a classe dominante e os escravos. "Homens", em plena acepção da palavra, eram considerados somente aqueles que tinham o direito de participar, de um modo ou de outro, da vida política, ou seja, de liderar ou influenciar nos assuntos da pólis. A atividade "demiúrgica" era valorizada somente em função da posição ocupada pelos trabalhadores na hierarquia social. No decorrer dos séculos VII-V a.C. é possível seguir, com base em certos documentos históricos, o modo pelo qual o "demiurgo" avança da imediata proximidade com o escravo para o *status* daqueles senhores que eram chamados a exercer sua "humanidade" no sentido político. O trabalho manual destinado aos escravos e, em menor grau, o trabalho manual de natureza técnica dos artesãos geralmente atraíam sobre si o desprezo da classe dominante; um desprezo que só se foi atenuando, conforme as circunstâncias, no decorrer dos séculos. Somente eram consideradas atividades dignas de um verdadeiro homem aquelas político-cívicas e, subsidiariamente, o pensamento especulativo ou as competições de oratória, de ginástica ou poéticas. (Nem o trabalho técnico do artista debruçado sobre a matéria – como o do escultor – foi poupado do desprezo dos senhores e só com o passar do tempo, tardiamente, na época do classicismo, houve uma reconsideração da atividade artística.)

Como se reflete toda essa situação na filosofia de Platão? Na imagem que este pensador tem do "mundo", da "existência" na sua totalidade, podem-se distinguir várias áreas e elementos constitutivos. Trata-se do mundo das "Ideias", não criado, permanente, imutável, perfeito – as "Ideias" compreendidas como protótipos dos seres e das coisas do nosso mundo concreto, acessível aos sentidos. Um outro elemento, designado a um papel subordinado, na concepção platônica, é a "matéria", apreendida como domínio irracional, em si desprovido de determinações outras. A matéria seria aglutinada em pequenos corpúsculos triangulares planos. Das diversas combinações destes, irão constituir-se os elementos da natureza: o ar, a água, a terra, o fogo e o éter. Eis então a "matéria" com que o Demiurgo, uma espécie de alma do mundo, faz – conforme o modelo das Ideias – os seres e as coisas do mundo onde nós vivemos. A obra do Demiurgo está incompleta, cheia de falhas. Perfeitas, mesmo, são apenas as Ideias. "Divina", mesmo, é apenas a Ideia do Bem, ou seja, da harmonia, da perfeição do próprio mundo das Ideias. O "Demiurgo" está longe de ser considerado por Platão um Deus. Ele é um "demiurgo", um "trabalhador manual", por assim dizer, e tem, na hierarquia dos fatores cúmplices da formação do "mundo", o papel dos "*demiurgói*" na sociedade humana. Em Platão, o epíteto "divino" destaca-se das coisas mundanas e é incompatível com os epítetos atribuíveis ao trabalho manual, às criações técnicas, assim como o é na sociedade grega do seu tempo, ou de antes, o conceito de "humano", no seu pleno significado aristocrático, com aquele de "demiurgia". Mas é fato sabido que, mais tarde, cerca de sete séculos depois, na metafísica cristã, por exemplo em Santo Agostinho, o Demiurgo passa a ser o próprio "Deus". "Deus" "pensa" as *Ideias* e cria o mundo a partir do nada, conforme as Ideias por Ele pensadas. Atente-se para o deslocamento de significado e de acento produzido. Aqui não cabe dúvida de que, nos séculos entre Platão e Santo Agostinho, houve profundas mudanças no estado de espírito da sociedade humana nas proximidades das águas mediterrâneas.[3] O trabalho e as criações técnicas eram já mais valorizados do que na época de Platão. Essa mudança de atitude foi declarada, entre outras, sob a influência do estoicismo e do cristianismo, que representam, ambos, grandes movimentos espirituais correspondentes às aspirações de emancipação das massas oprimidas. Os critérios "aristocráticos" não desapareceram por completo; eles continuam existindo na Antiguidade, mesmo em tempos em que a aristocracia não mais detém o poder: com muita dificuldade e somente aos poucos ocorrem mudanças. Contudo, elas acontecem. Certa mentalidade aristocrática, orientada de tal modo que em nada favorece a constituição do método experimental, manifesta-se ao longo dos séculos. Foi necessária a intervenção de profundas transformações no pensamento e na

---

[3] Platão (427-347 a.C.); Santo Agostinho (354-430 d.C.). (N. E. Romeno)

estrutura da sociedade antiga, no estilo de vida, para que fossem alcançadas condições mais propícias para o desenvolvimento do experimento como método de pesquisa. Uma condição histórica que contribuiu – e não em pequena medida – para a destruição da mentalidade "aristocrática", no sentido antigo da palavra, foi o gradual desaparecimento da nobreza de sangue. Criou-se essa condição principalmente pelo surgimento do império de Alexandre, o Grande, seguido de profundas e amplas mudanças nos vários planos de vida, mudanças estas que se estenderam para além da curta duração do Império Macedônio. Este grande processo de transformações é idêntico à instalação da chamada era helênica numa grande parte do mundo antigo. Na era helênica, as populações gregas, orientais e egípcias ampliaram bastante suas áreas de contato. As mentalidades locais haveriam de ficar mais elásticas, sendo substituídas por uma mentalidade de circulação mais larga. As existências flutuantes da humanidade antiga – e estas já eram muitas – tinham como ponto de orgulho abandonar os prejulgamentos geograficamente circunscritos a diversas linhagens humanas. Grandes cidades, imensos centros de circulação, nasceram no período helenístico, capitais de impérios nos quais a indústria e o comércio floresceram como nunca antes e onde homens de iniciativa, dotados de viva inteligência, podiam pôr à prova suas diversas aptidões, fazendo uma ampla troca de experiências e de ideias. Uma mentalidade cada vez mais cosmopolita, própria de camadas sociais outrora desprezadas por suas ocupações, mas que agora gozavam de prosperidade material crescente, podia impor à opinião pública critérios de avaliação generosa ou até entusiástica dos trabalhos e ocupações que levavam ao bem-estar e, a partir disso, à conquista de posições cada vez mais adiantadas na hierarquia social. Semelhante desenvolvimento da "demiurgia" não teria sido possível nas ex-cidades-estados de dimensões minúsculas, nem tampouco naquelas que chegaram a ter por mais tempo um regime democrático. De fato, o "helenismo" representa o primeiro processo histórico de grande expansão, a que se deve o desaparecimento lento e gradual da mentalidade permeada pelos preconceitos da aristocracia do tipo antigo. O helenismo foi o primeiro grande agente de decomposição daquela mentalidade que, ao longo dos séculos, se conservou com tanta obstinação; o helenismo e, mais tarde, numa escala maior, o Império Romano. No tempo do imperador Otávio Augusto, o patriciado de antiga origem romana estava desaparecendo. O Império Romano, tanto nas épocas em que assumia o aspecto de uma monarquia moderada quanto nas épocas em que vestia aspectos orientais (foi assim que o próprio Júlio César o sonhou por um momento e foi assim que se realizou de verdade, mais tarde, sob o domínio de alguns imperadores), não fazia outra coisa senão levar a cabo o processo de decomposição da antiga aristocracia. Junto com esta pereciam, ou pelo menos se atenuavam, os preconceitos, entre os quais o desprezo diante das atividades "demiúrgicas". Essa mentalidade dissolvia-se para dar lugar a outra, ou seja, a uma mentalidade de natureza a promover num dado momento tanto a constituição quanto o desenvolvimento do "experimento" como método de pesquisa da natureza.

Outra condição importante, de cujo surgimento e desenrolar dependerá o eventual aparecimento do "experimento" como método de pesquisa, era o deslocamento do interesse cognitivo – do espírito humano para o concreto e o parcial – depois de, nas primeiras manifestações filosóficas do espírito grego, a atenção ter sido muito mais voltada para o conjunto do mundo e, de certo modo, para o abstrato. O pensamento jônico tinha suas raízes no interesse puramente "filosófico", dedicado à apreensão dos princípios, ao elementar de proporções cósmicas ("arqué" [αρχη] ou as "arqués" [αρχαι]).[4] É fácil entender que tal interesse incitava em primeiro lugar a especulação, ainda que o pensamento jônico também tendesse ao desenvolvimento da experiência. A medida em que o homem grego antigo era orientado para o sentido especulativo aparece suficientemente clara nos tipos das suas conquistas filosóficas. No pensamento de Heráclito, a especulação mescla-se ainda de modo frutuoso com a experiência, mas, no pensamento eleático, a especulação ganhou autonomia, desdenhando da experiência e declinando desta qualquer legitimidade como fonte de conhecimento. É certo que, depois, em Platão e

---

[4] "Arqué", termo que expressa a essência de todos os fenômenos; força vital; princípio (do grego ἀρχή). (N. E. Romeno)

Aristóteles, o pensamento dá uma virada das mais especulativas; à experiência concedem-se apenas papéis secundários, sejam estimuladores, sejam corretivos da especulação. A paixão cognitiva dos pensadores ficava assim voltada para o conjunto cósmico. Parece-nos claro que, enquanto o impulso cognitivo tem em vista exclusivamente ou em primeiro plano o *conjunto cósmico*, frustra-se qualquer chance de eventuais iniciativas de estabelecer as bases de um método de pesquisa "experimental" da natureza.

Para que o caminho da "experimentação" se abrisse, era antes necessário que a mente humana caísse na tentação do concreto e do parcial. Nessa tentação caíram os pesquisadores somente depois de Aristóteles – em boa parte com bases no enciclopedismo intrínseco das preocupações dele. A "especialização" das investigações por domínios afastava um dos mais sérios impedimentos que retardavam o estabelecimento do método experimental. Esse impedimento era a mentalidade "filosófica", abstrata, preparada para escalar os princípios. Com a especialização, pela ramificação das pesquisas por áreas e setores, o impedimento em questão suprimia-se a si mesmo. Todavia, convém mostrar que a especialização, permanecendo uma condição prévia para pôr em marcha o método experimental, não leva *ea ipsa* a tal resultado. Por meio da especialização, os cientistas da Antiguidade grega, em primeiro lugar, abriram o caminho para a experiência concreta, preparando assim uma época de florescimento dos conhecimentos fáticos. Em verdade, depois de Aristóteles, as ciências especializadas desenvolveram-se mais no sentido descritivo, classificador. Promoviam-se ciências como a botânica, a zoologia, a geografia, a anatomia, etc. A historiografia e a filologia, em não menor escala, também registram um feliz momento, no sentido de acúmulo de material e do encontro de certos princípios de organização deste. A "especialização" acentuava-se, no mesmo quadro de estilo de vida, de mãos dadas com as mudanças econômicas, sociais e políticas da época. Seguindo a evolução histórica, chegamos de novo, por outra via, ao período do helenismo, com seus grandes centros de civilização e de efervescência intelectual, como Alexandria, Antioquia e outros. Os sujeitos que, de uma forma ou de outra, gozam do direito de participar da vida cívica – e estes estão agora em grande número – movimentam-se livremente, desprendidos dos velhos laços da mitologia ou de uma filosofia local qualquer. Eles encaram as realidades empíricas.

A sociedade helênica alcança grandes diferenciações intrínsecas e é animada por interesses fantasticamente multiplicados em comparação à sociedade da Antiguidade clássica ou da Antiguidade arcaica. A essa diferenciação interior da sociedade correspondia, dentro do estilo de vida, no nível das pesquisas (do conhecimento), uma especialização por setores, no que visa tanto à investigação da natureza quanto da História. Tal espírito de especialização naturalmente podia estimular o aparecimento do experimento como método de investigação da natureza. É agora que se estrutura em suas primeiras manifestações esse método, como um modo lúcido de pesquisa. No começo, era mais que natural o experimento entrar no exercício de suas funções, dentro dos *limites* que as condições históricas impunham à mentalidade vigente. O método colherá desde seus primeiros passos alguns frutos destinados a entrar para o patrimônio definitivo da ciência humana. Referimo-nos com isso à atividade científica de um Arquimedes, que se encontrava no caminho tão promissor do método experimental. Mais do que isso: ele o antecipa magnificamente, combinando o experimento com aplicações da matemática. Mas Arquimedes não vai pular por cima de sua própria sombra; ele permanece restrito a certos limites, próprios da mentalidade antiga em geral. Orientado, assim como a Antiguidade inteira, mais para abarcar os aspectos *estáticos* da natureza e tendo um horizonte limitado, Arquimedes abre, com efeito, o caminho do experimento, mas não tem plena consciência nem da esfera de aplicação nem das oportunidades. Evidentemente, nem Arquimedes, quaisquer que fossem sua estrela e seu gênio, podia surgir sem um prévio e longo preparo da atmosfera científica. Arquimedes não é uma aparição isolada. O espírito científico já tinha registro anterior de uma série de sucessos que servem de testemunho para todas as possibilidades a ele destinadas. Referimo-nos desta vez não apenas àquele espírito científico que determinou o florescimento das ciências descritivas ou históricas, mas ao espírito científico em sua totalidade: àquele espírito que, trabalhando por meio de Euclides, deu à humanidade a geometria como sistema racional, que, por sua acuidade e rigor sistemático, serviu de modelo em todos os tempos para inúmeras tentativas que aspiravam à suprema dignidade científica. Referimo-nos àquele espírito que através de Aristarco de Samos (310-230 a.C.) descobre na astronomia a perspectiva heliocêntrica ou que, mais tarde, por meio de Eratóstenes de Cirene, calcula com surpreendente aproximação a circunferência da Terra; referimo-nos àquele espírito que através de Hiparco introduz a paralaxe para o cálculo das distâncias no Universo, determinando a distância quase exata entre a Lua e a Terra; referimo-nos às "pneumáticas" e "autômatos" de Héron de Alexandria (século I a.C.), obra que nos edifica acerca da "técnica"[5] alcançada pela Antiguidade (com aplicações principalmente na cenotécnica teatral e sacra dos templos); referimo-nos àquele espírito que através de Estrabão (63-17 a.C.) expressava as mais espantosas intuições ao tratar de geologia e geografia. Estrabão desconfiava da origem vulcânica de certas ilhas, e a presença de conchas marítimas em territórios afastados do mar levava-o a lançar a hipótese de que essas terras um dia foram o fundo do mar. Em questões de geografia, basta lembrarmos que Estrabão é o autor das palavras que equivalem a uma adivinhação: "É certamente possível que no cinturão terrestre que passa pelo Oceano Atlântico exista, além do mundo por nós habitado, um outro mundo, ou até mais que um".[6] E referimo-nos também às proezas epocais do médico Galeno (129-199), que quase identifica a circulação sanguínea, perscruta a anatomia dos nervos e realiza ao mesmo tempo verdadeiros experimentos fisiológicos em animais vivos para poder estabelecer os efeitos de certas intervenções cirúrgicas neles realizadas. Resulta de tais considerações, que podem ser indefinidamente multiplicadas, que o surgimento de Arquimedes, o cientista que na Antiguidade soube colocar-se de um modo tão justo perante o experimento físico, era um fenômeno excepcional pela sua qualidade, mas bastante frequente pelo seu

---

[5] Em sua mecânica, publicada somente em tempos novos, segundo um manuscrito árabe, Héron faz a descrição e a teoria das cinco máquinas simples, mas sem dar-se conta de que também o "plano inclinado" é uma tal "máquina". Para Héron não estavam claros os efeitos do plano inclinado, por isso, tanto na teoria do parafuso quanto da pane, ele se encontrava num caminho equivocado.

[6] Citação segundo I. Daneman, p. 199.

sentido. Arquimedes integrava-se num conjunto de preocupações precedentes e sucessivas a ele, que exploravam por tantas e tantas direções os possíveis caminhos da futura ciência.

O homem helênico, caracterizado por uma imensa curiosidade intelectual, mobilidade, lucidez, agilidade, elegância, era, em todas as suas iniciativas, estimulado de ótima maneira pela própria estrutura e efervescência da sociedade helênica. Talvez ele pudesse ter quebrado, aos poucos, os limites impostos pela força das circunstâncias do homem antigo. Porque os limites existiam. No momento certo, mostraremos em que medida até mesmo Arquimedes era prisioneiro destes. Por ora, damos lugar à observação de que, embora o experimento, como método, já tivesse sido colocado em prática, o pensamento helenista estava longe de *construir* esse método, com a insistência e a consequência próprias das pesquisas científicas modernas. Parece-nos bastante curioso que, por exemplo, em Alexandria, tenha havido cientistas dispostos a enfrentar Aristóteles segundo critérios dos mais legítimos. Eles submetem a um controle experimental as pretensas "leis" formuladas por Aristóteles que dizem respeito ao movimento dos corpos lançados. Os experimentos alexandrinos infirmavam as "leis" do Estagirita. No entanto, dessa situação não foram tiradas as conclusões, as únicas indicadas, acerca do valor em si da física de Aristóteles, o que lança suficiente luz sobre a ascendência da especulação e da experiência aproximada sobre o "experimento". Seria possível, ainda assim, sustentar que o homem helênico, caracterizado por sua inquietação, teria finalmente conseguido ampliar os horizontes da ciência para além dos limites impostos pelo pensamento antigo. A sucessão do helenismo passa então para o Império Romano, mas a mentalidade romana não tinha nem de longe horizontes tão abertos quanto a mentalidade helênica. A mentalidade romana mostrava-se pouco orientada para o conhecimento cósmico; ela repudiava não apenas a especulação, mas também as pesquisas estritamente empíricas, com a justificação de que estas, por natureza, ultrapassariam certa utilidade. A utilidade em si era então avaliada conforme o interesse romano pela vida estatal e, obviamente, com vistas ao fortalecimento e expansão desta. Dessa maneira, por meio de seu particular utilitarismo, o espírito romano traçava para a cultura e civilização grega um leito de longo percurso, sem contudo enriquecer o patrimônio delas. O espírito romano confinava, de fato, a Antiguidade dentro dos limites dela; ao helenismo podava-lhe a curiosidade que podia ter levado finalmente a extrapolar as possibilidades dadas ao homem antigo. Relacionada com a história do método experimental, cujas etapas estamos seguindo neste capítulo, poderia dizer-se que a morte de Arquimedes pela mão de um soldado romano durante a invasão e devastação de Siracusa (213 a.C.), no momento mesmo em que o pesquisador se debruçava sobre os seus círculos, torna-se um ato simbólico.

Um dos maiores impedimentos que frustram na Antiguidade a evolução da técnica e, portanto, o desenvolvimento do experimento como método de pesquisa da natureza foi o próprio regime de escravidão. A dificuldade se mostra durante o helenismo e, mais ainda, durante a Antiguidade tardia, já sob o domínio do Império Romano. A possibilidade de uma séria evolução era dada à técnica, mas a escravidão constituía um fato de certa forma limitador dessa evolução. Digno de lembrança é o acontecimento que se passou no tempo do imperador Vespasiano (79-81), o césar que, ademais, era proveniente da burguesia romana. Um descobridor demonstrou diante do imperador certas invenções técnicas perturbadoras, umas máquinas que poderiam substituir em larga escala o trabalho braçal escravo. Estava ao alcance do imperador aprovar a introdução dessas invenções de grande engenhosidade na economia da época. A despeito de sua origem burguesa e, portanto, capaz de ter maior compreensão relacionada à utilidade dessas máquinas, Vespasiano recusou a introdução destas na economia do império. O motivo da recusa era o temor de que dessa forma pudesse aumentar o desemprego dos escravos. O desemprego aumentaria o descontentamento destes e se transformaria numa fonte de tentativas revolucionárias. O imperador recusava-se a pôr em prática algumas invenções técnicas, por um motivo de ordem socioeconômica: o imperador pretendia que a ordem, tida como natural, não ficasse abalada. Não se pode dizer que durante a Antiguidade não se tenham feito importantes descobertas ou que os cientistas não tivessem capacidade para fazê-las. Nesse aspecto temos uma informação precisa ulterior, que mostra que existiam bastantes invenções, mas elas não estavam colocadas em prática. Destarte, um escritor do século IV conta coisas interessantes relacionadas à herança deixada pelo imperador Cômodo (180-192), filho degenerado do sábio Marco Aurélio. O referido escritor conta que Pertinax, sucessor de Cômodo, teria leiloado uma série de maravilhosas invenções técnicas herdadas do seu antepassado. Entre outras, é lembrada uma máquina automática, um carro-taxômetro. As invenções técnicas não faltavam, mas elas passavam a povoar o museu de curiosidades do imperador ou de outros amadores, em vez de tomar o rumo das oficinas, a fim de serem colocadas em prática. As invenções serviam, quando muito, de espanto, brincadeira e espetáculo. Repetia-se no tempo dos imperadores romanos aquilo que acontecera talvez outrora, em lugares diferentes na terra, na China, por exemplo, onde tais invenções eram vistas de maneira semelhante, apenas como diversão. Os chineses repudiavam as máquinas, por acreditarem que usar "ferramentas" significava trair a natureza. Os imperadores romanos consideravam que, ao repudiar as máquinas, contribuíam da maneira mais sábia com a manutenção da ordem "natural" no mundo, que, conforme sua convicção, como também a de Aristóteles, era o regime de escravidão. A mão de obra escrava, que ficava à disposição dos senhores, fazia com que os cientistas não pensassem tanto no desenvolvimento da técnica, pelo menos não naquele que finalmente levaria à substituição do escravo pela máquina, ou que se contentassem, caso fizessem tais invenções, com o ingresso destas nos museus de curiosidades ou com o uso para fins de diversão. Ademais, nem ao escritor romano que relata os fatos ocorridos depois da morte de Cômodo passa pela cabeça propor que aquelas invenções fossem oferecidas à prática humana; ao contrário, ele faz apenas exclamações circunstanciais, condenando o uso daqueles inventos como produtos detestáveis do luxo. Essa timidez de fazer uso real de achados técnicos, portanto úteis, colocados à disposição da sociedade por parte de inventores extremamente engenhosos visa – é claro – apenas às invenções cuja multiplicação colocaria em perigo a manutenção do regime de escravidão. Nem todas as invenções daquele tempo eram, no entanto, de natureza tal que provocassem a timidez, cuja razão constituía, em última análise, o desejo de preservar intacto o regime social dado. Isso porque nem todos os inventos seguiam o caminho do museu de curiosidades. Os progressos técnicos alcançados durante o tempo do helenismo e dos imperadores romanos e bizantinos, a exemplo do que tange às armas de guerra ou à arquitetura, são muitos e incontestáveis. Aqueles tempos registram até êxitos singulares. Sob o aspecto "técnico", a construção da catedral de Santa Sofia de Constantinopla se revela até hoje espantosa, ímpar em seu modo.

A mentalidade antiga, vista mesmo em suas diversas fases históricas, nem sempre constituía um quadro propício para um desenvolvimento *ilimitado* da técnica humana. O experimento como método de pesquisa da natureza também sofria as repercussões equívocas daquela mentalidade.

Junto com o desmoronamento do mundo antigo, enquanto o quadro do Império Romano ficava repleto de um conteúdo cristão, houve muitas mudanças que influenciaram de maneira desfavorável a evolução do pensamento "científico", que já tinha estabelecido bases bem sólidas no decorrer da Antiguidade. A orientação do pensamento cristão para o além-mundo, para a "transcendência", influenciou, pelo menos no começo, de modo quase catastrófico, as preocupações de natureza "científica". Sintomáticas para o repúdio a qualquer interesse ligado à pesquisa da natureza são as palavras de Tertuliano: "A investigação não se faz mais necessária depois dos Evangelhos" (*De praescriptione haereticorum,* cap. 7). Os Evangelhos então inutilizaram a pesquisa. Os Evangelhos contêm tudo o que precisamos saber para a nossa salvação. O fanatismo levanta suas bandeiras, e desde já podem ser avistadas as trevas que surgiriam assim que o fanatismo se aliasse ao poder do Estado. Mesmo em Alexandria, onde, sob a influência do neoplatonismo e de um pensador cristão da magnitude de Orígenes, o cristianismo aceitava uma orientação intelectual e cultivava à sua maneira os esforços especulativos, não se poderia dizer que a ciência natural estava numa posição de maior vantagem. O cristianismo intelectualizado alexandrino não promovia tampouco, de forma alguma, a experiência – sem a qual fica difícil conceber um pensamento "científico".

O pensamento cristão alexandrino, por mais que tivesse mimetizado as virtudes do pensamento filosófico antigo ou do pensamento filosófico oriental, fez o mesmo papel de coveiro da ciência antiga que o cristianismo "simplista" fizera da "crença" de alhures. Diante desse desdobramento, não é de se admirar que no começo da Idade Média achemos os eruditos cristãos voltados, no que concerne ao conhecimento da natureza, para concepções hesiódicas ou quase babilônicas. A Bíblia, com o livro do Gênesis, servia de fonte quase única para o conhecimento da natureza. Do patrimônio científico da Antiguidade ficavam guardadas na consciência dos homens apenas migalhas.

Dizíamos que na Antiguidade o espírito humano era – por vários motivos relacionados em essência à sua estrutura de estilo – direcionado a estudar a natureza primeiramente sob seus aspectos estáticos. Na linha de uma ciência "rigorosa", o direcionamento para o "estático" foi rematado pelas conquistas na área da mecânica de Arquimedes. Para ultrapassar de maneira segura esses resultados, ter-se-ia imposto aos cientistas do período helênico e da Antiguidade tardia (greco-romana) pesquisar, com ainda maior atenção e num espírito rigoroso, também os aspectos *dinâmicos da natureza*, em primeiro lugar o fenômeno do *movimento*. Mas, para tal estudo poder ganhar vida, não eram dadas sequer as condições elementares. Sabemos que, para a filosofia antiga, o estático, a imobilidade, obteve um acento de peso diante de tudo o que é dinâmico, movediço, no sentido de que essas últimas categorias são consideradas derivativas, como atributos da não existência ou da semiexistência. O pensamento cristão nos seus primeiros séculos de orientação inimiga à natureza em geral reforça mais ainda o desinteresse diante dos aspectos dinâmicos da natureza, do fenômeno do "movimento". Para ilustrar essa situação, lembramos a concepção de *"movimento"* do teólogo e místico Evágrio Pôntico,[7] um dos discípulos de Orígenes. Segundo a concepção de Evágrio, o cosmos (a natureza) surgiu por meio de uma "queda" do plano de Deus, ou seja, pelo "movimento". Assim, o "movimento" em geral torna-se, em

---

[7] Ver Hans Urs von Balthasar, "Die Metaphysik und Mystik des Evagrius Ponticus". In: *Zeitschrift für Aszese und Mystik*, 1939, p. 31-47.

Evágrio, um equivalente do "pecado". O espírito tem por missão suprimir de volta o "movimento" e tudo o que a ele se relaciona, ou seja, a matéria e o biológico, mais ainda, tudo o que é ligado à alma, para ser reabsorvido em Deus. Essa concepção depreciativa acerca do movimento foi, evidentemente, influenciada pelo neoplatonismo. Às opiniões neoplatônicas sobre o movimento, Evágrio adiciona apenas a categoria religiosa do pecado, mas através disso promove o repúdio ao fenômeno. Dentro de tal contexto espiritual, não era mais possível firmar o interesse necessário para um estudo científico dedicado ao "movimento". E isso, por séculos a fio. Apenas nos Santos Padres tardios, naqueles que se elevam até uma visão mais ampla da existência – como ocorreu no século VII com Máximo, o Confessor –, há uma reviravolta no que tange à consideração tanto da natureza quanto do movimento, os quais passam a ter um acento mais positivo,[8] sendo generosamente considerados como criações de Deus. Poder-se-ia sustentar que o pensamento patrístico tardio, transfigurando natureza e movimento em existências positivas providas de suas próprias identidades, dignas de serem levadas em consideração como produtos da vontade divina assim firmados, prepara em certa medida, na Europa, uma nova atitude que levará depois naturalmente, apenas após séculos, ao início do estudo da natureza e de seus aspectos dinâmicos, em especial, do "movimento". Contudo, a cultura bizantina, mesmo que se lhe reconheça o mérito de ter chegado pelo pensamento patrístico tardio a uma consideração mais generosa da natureza, permanece, no seu conjunto, na história da humanidade, como expoente do estático e da rigidez; porque o próprio Máximo, o Confessor, colocava acima da natureza e do movimento a transcendência da Graça, e a imobilidade do Não Criado e do Redentor.

Nem na Antiguidade, nem na Idade Média, nem mais tarde, o pensamento científico se desenvolveu totalmente imune à influência, às vezes muito forte, de outros círculos culturais. As culturas e civilizações arcaicas, egípcia ou babilônica, não foram "engolidas" pela História sem deixar marcas e frutos. Na história

---

[8] Idem, *Kosmische Liturgie: Maximus der Bekenner*. Freiburg im Breisgau, Herder Verlag, 1941, p. 28.

do pensamento "científico", onde o amontoado de experiências e ideias que podem ser verificadas aparece como um processo muito mais visível do que na história de outras manifestações do espírito, pode-se perceber passo a passo a troca mútua de bens intelectuais e seu crescente acúmulo.

A Idade Média institui-se impondo na Europa inteira – sob formas que variam, mas que se caracterizam por uma comunidade de estruturas fundamentais – a ordem feudal. Trata-se, em essência, de um novo estilo de vida que, no nível social, aparece como ordem feudal. Comparado com a Antiguidade, esse novo estilo encaminha também o espírito pesquisador para a consideração dos aspectos *dinâmicos* da existência em sua totalidade. No começo, a nova orientação destaca-se especialmente no plano do pensamento *especulativo*, o que é muito natural, considerando-se o fato de a igreja cristã desviar os interesses intelectuais com toda a força para o "além-mundo". Mas existe na Idade Média europeia uma elipse de muitos séculos do pensamento científico, mais precisamente daquele pensamento científico cujo objetivo é a pesquisa da natureza. A efervescência intelectual de Alexandria e de outros centros helenistas extinguiu-se, e não houve nenhum herdeiro europeu que levasse adiante o pensamento científico tão promissor do helenismo. No plano da história da humanidade, no entanto, coube aos árabes preencher o hiato histórico europeu. A filosofia e a ciência árabes apreciaram de maneira muito mais positiva do que o cristianismo patrístico o valor da *ação* humana neste nosso mundo. Os árabes cultivaram, na perspectiva de sua mentalidade e nas suas condições históricas, a pesquisa da natureza. A ciência árabe faz uma ponte entre a Antiguidade grega, helenista e romana e aquela Idade Média europeia acordada para a consciência perscrutadora da natureza. Mais ainda, a ciência árabe espalhou e desenvolveu uma ciência que na Antiguidade tinha chegado a um impasse e que, devido somente ao admirável espírito dos hindus, dotado nesse aspecto, pôde florescer e desenvolver suas possibilidades: a matemática e, em primeiro lugar, a álgebra. Os árabes mesmos desenvolveram depois ciências como a química ou a ótica. Os primeiros cientistas a expressarem matematicamente algumas leis óticas e fenômenos como aquele da câmara escura, os primeiros a desconfiarem de que a velocidade da luz não é infinita foram os árabes. O "experimento" como método de pesquisa foi aperfeiçoado pelos árabes na mesma medida em que os resultados de sua ciência ultrapassam a ciência helênica.[9] A ciência árabe afirmou por muito tempo sua ascendência sobre a europeia, mas, por fim, esta acordou para a liderança novamente – e isto justamente quando o espírito árabe parece esgotar suas possibilidades.

A evolução do pensamento científico na Idade Média europeia oferece uma série de aspectos que merecem especial atenção nesta sucinta apresentação histórica. O pensamento europeu levará à constituição da ciência do tipo galileo-newtoniano e, entre outras coisas, também à de experimento como método de pesquisa da natureza, como método sustentado e otimamente equipado com o necessário para uma total vitória. Até chegar aí, o pensamento europeu tinha de abrir senda em meio às trevas, encontrar seu caminho, a cada passo ameaçado por tantos possíveis erros. As condições que possibilitaram esse extraordinário encontro de si mesmo surgiram séculos antes da enunciação dos primeiros princípios da ciência de tipo galileo-newtoniano. Não é de todo desinteressante notarmos as circunstâncias que facilitam não só a retomada da linha evolutiva interrompida, como também o favorecimento da ampliação do horizonte, da complexidade e do aperfeiçoamento dos métodos além dos limites aparentemente insuperáveis do helenismo.

A Antiguidade tardia ameaça manobrar a História para um beco de formas sociais e de Estado de rigidez hierática, algo similares às formas das teocracias egípcia ou oriental. O Império Bizantino oferece uma imagem aproximada dessa possibilidade. É justo observar que a sociedade, a cultura e a civilização bizantinas não chegam àquela suprema rigidez das formas nas quais emperrariam se o Império, com sua estrutura e articulações, não estivesse animado por um impulso "cristão". A tendência era para a rigidez, para uma vida com arestas de cristal. Mas também o mundo em redor, ou seja, ao sul os árabes e ao norte as estirpes germânicas e eslavas, mantinha as condições para que o processo

---

[9] E. Wiedemann, "Über das Experiment im Altertum und Mittelalter". *Unterrichtsblätter für Mathematik und Naturwissenschaft*, n. 4-6, 1906.

de cristalização da vida no Império não chegasse a termo. Na Europa Ocidental e Central, ocorrem na Idade Média, simultaneamente com a movimentação aqui trazida pelos povos germânicos, transformações de excepcional importância. Devido às estirpes germânicas, a um elemento tão vivo que impõe à sociedade europeia o regime feudal, a História europeia que estava tentada pelo sudeste, ou seja, por Bizâncio, por uma cristalização em formas hieráticas, se "liquefaz". A História europeia entra, assim, na sua dinâmica natural da qual nada mais a desvia. O ritmo, suas cadências, parece precipitar-se de um século para outro.

Por volta do século IX surge um modo de pensar ocidental, tímido no começo. Depois de três, quatro séculos, alcança-se um pensar todo diferente, se comparado com aquilo que foi outrora o pensamento antigo, inclusive o helênico, e mesmo se comparado com o pensamento teológico-patrístico. Colocaremos em relevo antes uma corrente de espiritualidade mística que vai desde Escoto Erígena até Mestre Eckhart e depois até os epígonos deste, no sentido de uma "imanentização" progressiva dos conteúdos de doutrina cristã que a Igreja Ecumênica formou, polarizando os interesses do espírito humano em torno da "transcendência". Essa corrente de "imanentização" acha sua expressão suprema na mística de Mestre Eckhart. Curiosamente, nos termos da teologia cristã tradicional, o místico alemão conseguia pensar o Divino num modo muito dinâmico e dialético e, além disso, num sentido panteísta, tão panteísta que, não faz tanto tempo, alguns comentaristas modernos se acharam no direito de fazer sérias aproximações entre as ideias eckhartianas e o bramanismo. Essa teologia cristã "imanentizada" segundo o exemplo dado por Mestre Eckhart pôde levar a uma mística da natureza, a uma divinização dela e, por isso, pôde criar condições espirituais particularmente favoráveis ao caminho positivo para a pesquisa da natureza.

Uma segunda corrente espiritual que tem de ser relevada é aquela da grande disputa, por séculos tida sob tantas formas, entre "nominalistas" e "realistas". Essa disputa foi também prefigurada por alguns equívocos não solucionados pela filosofia de Escoto Erígena. A ulterior disputa foi acirrada e multiforme.

Os "nominalistas" sustentavam a exclusiva realidade do individual concreto apreendido pelos sentidos, e os "realistas" defendiam a realidade das "essências" contidas no concreto e cuja expressão adequada seriam os "conceitos". Depois da batalha tantas vezes retomada, nenhuma das partes irá ganhar, mas ficou a orientação "realista" do pensamento ocidental. O "realismo", seja empírico-concreto como era professado pelos nominalistas, seja conceitualista, assim como era tido em vista pelos assim chamados "realistas" da época, resultava do entrechoque das frentes adversas como uma nova condição, seguida pela acentuação da própria pesquisa da natureza.

O crescente interesse dado à pesquisa da natureza encontrará depois o caminho para o método experimental também. A descoberta do método experimental far-se-á desta vez numa perspectiva mais vasta do que na Antiguidade e com outra compreensão das oportunidades. Na Antiguidade, mesmo em seu representante de maior destaque, Arquimedes, o método experimental era cercado, por um lado, de um horizonte em parte limitado e, por outro, de uma perspectiva "estática". O cosmos era preferencialmente considerado limitado e como se tivesse uma configuração esférica. As ideias de um cosmos infinito não eram estranhas à mentalidade antiga, mas não encontraram um eco mais fértil. A segunda conjuntura que dificultou o desenvolvimento mais amplo do método experimental era a reserva que os antigos tinham diante do "movimento". O movimento era considerado mais um sintoma da não existência ou de uma existência de valor degradado. Daqui então se observava na ciência antiga inteira uma orientação mais para a pesquisa dos aspectos estáticos da natureza. Na Idade Média europeia, concomitante à crescente afirmação do feudalismo, mas ainda em paralelo com as primeiras manifestações da burguesia, começando com os séculos XII-XIII, ocorrem nas razões há pouco expostas certas mudanças de atitude perante o Universo, tanto no que diz respeito à avaliação de suas dimensões quanto à avaliação do movimento como elemento constitutivo da realidade. O surgimento do "gótico" na arte e na cultura medieval indica suficientemente a referida mudança de atitude. Na arte gótica o horizonte humano abre-se para o infinito. Na arte gótica o movimento aparece depois sublinhado como aspecto fundamental da existência. É de se esperar, assim, que também no plano da "teoria" e da "pesquisa" essa abertura de horizonte e essa nova consideração do "movimento" sejam afirmadas com todo o vigor.

No pensamento especulativo grego, o "infinito" figurava mais como um conceito negativo. Aos gregos este conceito não era muito agradável, mesmo que às vezes fizessem uso dele. A "perfeição" era por eles considerada sempre de natureza "finita". As preocupações especulativas mais constantes, que fazem do infinito um atributo positivo de uma simples existência, conseguem vencer somente mais tarde, precisamente no quadro da metafísica neoplatônica e do pensamento dogmático cristão, nos Santos Padres. Mas, naturalmente, o atributo do infinito será reservado à suprema existência, ou seja, ao Divino. Em nenhum lugar nas concepções patrísticas aparece a ideia de que "o mundo", a "natureza" seriam infinitos. O cosmos é imaginado, na doutrina patrística, como "finito". A primeira ampliação do horizonte se produz no plano teórico-especulativo relativamente tarde no pensamento da Idade Média. Em verdade, o primeiro pensador que afirma que o "mundo" é *infinito*, porque somente uma obra infinita seria digna de um autor divino, é Nicolau de Cusa (século XV). Cusa "seculariza" a ideia de "*infinito*", aplicando-a no domínio teológico assim como na cosmologia. O mesmo Cusa – que coincidência! – é aquele que pela primeira vez põe o acento no "movimento" como aspecto fundamental da existência cósmica.

Mas voltemos. No que concerne à consideração do "movimento", tinha havido certa mudança de atitude, de grande importância para o futuro desenvolvimento do pensamento científico europeu, ainda um tanto antes de Nicolau de Cusa expor suas revolucionárias ideias cosmológicas.

Para surpreendermos em toda sua profundidade a virada que o pensamento científico deu no século XIII, deveríamos reconstituir na totalidade da dimensão e nas suas bases essa mesma época. Naquele século surgem e se desenvolvem como centros de novas possibilidades econômicas e sociais as "cidades" da Europa Ocidental. Com isso, o "trabalho" separa-se sob muitas formas de seus ancestrais laços com a terra. O trabalho procura novos caminhos nos ofícios, no comércio. Agora se dá a passagem da economia natural para a monetária, e as invenções técnicas multiplicam sua frequência com a perspectiva de serem utilizadas não apenas com propósitos de diversão. A cidade promove toda a sorte de possibilidades de manifestação das camadas sociais medianas perante o regime feudal. As cidades são os ninhos que abrigam as incipientes liberdades burguesas e se transformam no espaço no qual esta classe procurará aumentar seu poder a tal medida que conseguiu, com o tempo, impor suas aspirações à sociedade inteira. Uma série de novas invenções aparece e outras tantas se esboçam num caminho sem fim! Universidades são fundadas em Nápoles, Salerno, Bolonha e, depois, em Paris, Oxford, Cambridge, Coimbra, Praga, etc. Para a estimulação dos "ofícios", em cujo crescimento se funda o poder inicial da burguesia, faz-se necessário o desenvolvimento da técnica, da antiga "demiurgia" de outrora, e, para isso, é preciso uma pesquisa da natureza ainda mais firme do que nas épocas precedentes, uma pesquisa não simplesmente "empírica", mas uma pesquisa que, ela mesma, tome formas técnicas – uma pesquisa "experimental". O primeiro que, entre os pesquisadores ocidentais, pede a introdução do método experimental na pesquisa da natureza é Petrus Peregrinus de Maricourt de Picardia (1269). Ele denomina o método experimental *manuum industria* [indústria das mãos], nome simbólico para guardar para sempre a lembrança dos estreitos laços entre técnica e experimento. O famoso Roger Bacon (1214-1292) foi discípulo de Peregrinus, ao qual ele mesmo dá o nome de *dominus experimentorum* [senhor dos experimentos]. O termo "experimento" parece ter sido pela primeira vez usado no sentido moderno por Roger Bacon. Esse pensador lança também o termo *scientia experimentalis* [ciência experimental]. Dotado com um verdadeiro poder de adivinhação no campo da ciência, de como esta se desenvolverá mais tarde, Roger Bacon profetizará espantosamente acerca do futuro. Pronuncia-se de maneira categórica contra a "magia", denunciando sua nulidade. Roger Bacon atribui a causas naturais mesmo um fenômeno tão mágico quanto o de "fata morgana". Com isso ultrapassa, pelo menos em princípio, a ciência árabe, permeada pelo pensar mágico e que tendia a ver não somente a fata morgana como um fenômeno mágico, mas o próprio mundo em que vivemos como uma mágica fata morgana. Da ciência árabe ele sabe escolher, surpreendentemente, justo alguns conhecimentos e suposições que se mostraram válidos. Bacon pronuncia-se assim a favor da tese de Alhazen, o Árabe, segundo a qual a luz, para propagar-se, necessita de "tempo". Bacon vislumbra uma fantástica evolução da técnica. A fim de estabelecer bases das mais seguras para a ciência, declara-se a favor da pesquisa experimental: "*Sine experientia nihil sufficienter sciri potest*".[10] Mas não apenas isso: sustenta que a matemática é parte e chave das outras ciências. Eis um programa quase leonárdico. Diante de tais antecipações em princípio válidas, decerto o sem-número de preconceitos que abundam nos seus estudos podem ser vistos compreensivelmente como um tributo inevitável que o revolucionário pagava à sua época, ainda carregada com o fardo do passado.

Com suas manifestações artísticas e de cultura em geral, a Idade Média prova não repudiar o "dinâmico" e o "movimento", assim como aconteceu na Antiguidade clássica e, de um modo mais acentuado depois, na cultura bizantina. O "gótico", que começa a espalhar-se feito um incêndio na Europa Ocidental inteira no século XII, recebe-nos com sua dinâmica, com a embriaguez do movimento, como um argumento neste sentido. Sobre uma época que produz tal arte, não se pode supor que repudiaria o movimento como aspecto secundário, derivado ou degradado da existência. A arte gótica representa por si só suficiente indício de um estado de espírito que foi alcançado; que, pelo contrário, vê no "movimento" a modalidade κατ' εξοχήν [*kat' exochén* – "por excelência"] da existência. Tal mudança de acento teve de acontecer antes de os cientistas procurarem estudar com maior interesse o "movimento". Na Antiguidade, o "movimento" era tido como pertencente às coisas que não podem ser conhecidas na plena acepção da palavra, porque havia a crença de que as coisas em movimento, em mudança, não *são* de verdade, apenas "parecem" ser. Agora começa a consciência de que, ao contrário, aquilo que "é" está sempre em movimento e de que o movimento

---

[10] "Sem experiência, nada pode ser suficientemente bem conhecido". (N. E. Romeno)

é cognoscível não só pelos sentidos, mas também por via de um conhecimento "superior". Procurar-se-ão por consequência os meios intelectuais a fim de definir e determinar com exatidão os fenômenos do movimento. O primeiro cientista a propor os meios para a determinação matemática do "movimento" foi Nicole Oresme (1325-1382), da escola ockhamista de Paris.[11] Oresme mostrava que a "variação" do *movimento* tem de ser referida a um movimento *uniforme*, simbolizado por uma reta (eixo $X$, como o denominamos hoje), em que várias verticais se aplicam e representam as "intensidades" de cada momento do movimento de um corpo. As inovações epocais de Oresme levaram depois de alguns séculos à geometria analítica de Descartes e, posteriormente, ao cálculo infinitesimal de Newton e Leibniz. Isso em matemática. Em relação à física, as inovações de Oresme eram premissas necessárias para *determinar* o "movimento" (em especial da "velocidade" e da "aceleração"), no espírito de precisão e rigor da ciência do tipo galileo-newtoniano de mais tarde. Sem as inovações de Oresme, que faziam assimilar o "movimento" e a mudança à matemática e que, pelo seu espírito, ultrapassam tudo o que a Antiguidade pôde conceber, Galileu não poderia ter estabelecido as leis da queda livre, do movimento no plano inclinado nem, finalmente, conceber a lei fundamental da mecânica, a da inércia (da perseverança). Oresme matematiza de fato pela primeira vez também o conceito de "tempo", no sentido de transformá-lo em implicação fundamental, num quadro uniforme e homogêneo, em "linha de referência" para qualquer mudança e movimento.[12]

    Indiquei os mais importantes momentos e etapas pelos quais se chegou, na história do pensamento humano, à fundamentação da ciência do tipo galileo-newtoniano e, dentro desse quadro, ao método experimental moderno combinado com a aplicação da matemática. Interessaram-nos neste capítulo as premissas e as fases históricas que prepararam passo a passo a atmosfera que

---

[11] Dois historiógrafos das ciências exatas e teóricos dessas mostraram a importância epocal das descobertas de Nicole Oresme: na França, Pierre Duhem; na Alemanha, Hugo Dingler.

[12] Ver de Hugo Dingler, *Das Experiment*. Munique, Reinhardt Verlag, 1928, p. 25-30, 224.

possibilitou depois, no século XII, a constituição da ciência do tipo galileo-newtoniano. Um importante passo para a realização desta deu-se nos séculos XV e XVI, na atmosfera da Idade Média tardia e da Renascença italiana, quando pensadores e cientistas de gênio como Nicolau de Cusa, Leonardo da Vinci, Copérnico e Benedetti estabelecem a arrojada ponte entre a fase das premissas de estilo e de atmosfera e aquela de real constituição da ciência do tipo galileo-newtoniano. Esta ponte de audácia coincide com o primeiro florescer primaveril da burguesia. A moderna ciência exata e de rigorosa pesquisa da natureza pode ser considerada então *constituída* em sua orientação e metodologia através da obra de Galileu, Kepler, Descartes, Newton. Esse "tipo científico" afirma-se através da fundamentação e do desenvolvimento da mecânica, da ótica, da acústica, do estudo do magnetismo e da eletricidade, do calor, através do desenvolvimento da astronomia e da cosmologia. Cientistas como Stevin, Francesco Maria Grimaldi, Torricelli, Von Guericke, Gilbert, Huygens, Gassendi, Pascal, Hooke, Halley, Leibniz, D'Alembert, Lagrange, Kant, etc. desenvolvem a ciência do tipo galileo-newtoniano em todas as possíveis direções. Na segunda metade do século XVIII, esse tipo de ciência experimental-matemática procede para uma expansão maciça no domínio da química por meio das pesquisas de um Lavoisier ou de um Dalton. Aquilo que foi feito desde os séculos XIX e XX até hoje para a expansão de domínios cada vez mais largos e mais profundos desse tipo de ciência, por parte de cientistas como Julius Robert von Mayer, Helmholtz, Mendeleev, Maxwell, e mais recentemente por parte de cientistas como Lorentz, Einstein, Planck, Heisenberg, De Broglie, Schrödinger, não precisa ser sublinhado por desenvolvimentos à parte neste esboço histórico introdutório, em que tencionamos lançar uma luz principalmente sobre as premissas de atmosfera e de preparo da ciência do tipo galileo-newtoniano.

## 2. Os lógicos e o método experimental

Uma coisa é praticar o "experimento", aceitando-o como fonte de conhecimento de maneira incidental, oferecido nas circunstâncias corriqueiras da vida, outra coisa é ter a consciência metodológica do experimento. O experimento não metodológico foi decerto fonte incidental de conhecimento ainda em tempos em que o homem nem tinha chegado à sua condição humana. Uma *ativa* e *bem-sucedida* "tentativa" alarga a experiência do animal. Tal observação pode ser feita correntemente. Outra coisa completamente diferente constitui a utilização lúcida e consequente do experimento como *método*. Vimos, ao menos em linhas gerais, de que modo e sob quais condições históricas foram possíveis a gênese e o desenvolvimento de tal método.

Neste capítulo, propomo-nos a pesquisar o processo constitutivo do método experimental também na perspectiva de outras preocupações espirituais que possivelmente influenciaram sua formação. Referimo-nos com isso às preocupações lógicas e epistemológicas que às vezes tomaram grandes dimensões no desenvolvimento do pensamento humano. Trata-se então tanto das preocupações dirigidas para a pesquisa da natureza do pensamento humano, de suas leis, de seus meios, quanto das preocupações dirigidas para enxergar as possibilidades de conhecimento dadas pela natureza ao espírito humano. A lógica, no sentido de disciplina científica, é uma conquista geralmente atribuída ao gênio de Aristóteles. O filósofo mesmo, plenamente consciente da importância do seu feito, assegura-nos de que, para estabelecer as bases desta disciplina que trocou várias vezes de nome, não achou trabalhos preparatórios. A afirmação não é de todo justa. Restabeleçamos os fatos históricos.

A filosofia grega, pelo simples fato de surgir, começava a substituir do pensamento mítico e mágico anterior certas formas de pensamento racional. As estruturas "lógicas" intrínsecas do pensar humano atraem sobre si um acento ao qual se deve seu desenvolvimento em detrimento das estruturas míticas e mágicas. Trata-se, no começo, de uma acentuação funcional do pensamento "lógico", que consegue tirar do exercício o mito e a magia. É espantosa a velocidade com que os gregos levam o pensamento lógico ao paroxismo. Pois, não esqueçamos, os eleatas são justamente os expoentes desse paroxismo do pensar lógico. As estruturas "lógicas" do pensamento, como tais, ganham neles uma exclusividade sob cuja pressão quaisquer outras estruturas do pensar e do conhccer são ameaçadas e sufocadas. Nos eleatas, a própria "existência" em sua totalidade é julgada, em sua natureza íntima, de natureza "lógica". Com uma energia ímpar, os eleatas projetam as estruturas "lógicas" do pensamento sobre a existência objetiva inteira e suas articulações internas. Estão ainda longe de uma reflexão lúcida sobre essas estruturas lógicas para *formulá*-las como tais, mas fazem uso delas no sentido funcional, inflando-as, para que nada mais caiba ao lado. Não seria este um trabalho preparatório, visando a estabelecer as bases de uma lógica? Os princípios fundamentais da lógica – o da identidade, o da contradição – aparecem no pensamento dos eleatas exaltados *implicitamente* no próprio modo de colocarem e solucionarem os problemas; assim, estão longe de formular, de maneira *explícita*, estes princípios e longe até mesmo dos rudimentos de uma disciplina, como tal, da lógica. As primeiras preocupações de onde se desprendem alguns elementos lógicos mais férteis, que poderão servir alguma vez de ponto de partida para fundamentar uma disciplina científica, aparecem de fato ligadas à duvidosa arte da retórica.

Os eleatas colocam a lógica conceitual, como função humana, em largo e consequente exercício, exaltando-a até o limite supremo e elevando-a, qual um monumento monolítico, para o absoluto. Por sua vez, os sofistas "relativizam" o exercício da lógica no sentido funcional, conseguindo problematizar o que os eleatas fixaram de maneira hierática. Em linhas diametralmente opostas, os eleatas e os sofistas tiveram preocupações que degeneravam em unilateralidade excessiva. Tanto uns quanto outros haviam percebido alguns problemas de natureza lógica, mas as soluções por eles propostas são caducas. Era fato importante, decerto, que do exercício da lógica, tanto daquele paradigmático dos eleatas quanto daquele elástico dos sofistas, desprendiam-se também alguns problemas de natureza "lógica", mas qualquer tentativa de solucioná-los mostrava-se imatura. Parmênides havia relevado o problema que o "juízo" inclui na sua qualidade de trançar o "uno" (sujeito) com o "múltiplo" (os predicamentos). Atacando esse problema, o *enfant térrible* da sofística, Licófron, propunha nem mais nem menos do que a eliminação da partícula copulativa "é" de qualquer juízo, pois só assim, na sua opinião, poderia prevenir-se a contradição inerente a qualquer juízo. A perspicácia com que alguns pensadores gregos adivinharam e a acuidade com que articularam alguns graves problemas de lógica devem ser relevadas. Esses dons são fora do comum em Antístenes, que enfrentou a mesma questão do trançar num juízo o "uno" (sujeito) com o "múltiplo" (os predicamentos). Na solução ágil, mas insustentável, que Antístenes dava à questão, achamos, como ponto de partida e implicação, uma exaltação do princípio da identidade (que ainda não tinha sido formulado como tal). Antístenes sustentava que a verdadeira e total expressão de qualquer coisa é o seu "conceito", isolado e observado como uma unidade simples. Em qualquer "juízo" junta-se a um sujeito simples uma série de predicamentos; essa operação constitui, na opinião de Antístenes, uma alteração da expressão lógica unitária dada em e através do "conceito". O "juízo" seria então uma operação ilegítima do ponto de vista "lógico". Do mesmo modo que os eleatas exaltavam a identidade lógica – como estrutura da existência objetiva – assim Antístenes exalta a identidade – como única estrutura justificada do "pensamento". Por semelhantes exageros iniciais, a filosofia grega marcava, de fato, a identidade como estrutura fundamental do pensamento e preparava o terreno em vista da constituição de uma disciplina da lógica.

Sócrates encaminha o pensar filosófico de uma maneira "reflexiva" e assim prepara os espíritos para atitudes e soluções mais generosas e mais complexas, ou tira os problemas dos becos aonde foram levados pela unilateralidade estendida até os limites dos antecessores. Da escola jônica, mais realista, e principalmente de Heráclito, vinham ainda de antes, no pensamento grego, algumas ideias que demonstram algum bom senso para com certos aspectos, em si contraditórios, da existência. Essas ideias irão juntar-se aos elementos do fundamento do pensamento grego, colaborando em contraponto na sua harmonia feita de tensões. No pensamento de Platão, acharemos unidas no mesmo rio as águas diversas que desciam dos tempos. Sabe-se que Platão foi, em primeiro lugar, um metafísico. Os problemas de natureza "lógica" e as soluções que Platão tenta dar parecem muito imbricados com sua visão metafísica e, decerto, desde o início ajustados para servir de esteio para suas visões de conjunto. Não é de se estranhar que a teoria do conhecimento, inclusive aquilo que nela é de natureza "lógica", terá em Platão um pronunciado caráter metafísico. No centro da visão situam-se as Ideias como plano supremo de existência. Platão acredita que, através de uma "visão" longamente preparada de conhecimento racional, seja possível chegar ao conhecimento das Ideias. Este é estranho a qualquer elemento sensorial. A aptidão em que se baseia a capacidade da alma humana de abrir caminho, do conhecimento ilusório das coisas, que "são" e "não são" (da região dos sentidos), para o conhecimento visionário das Ideias, é o logos. A principal virtude do logos é a possibilidade de unir o "uno" com o "múltiplo". Platão vê então uma "possibilidade" onde os eleatas e os sofistas, ou Antístenes, viam uma *impossibilidade*. Com isso, Platão tirava de um grave embaraço as preocupações de natureza lógica. Direciona energicamente as preocupações para uma linha fértil que irá levar tanto ao desenvolvimento da lógica formal quanto ao desenvolvimento da lógica dialética no sentido moderno dessas disciplinas. Para o desenvolvimento dessas disciplinas, os gregos colocam sempre o acento na lógica da identidade, sendo a dialética[1] por eles desenvolvida mais de maneira subsidiária.

---

[1] Utilizamos aqui o termo "dialética" no sentido moderno, não no sentido atribuído por Platão ou Aristóteles.

Quanto aos problemas especificamente "lógicos", Platão prepara uma série de posições novas. Pronuncia opiniões que poderiam ser lembradas como tantas prefigurações para muitas soluções de mais tarde. Não se poderia sustentar que Platão nos comunicasse fórmulas, nem mesmo aproximadas, a respeito do princípio da identidade, da contradição ou do terceiro excluído. Nem mesmo um problema como aquele da "definição" está ainda completamente esclarecido. Platão não tinha ainda a intenção de construir um sistema que poderia tê-lo feito pensar esgotar os diversos problemas lógicos neste sentido. Assim mesmo, pode-se rebuscar na obra de Platão algumas indicações, mais frequentemente incompletas, que prefiguram de maneira truncada as leis fundamentais da lógica, a teoria da definição, do silogismo ou das categorias – isso para mencionarmos apenas questões ligadas à lógica. Platão faz incursões audaciosas nos domínios que a nova disciplina da lógica anexará a si mesma, e, assim, Aristóteles não precisou, ele próprio, desbravar o terreno quando começou sua atividade de lógico. Não achamos, todavia, em Platão nenhuma iniciativa que tenha em vista uma eventual formulação do método experimental. Para tal feito, ele não tinha chamado algum. Platão era um pensador de orientação em primeiro lugar metafísica, admiravelmente dotado no sentido especulativo e com aptidões singulares de intuição filosófica. O "experimento", como método, não teria obtido nem um pouco sua apreciação. Isso porque o experimento pode ter lugar somente na região dos sentidos, do conhecimento da "aparência", da "inteligência", da "opinião" (doxa); mais ainda: o experimento tem as taras da ação e do trabalho técnico. Eis aqui suficientes elementos para pesarmos o significado que semelhante método poderia ter aos olhos de Platão.

Aristóteles também faz, como Platão, uma distinção categórica entre um conhecimento que tem como objeto o acaso concreto, o singular, o múltiplo, ou seja, aquilo que "se torna", que se faz e se desfaz, que está compreendido nos sentidos, e um conhecimento que tem como objeto o geral e necessariamente válido, aquilo que "é", que fica imutável, aquilo que pode ser compreendido em "conceitos". O primeiro domínio é, segundo Aristóteles e na sua terminologia, o da "dialética", da "opinião", das "contradições" que necessitam de soluções; o segundo domínio é o da "apodíctica", que desenvolve conhecimentos gerais (καδόλου) e necessários (θ, ἀναγκαίων), que têm seus princípios no "conceito". Evidentemente, essa distinção apenas retoma numa forma mais "lógica" a distinção que Platão faz entre inteligência e ciência. Enquanto em Platão os domínios que constituem os objetivos dos dois tipos de conhecimento representam também ontologicamente duas esferas ou regiões completamente separadas (o mundo das Ideias e o mundo sensível), em Aristóteles elas se interpenetram, uma representando aquilo que é estático (as essências), e outra representando aquilo que é mutável na existência (o concreto perceptível diretamente pelos sentidos). "Ciência" de verdade é apenas o conhecimento que abrange o apodíctico. Mas o processo de conhecimento tem por ponto de partida a percepção e o poder de guardar (memória); nessas bases, o homem constrói sua experiência;[2] sobre a experiência exerce-se a atividade produtiva (τέχνη), ponderação racional (λογισμός) para se chegar à "ciência". A razão (denominada νοῦς) abarca justamente *o geral* nas percepções; a razão é um órgão de percepção do conceito, das essências. Sem o respaldo dos processos de percepções, a razão se tornaria uma mera possibilidade; sem a razão, a experiência se limitaria a simples opiniões. Eis os elementos epistemológicos a cuja luz ficamos para julgar, a seguir, a atitude que Aristóteles tomaria diante do método experimental, se a questão tivesse sido apresentada para ele em termos bem definidos. O que resulta dos elementos epistemológicos, uma vez que dizem respeito à eventual atitude de Aristóteles perante o experimento como método de pesquisa? Aristóteles fala-nos, decerto relacionado com a ampliação da experiência, sobre uma atividade "produtiva" do homem; através disso, segundo a opinião dele, prepara-se apenas num degrau inferior a atualização da razão. Trata-se aqui, sem dúvida, não do experimento propriamente dito, mas da atividade técnica no mais largo sentido, que permite à experiência humana aspirar a uma ampliação. É fato que na filosofia de Aristóteles, comparada à de Platão, percebemos em geral uma orientação mais "realista". As coordenadas decisivas

---

[2] Em sentido empírico. (N. T.)

do realismo aristotélico são, em última instância, metafísicas também. Destarte, Aristóteles nem podia levantar o problema de um método "experimental" que pudesse alcançar uma importância maior que a da experiência em geral; e, até se chegar a promover o experimento a um plano preferencial ao da experiência comum, muito tempo há de passar. O movimento de Aristóteles esboça outras intenções. Aristóteles esforça-se para, de fato, chegar através da experiência, mas além dela, a uma ciência "apodíctica", a um conhecimento daquilo que "é" (das essências), ou seja, à atualização completa da razão na "teoria". A "teoria" é, segundo a sua concepção, uma atividade quase divina do homem e tem seu escopo em si mesma. A ciência "apodíctica" é teoria em sentido pleno. O próprio Deus como ato puro era imaginado por Aristóteles como um teórico absoluto, como um pensamento do pensamento. É certo que este deslocamento dos interesses cognitivos para a percepção do conceitual, das essências, e para uma exaltação da "teoria" – que nada tem em comum com o mundo do devir, e somente com aquilo que "é" – não criava uma atmosfera muito favorável a um eventual desenvolvimento do experimento como método de pesquisa da natureza. Sabemos que mais tarde, quando entrar no pleno exercício de suas funções, o experimento será um modo de pesquisa dos "fenômenos" mesmos, que surgem e desaparecem, e que pertencem ao "devir", e seu desígnio é revelar as condições exatas das variações a que os fenômenos são subordinados.

A coisa mais importante a que se liga a filosofia aristotélica inteira é a situação em que no mundo existiriam "gêneros" (γένη), ou seja, "essências", supostamente acessíveis à razão, à razão que por natureza própria seria chamada a elaborar conceitos. Aristóteles coloca o acento – tanto na teoria do conhecimento quanto na ontologia – sobre esta eminente situação, em que realmente o que existe no mundo são os "gêneros" (as espécies). Ou seja, para completar: os conceitos muito abstratos, como aqueles do "uno" ou da "existência", têm, na opinião dele, apenas validade predicativa, nem um pouco substancial. Ontologicamente válidos seriam só os conceitos que expressam *gêneros determinados*. Nem o individual concreto, percebido diretamente pelos sentidos, nem o geral vago, de extrema abstração, são fundados ontologicamente; estes caem, em outras palavras, fora do conhecimento pleno de que o espírito humano é capaz. O conhecimento pleno se realiza somente através de conceitos que circunscrevem gêneros determinados. Nas bases de semelhante ontologia e teoria do conhecimento, Aristóteles professa implicitamente um ideal totalmente *sui generis* de "ciência". Tal ontologia e tal teoria do conhecimento promoviam uma ciência conceitual em bases empíricas, mas uma ciência conceitual de esfera reduzida: seu interesse primordial dirige-se para a definição das realidades "genéricas". Semelhante ciência consiste, em primeiro lugar, em operações de "classificação". A este impulso Aristóteles dá seguimento com altas possibilidades de êxito nas ciências classificatórias, como a zoologia ou a botânica (desenvolvida pelos seus seguidores). A física edifica-se em Aristóteles no mesmo sentido: sobe da empiria a conceitos genéricos, classificatórios, e daqui salta para teses de caráter muito especulativo. Aristóteles era manipulado por suas próprias premissas filosóficas para uma física que irá desdobrar-se com predileção em conceitos-padrão, tendo suficiente cobertura empírica. Ele não podia conceber ainda a ideia de "lei" física no sentido de uma fórmula indicadora de uma relação matemática entre variações de um fenômeno condicionado e variações de um fenômeno que condiciona. Quando, por exemplo, se fala dos fenômenos de "movimento", Aristóteles contenta-se em distinguir de maneira empírica entre "movimentos naturais" e "movimentos forçados". Os "movimentos naturais" são explicados por ele de modo puramente especulativo, por um pretenso anseio inerente aos corpos de chegar aos seus "lugares naturais". O "lugar natural" dos corpos pesados seria tanto mais perto do centro da terra quanto mais pesados fossem; o "lugar natural" dos corpos leves seria tanto mais longe do centro da terra quanto mais leves fossem. Corpo pesado e corpo leve são em Aristóteles conceitos-padrão que resumem a própria essência genérica de certas coisas. O peso pertence à existência estática, imutável de um corpo. O "lugar natural" pertence também à existência, à "essência" *imutável* de uma coisa. E se um corpo não se encontra no seu lugar natural, não está ainda plenamente realizado em relação à sua "essência", tenderá a fazer um movimento até chegar ao seu lugar natural. A pedra tende para o centro da terra assim como o pássaro para o seu ninho. É isso que Aristóteles sustenta, e esta afirmação não é uma simples comparação, mas, sim, uma afirmação na qual desabrocha sua concepção física inteira. O movimento representa a passagem de um corpo do estado de "possibilidade" para o da "atualização", da possibilidade de uma essência à atualização dela. A principal característica dessa concepção física é a perspectiva das "essências" que pedem para serem englobadas em conceitos-padrão, em conceitos genéricos determinados. A tendência fundamental da física de Aristóteles não é a de chegar a formulações de leis matemáticas, mas a de estabelecer conceitos-padrão, conceitos genéricos determinados. Pelo menos é este o cerne de sua explicação. A física de Aristóteles pode certamente ter aspectos outros também, mas que permanecerão secundários. Assim, não se pode negar que na física dele encontram-se também alguns domínios que parecem indicar uma concepção moderna da ciência da física. Encontram-se na física de Aristóteles observações justas acerca da lei da alavanca, e ainda em forma matemática, o que é prova suficiente de que o filósofo não estava de todo alheio à "experimentação". Mas tais observações são um acaso na física aristotélica – quase uns corpos estranhos. Em todo caso, ficam sem consequências de princípio para o conjunto da física aristotélica. Nele, o uso do experimento não ultrapassa em nada o modo usado havia muito tempo por Pitágoras, que estabelecia certas relações matemáticas entre o comprimento das cordas musicais e a altura dos sons emitidos. Tais ilhas experimentais, que podem ser detectadas tanto na ciência pré-aristotélica quanto na aristotélica, representam apenas uma ampliação da experiência humana, uma ampliação condicionada pela intervenção do homem no andar dos fenômenos através de atividades ditas cotidianas. O experimento não ganha uma eminência metodológica verdadeira e de princípio que o coloque em situação preferencial perante a empiria.

Na filosofia pós-aristotélica, as preocupações "lógicas" retomam o rumo para a retórica ou aglutinam, no máximo, algumas ideias destinadas a preencher lacunas no *Organon* de Aristóteles. Desse modo, os estoicos desenvolvem, por exemplo, a silogística hipotética e disjuntiva. Uma interessante inovação deve-se a

Galeno, que faz uma primeira tentativa de expor a lógica segundo um modelo matemático (Euclides), colocando em primeiro plano os "axiomas" ou os princípios lógicos (λογικαὶ ἀρχάι). Galeno lembra como axiomas os seguintes: o idêntico mudado identicamente permanece idêntico; tudo tem de ter uma causa; tudo tem de ser afirmado ou negado. Não é de se esperar que tais desenvolvimentos da lógica possam ter alguma repercussão sobre uma eventual evolução do método experimental. A importância que o experimento ganha em Arquimedes ou na escola Alexandrina não tem maiores ligações com a atividade dos lógicos. O método experimental faz seu caminho sem ser sensivelmente movido pelas preocupações dos lógicos, assim como ocorrerá também mais tarde, na Idade Média. Na época do sincretismo alexandrino, do gnosticismo, do neoplatonismo, nos primeiros séculos do cristianismo, até Marciano Capela (começo do século V) e Boécio (470-525), e mais tarde nos primeiros trabalhos medievais, os lógicos se fixam cada vez mais sobre um ideal de conhecimento que procede de maneira "classificatória" através de conceitos--padrão. As preocupações de natureza já escolástica dos lógicos convergem para o problema das "cinco vozes" (*quinque voces: genus, forma, differentia, accidens, proprium*). Essas *voces* tinham por destino tornarem-se critérios de "classificação" hierárquica, na escala cósmica, de todas as coisas. Mas, para a edificação e desenvolvimento, amplo que fosse, de tal conhecimento espetacular, contemplativo, de organização empírica e de hierarquização abstrata das coisas, o "experimento" não era necessário.

Nos séculos patrísticos, no decorrer dos quais se constituiu a doutrina ecumênica do cristianismo, nos séculos dos grandes sínodos dedicados às construções teológicas, aconteceu de muitos autores eclesiásticos olharem para a lógica como uma disciplina estéril ou, às vezes, mesmo perigosa. A lógica era frequentemente acusada de ser a fonte das heresias. Não mais era aceita, senão, no máximo, uma lógica subserviente à pretensa verdade da revelação divina, mas aquela pouco significava, pois a doutrina cristã, através de seus dogmas fundamentais, suspendia a lógica mesmo de suas funções naturais. Chegada a essa situação, a lógica não mais conseguia atrair ou reter o interesse dos pensadores. Aliás, nunca na história europeia teve a filosofia possibilidades mais limitadas que no período pós-ecumênico. Esse estado de coisas durou alguns séculos, até que o pensamento promulgou para si, de novo, no começo timidamente, depois com crescente audácia, a lei e os imperativos de sua autonomia, o que, naturalmente, aconteceu só em etapas estendidas por épocas.

Na Idade Média, fora de compêndios constituídos de maneira eclética e simplista, a lógica de Aristóteles não era mais conhecida no Ocidente. Apenas em meados do século XII as obras reunidas no *Organon* são traduzidas na língua latina.

Agora se intensifica a grande disputa, que também levará séculos, entre os adeptos do nominalismo e os do realismo, com relação à validade ontológica dos "conceitos". Essa disputa, que adotou formas das mais variadas, não ficou sem efeito sobre o desenvolvimento da "ciência", que tinha como objetivo a pesquisa da natureza. Não seguiremos a disputa em questão nem nas suas principais etapas, prefigurada de certa forma na obra de Escoto Erígena (810-877), que forma uma verdadeira cabeça de ponte para a filosofia medieval. As soluções de sentido nominalista da grande disputa aparecem uma após outra em pseudo-Rábano, em Henrique de Auxerre (900), em Berengário (século XI) e, depois, em Roscelino, que foi principalmente considerado um grande promotor da nova lógica. A fórmula que Anselmo atribui a ele – que os "conceitos" seriam só *flatus vocis* (brisas da palavra)[3] – fez carreira, sendo particularmente evidente para caracterizar a concepção nominalista. Verifica-se nos expoentes do nominalismo em geral uma tendência cada vez maior de deslocar o acento essencial do "geral" para o "individual". O nominalismo de extrema põe esse acento exclusivo no "individual". O que existe realmente, segundo essa concepção nominalista, é só o individual concreto, passível de ser percebido através dos sentidos. O "conceito", com aquilo que ele designa, não responde em objeto, sendo um simples nome ou palavra. O "realismo" medievo continuava, no fundo, a filosofia aristotélica, achando que o que existe, em realidade, são apenas as "essências" e que estas podem ser percebidas e compreendidas adequadamente

---

[3] Sons das palavras, no sentido de mera emissão fonética. (N. T.)

pela inteligência através dos "conceitos". (Havia entre os "realistas" uns tantos pensadores escolásticos que ultrapassavam o aristotelismo em duas direções, a saber: uns admitiam que também os mais abstratos conceitos, aos quais Aristóteles atribuía apenas um valor predicativo, teriam real substancialidade; outros sustentavam que o individual concreto, por sua vez, seria composto somente por conceitos – esses últimos, para esgotar o concreto através de abstrações, recorriam a conceitos como *haecceitas, quidditas*, etc.)

Que consequências podiam ter essas correntes de pensamento para o desenrolar histórico da ciência natural em geral e do método experimental em particular?

A concepção nominalista, colocando o acento sobre o individual concreto como única realidade, animava o interesse cognitivo do homem para o concreto exposto no espaço e no tempo. O cultivo do "concreto" podia abrir alguns caminhos e pôr fim a outros. O nominalismo, ao degradar os "conceitos" para o papel de simples fala à qual o objeto não responde, podia levar a um empirismo puro e a uma timidez perante qualquer "teorização". Esse caminho teria sido equivalente a uma mutilação das aptidões cognitivas próprias do homem, ou ainda à suspensão do homem "teórico" que Aristóteles uma vez prestigiava. Eis o lado mais negativo das possíveis repercussões decorrentes do nominalismo. Felizmente, o nominalismo destacou-se por efeitos mais positivos. O nominalismo fomentou, em geral, o interesse pela pesquisa direta do concreto cronoespacial numa época em que a filosofia escolástica se prestava aos mais estéreis pseudoproblemas que jamais perseguiram o espírito humano. Por mais intoleráveis que sejam suas teses fundamentais, essa influência benéfica do nominalismo não pode ser suficientemente valorizada. Ao nominalismo se reconhece sem pestanejar o mérito de haver tentado com sucesso liberar o espírito de um conceitualismo em desuso. O nominalismo abria o caminho da investigação direta da natureza concreta, limpando o terreno do peso conceitual do aristotelismo, que era considerado a última palavra da sabedoria humana. Surgia então a pergunta sobre se a natureza concreta com a qual os nossos sentidos nos põem em contato não poderia ser perscrutada também em outras perspectivas além daquelas dos "conceitos genéricos determinados" que constituem o sustentáculo do aristotelismo. Entre as perspectivas que já se ofereciam para a pesquisa da natureza, recomendavam-se quase que por si mesmas aquelas que se abriam pelo método experimental e da aplicação da matemática. Acreditamos não estar enganados ao afirmar que a maioria dos pensadores medievais que convidam para uma pesquisa experimental da natureza eram homens cuja crença na validade exclusiva dos conceitos genéricos de estilo aristotélico tinha sido profundamente abalada pelas opiniões veiculadas pelos nominalistas. Ninguém menos que Oresme, por exemplo, que descobre os novos meios de estudo do "movimento" em coordenadas matemáticas, instituindo destarte uma das principais premissas que possibilitam a ciência do tipo galileo-newtoniano de mais tarde, é discípulo do grande nominalista Guilherme de Ockham.

Chegados a este ponto, é justo mostrar também a evolução do realismo de orientação aristotélica. Permitimo-nos repetir aquilo que já dissemos: este realismo, colocando o acento sobre os "conceitos genéricos determinados" correspondentes às "essências", podia encontrar seu florescimento nas ciências classificatórias como a botânica e a zoologia. No momento em que se juntava às iniciativas de "pesquisa" propiciadas pela progressiva emancipação do espírito europeu das rígidas normas da Idade Média, o realismo conceitualista assimilava também o método experimental. Mas, dessa vez, trata-se do *experimento qualitativo*, que também deu tantos frutos, e não do experimento combinado com a aplicação da matemática que encontra seu uso na ciência do tipo galileo-newtoniano. O realismo conceitualista de origem aristotélica, colocado diante da natureza, não era a princípio em nada impedido de ampliar seus meios de pesquisa, acrescentando-os ao método experimental. Ao escrever *Novum Organum*, um Francis Bacon procede para a "revolução" da grande ambição da lógica de Aristóteles, mas, de fato, não fez outra coisa senão assimilar o método experimental a uma filosofia que permanece bastante aristotélica. Achava-se um reformador e combatia Aristóteles; olhando mais de perto, aquele só fez *completar* este, desenvolvendo no "lógico" o método experimental ou, mais precisamente, certo método experimental. O método proposto por Francis Bacon é o do experimento qualitativo que se subsume na íntegra a uma lógica de indução, sendo apenas um anexo da empiria. Não esqueçamos que, mesmo contemporâneo ao estabelecimento de princípio da ciência natural do tipo exato, Bacon não mostra nenhuma compreensão das primeiras conquistas desta. Ele faz o tempo todo uma confusão entre "essência" e "lei" e insiste na grande caçada às "essências", permanecendo completamente estranho ao novo conceito de "lei" que estava a caminho de legitimar-se dentro da ciência.

O método experimental, na forma que toma no quadro da ciência do tipo galileo-newtoniano, não é, sob nenhum aspecto, uma criação dos "lógicos" propriamente ditos. Ganhou vida e se fortaleceu progressivamente através da atividade dos cientistas, que, pela primeira vez na História, empenham seus esforços a serviço de um modo de pesquisa isolado de suas equações particulares. As diversas preocupações dos "lógicos", anteriores ou contemporâneas à constituição da ciência do tipo galileo-newtoniano, só indiretamente prejudicaram ou favoreceram as iniciativas tomadas pelos cientistas para a constituição dos métodos em cujas bases irá erguer-se a ciência do tipo galileo-newtoniano. Isso e nada mais.

# 3. Métodos, pares metodológicos, suprametodo

Não se pode realçar suficientemente a importância do ponto de vista histórico quando se trata de lançar luz sobre a ciência e a estrutura do pensar científico. Uma comparação em bases históricas do modo como os gregos entendiam fazer "ciência" e daquele como os modernos entendem isto – de Galileu e Newton para cá – coloca-nos na situação de revelar com maior precisão uma série de particularidades da ciência do tipo galileo-newtoniano. Mais: pode-se afirmar com toda a convicção que, na perspectiva histórica, relevam-se também algumas particularidades do pensamento científico moderno totalmente negligenciadas pelos filósofos que tentaram definir a ciência do tipo galileo-newtoniano. A análise estrutural desta foi feita de uma forma demasiado direta, seguindo critérios exclusivos da lógica ou da teoria do conhecimento. Um estudo mais atento da história do pensamento científico colocará à nossa disposição elementos de apreciação a cuja luz tanto a complexidade quanto o nível de estrutura próprios da ciência do tipo galileo-newtoniano poderão ser elucidados com maior êxito. Tentaremos no presente capítulo uma comparação histórica de leque mais amplo, trazendo à discussão principalmente os resultados a que Aristóteles chegou em sua física.

Através da maneira de colocar os problemas e do modo de solucioná-los, a física aristotélica representa decerto um pensar "científico" de um tipo decididamente diferente do galileo-newtoniano. No debate que temos em vista, referimo-nos naturalmente, quantas vezes for o caso, também aos resultados da ciência antiga que, a seu modo, permitem uma aproximação dos resultados da ciência do tipo galileo-newtoniano. Mencionei com isso particularmente as fórmulas a que Arquimedes chegou em sua estática. Quando o exame que vamos desenrolar o pedir, apelaremos decerto ao testemunho constituído por outros momentos do desenvolvimento do pensamento científico grego. Dado que no presente estudo preocupa-nos, em primeiro lugar, a natureza do método *experimental* tal como ele se apresenta em exercício no quadro da ciência galileo-newtoniana, fica claro que da história do pensamento científico antigo ainda retemos, em primeiro lugar, aqueles aspectos que se mostram úteis para a nossa meta. Para uma compreensão mais justa da natureza do método experimental, impõe-se, no entanto, considerá-lo tanto no quadro da ciência de tipo antigo quanto no da ciência de tipo moderno. Isso significa que, na medida do possível, também se impõe uma caracterização de conjunto tanto da ciência de tipo antigo quanto da ciência de tipo moderno, porque é impossível isolar o método experimental e entendê-lo fora do complexo mais amplo dentro do qual é usado. Um dos mais importantes resultados que se desprenderão da pesquisa que fazemos é o seguinte: o pensamento científico grego conseguiu estruturar os principais métodos usados também na ciência de tipo galileo-newtoniano, mas os métodos empregados na ciência grega, rapsodicamente ou compartilhados por acaso, aparecem no quadro da ciência de tipo galileo-newtoniano *reagrupados* segundo um *supramétodo* totalmente ausente no pensamento antigo.

Encarregamo-nos de trazer luz sobre este "supramétodo". Da acuidade com que evidenciaremos a presença secreta do "supramétodo" no corpo de pensamento científico do tipo galileo--newtoniano dependem muito as diferenciações que faremos entre a ciência antiga e a moderna. Ficará evidente como são feitas, via de regra, as distinções entre o pensamento científico grego e o pensamento científico moderno.

Da física de Aristóteles – não o mais válido, mas o mais característico produto do pensamento científico grego –, afirma-se frequentemente que seria mais "especulativa" do que a física galileo-newtoniana, que, por sua vez, brilharia sobretudo pela sua qualidade "experimental". A avaliação é sumária, muito unilateral e, de certo modo, simplista a um ponto intolerável. Ao longo do exame que iniciamos, teremos a oportunidade de ver que, em determinadas relações, a física de Aristóteles é mais "empírica" do que a física galileo-newtoniana e que esta é mais "especulativa" do que aquela. Na medida em que se mostrasse válida, uma semelhante avaliação mostraria que a distinção que esperamos poder fazer entre a ciência de tipo antigo e a ciência de tipo galileo-newtoniano requer sutilezas totalmente estranhas às opiniões correntes. Ou, para levarmos em consideração mais um aspecto da ciência de tipo antigo e da ciência de tipo moderno, lembremos ainda que Aristóteles é geralmente apresentado como se tivesse desconhecido por completo o método experimental e a aplicação da matemática no estudo dos fenômenos físicos. Essa avaliação não é bem justa. No que tange ao experimento, é verdade que Aristóteles não o introduz como método de pesquisa constante, mas incidental. Em todo caso, Aristóteles faz uso do experimento como um meio não metódico, diretamente ligado a sua atitude de "observador" da natureza. O contato "ativo", cotidiano, com a natureza leva-o por si à situação de fazer experimentos esporádicos, contudo, desprovidos de intenção metodológica. No que diz respeito à aplicação da matemática ao estudo da natureza, observamos que na obra de Aristóteles encontramos mais de uma vez fórmulas que lembram usos modernos. Depois de Pitágoras, o Estagirita está entre os primeiros que recorrem a semelhantes formulações. Trata-se de pretensas "leis" da natureza, erradas, a bem-dizer, mas de expressão matemática e de aspecto um tanto modernos, pois seu conteúdo é suscetível de ser pronunciado também em equações diferenciais.

Mas vamos parar um pouco na física de Aristóteles. Sabe-se que, na sua mecânica, o pensador grego parte da observação empírica dos movimentos na natureza para mais tarde lançar--se em especulações sobre a natureza. Observações empíricas que pôde fazer em condições cotidianas naturalmente, não uma única vez, mas com frequência: estas constituem o ponto de partida de Aristóteles. A partir delas, evita a experimentação metódica e, de uma maneira espetacular, procede depois à efetuação de uma distinção entre movimentos "retilíneos" *limitados* e movimentos "circulares" *ilimitados*. Devido a condições de estilo próprias do pensamento grego, Aristóteles considerará como "perfeito" o movimento circular[1] ilimitado. O outro movimento, retilíneo limitado, no qual Aristóteles vê, assim como no movimento circular dos corpos celestiais, um movimento natural (diferente de todos os movimentos "forçados" que ocorrem na natureza), é atribuído a uma tendência supostamente inerente dos corpos – seja a uma tendência de se aproximar do centro da terra, seja a uma tendência de se afastar deste. Os corpos (como o ar, o fogo) que manifestam a tendência de se afastarem do centro da terra são "leves"; ao contrário, a água e a terra – dominadas pela tendência de se aproximarem do centro – são "pesadas". Identificando as propriedades "leve" e "pesado", a primeira, com a tendência de um corpo se afastar, e a segunda, com a tendência de um corpo se aproximar do centro da terra, Aristóteles decidirá que um corpo cairá tanto mais rápido quanto mais pesado for ou se levantará tanto mais rápido quanto mais leve for. Encontramo-nos aqui diante de uma estrutura feita de conceitos e de pretensas "leis" físicas. Não se pode negar que, em condições naturais do cotidiano, as coisas têm o comportamento mostrado por Aristóteles; nem sempre, mas em muitos casos, as "leis" formuladas por ele não são "leis" no sentido estrito da palavra; elas representam, todavia, pelo menos uma espécie de "regras empíricas". Aquilo que Aristóteles estabeleceu, baseia-se, *grosso modo*, em observações correntes; são incontestavelmente do domínio da experiência. É justo dizer que, para pesquisar esses fenômenos, Aristóteles não procedeu de maneira "experimental" – com medições quantitativas de precisão matemática; mas ele também não procedeu de maneira apenas especulativa; é claro que, no embasamento das distinções conceituais e das pretensas "leis" estabelecidas por Aristóteles, colaboraram também experiências acumuladas no decurso de um contato ativo com a

---

[1] Usei sempre "circular" no lugar de "circual", palavra criada pelo autor. Em edições romenas anteriores a esta que traduzi, também foi empregado o termo "circular". (N. T.)

natureza. Quase dois mil anos mais tarde, Galileu pesquisará os mesmos fenômenos de um modo estritamente "experimental" e seguindo um método de precisão matemática. Afirmará que, no vácuo, os corpos teriam de cair igualmente rápido, qualquer que fosse seu peso. Galileu estabelecerá que todos os corpos são mais ou menos "pesados" e que não existem corpos "leves" no sentido aristotélico. Ao estudar os fenômenos em questão, tanto Aristóteles quanto Galileu perceberam a influência que o meio com sua densidade exerce sobre um corpo em queda. Aristóteles se contenta em tomar como ponto de partida para suas considerações as observações correntes e se lançará a partir delas para afirmações de caráter geral a que dará às vezes até uma expressão matemática. Assim sendo, ele sustenta: quanto maior a resistência do meio onde um corpo cai, tanto mais lenta é a queda. Havia nessa fórmula um erro que consistia numa generalização precipitada, que não levava em consideração todos os fatores que influenciam na velocidade de queda de um corpo. Baseada em observações empíricas incompletas, a afirmação aristotélica em questão não era, na sua parcialidade, de modo algum suscetível de uma formulação que tivesse aspecto de lei de precisão matemática. A este erro Aristóteles acrescenta logo em seguida um outro, dando dessa vez um salto para a teoria puramente especulativa, a saber: ele afirma que no vácuo um corpo pesado tende a cair com velocidade infinita. E, mais adiante, a partir da observação da densidade de um meio influenciar na velocidade de queda de um corpo, observação com certa validade empírica, parcial, restrita e que poderia ter sido uma boa oportunidade para examinar "experimentalmente" a relação entre a densidade do meio e a queda de um corpo, Aristóteles salta para uma afirmação com pretensão de "lei" ao sustentar que "as velocidades de um mesmo corpo em queda, através de meios de densidades diferentes, são inversamente proporcionais às densidades destes meios". Se a densidade da água é dez vezes maior que a do ar, então a velocidade de um e mesmo corpo através destes meios seria dez vezes maior no ar do que na água. Galileu reexaminará estes fenômenos,[2]

---

[2] Em *Discorsi e Dimostrazioni Matematiche Intorno a Due Nuove Scienze...* Leiden, 1638.

sem contudo contentar-se com simples observações empíricas, procedendo de modo experimental. Um dos personagens que participa das discussões no diálogo de Galileu diz que, se fosse certa a afirmação segundo a qual um e o mesmo corpo, se caísse atravessando meios de densidades diferentes, como ar e água, com velocidades inversamente proporcionais às densidades desses meios, então todos os corpos que caíssem no ar teriam de cair também na água – o que é infirmado pela experiência, pois muitos corpos que caem no ar sobem na água.

Para a edificação de sua física, Aristóteles fez uso mais amplo do que normalmente se pensa da observação empírica. Em certos casos, Aristóteles elevou-se até a formulação de preciosas leis de validade geral; e, às vezes, tentou dar a essas "leis" uma forma passível de ser expressa, com meios modernos, diretamente em equações diferenciais. Todavia, a observação empírica de que Aristóteles partia era de fato aproximada, nunca direcionada pelo espírito de precisão matemática, de onde se segue que as formulações a que chegava só podiam ter legitimidade empírica restrita. Só por abuso de formulações tão insuficientemente fundamentadas podiam adotar formas de equações diferenciais com pretensões de generalidade e de precisão. Para evidenciar ainda mais não tanto a falta de método, mas, como veremos, a falta de um supramétodo na física de Aristóteles, é o caso de chamarmos a atenção sobre o procedimento aristotélico, ilustrado pelas considerações do filósofo acerca do "vácuo" e de uma pretensa velocidade infinita da queda no vácuo. Da pretensa "lei" acerca da queda dos corpos em meios de densidades diferentes, Aristóteles se lança em especulações como esta: no "vácuo" (sendo nula a resistência deste) a queda dos corpos teria de alcançar uma velocidade "infinita". Sendo uma velocidade "impossível", Aristóteles opina que na natureza não existe "vácuo". Essa especulação, puramente teórica, é necessariamente muito arrojada, mas desprovida de todo o rigor interno.

Em que consiste então a metodologia de Aristóteles nas pesquisas que pertencem ao domínio físico?

Aristóteles desenvolve suas pesquisas no quadro de muitos "métodos".

1. Ele parte habitualmente da experiência e procede através da observação, sem contudo aspirar a unir a observação à precisão matemática.

2. A observação empírica aparece em Aristóteles completada por observações derivadas de experimentos incidentais, mas não é completada através da pesquisa experimental metódica lúcida e tanto menos através do conjugado com precisão matemática.

3. Aristóteles eleva-se, em termos de observação empírica, a conceitos genéricos: o conceito de "pesado" e "leve", o conceito de movimento "natural" ou "forçado", o conceito de movimento "perfeito" (circular e ilimitado) e de movimento "imperfeito" (retilíneo e uniforme). Aplica-se nesse proceder a indução do concreto para o geral.

4. Aristóteles "teoriza", formulando às vezes "leis" supostamente válidas em geral, a que, em caráter excepcional, dá uma expressão de espírito matemático.

5. Aristóteles emprega o método da analogia, atribuindo aos corpos inertes uma aspiração semelhante à dos seres animados, uma aspiração de aproximar-se ou afastar-se do centro da Terra. O procedimento é utilizado aqui no plano de umas pretensas "qualidades" da natureza.

6. Aristóteles teoriza depois também de maneira especulativa (por exemplo, acerca da velocidade dos corpos no vácuo e da impossibilidade do vácuo).

Uma série de métodos colabora na constituição da física aristotélica, mas todos eles combinam mais ou menos por "acaso". Não surpreenderemos ainda quase nada, na maneira como Aristóteles procede, do "supramétodo" que se tornará eficiente na ciência de tipo galileo-newtoniano e que esclareceremos mais adiante. A despeito de várias limitações metodológicas e erros de conteúdo que se alojaram na física aristotélica, o estagirita detectou incidentalmente a forma matemática adotada mais tarde por todas as leis científicas do domínio físico. Infelizmente, Aristóteles impôs esta forma, por acaso, em algumas de suas teses, sem contudo guiar-se por um supramétodo – e por isso sem supor nem vagamente que esta forma se tornará paradigmática, uma norma para as "leis" de uma ciência que registrará mais tarde sucessos imensos.

O pensamento "físico" da Antiguidade grega nunca tomou caminhos mais próximos daqueles da ciência do tipo galileo--newtoniano como na estática de Arquimedes, em algumas pesquisas "óticas" de Ptolomeu ou na "técnica" de Héron. Fazendo tal constatação, referimo-nos, entende-se por si, a tantas pesquisas para quantas o "experimento" se torna decisivo. Nos casos já mencionados, o pensamento científico antigo chegava a resultados que permitiam, às vezes global, às vezes parcialmente, ser incorporados também à ciência moderna. Não seria esta circunstância sugestiva para a impressão de que o pensamento científico grego conquistou de fato todas aquelas coordenadas que constituirão tanto o quadro certo da ciência galileo-newtoniana quanto aqueles métodos que sustentam e animam o pensamento moderno? E disso não resultaria que a ciência do tipo galileo--newtoniano se diferencia da antiga mais pelas ideias e material do que pelos métodos e coordenadas de pesquisa? Evidentemente, pode-se fazer essas perguntas, mas as possíveis respostas não permitem uma formulação tão bem definida.

A ciência de Arquimedes constitui, decerto, sob determinados ângulos, uma "prefiguração", o que se confirma também pelo fato de que se tornará, aliás, o único modelo antigo de Galileu. Ele conseguiu constituir seus métodos e coordenadas de pesquisa que o encaminhavam para o conhecimento tanto de fatos quanto de "leis" que não são passíveis de correção essencial a fim de ser assimilados pela ciência moderna. Arquimedes teve a habilidade de unir a observação empírica ao rigor matemático e ainda o experimento lúcido à perspectiva e à precisão matemáticas. Da maneira que desenvolveu os princípios de sua mecânica, resulta nitidamente que Arquimedes "experimentou" sobre os fatos da natureza em perspectiva matemática. Eis algumas das leis da alavanca nas formulações dele:

1. Massas do mesmo peso, exercitando seu efeito em distâncias iguais, estão em equilíbrio.

2. Massas do mesmo peso, exercitando seu efeito em distâncias desiguais, não estão em equilíbrio, caindo a mais distante.

Ou uma lei mais complexa: pesos desiguais estarão em equilíbrio assim que estiverem na proporção inversa de suas distâncias. Tais leis, apenas expressas numa terminologia mais adiantada, são parte até hoje da mecânica dos sólidos. Um princípio ainda mais complexo dá-nos Arquimedes na mecânica dos fluidos: "Os corpos sólidos que, tendo volume igual, são mais pesados que um fluido em que estão mergulhados, mergulham neste tanto quanto podem e se tornam mais leves nele, com o equivalente do peso da massa fluida de um volume igual ao corpo mergulhado". O examinar mais atento dessas "leis" da estática de Arquimedes mostra de modo suficientemente claro que o grande físico da Antiguidade orientou-se no estudo da natureza pelo método da observação empírica ligado à precisão matemática. No entanto, a zona de aplicação desse método não é muito ampla. A curiosidade científica de Arquimedes se dirige exclusivamente para alguns aspectos das coisas que, pela própria natureza, convidam a uma determinação matemática. Arquimedes efetua também experimentos, no mesmo espírito matemático, e também chega até uma "teorização" no plano das "leis", formulando teses gerais acerca de fenômenos naturais – isso igualmente numa forma matemática. A área de pesquisa através do experimento não é, também, muito extensa. Que lugar ocupam esses resultados de Arquimedes em relação à ciência do tipo galileo-newtoniano? Levando em consideração a pesquisa da natureza em Arquimedes, ainda retemos alguns outros aspectos de interesse metodológicos. É certo que Arquimedes não pode ser considerado o primeiro pesquisador a combinar a observação ou o experimento como método à matemática. Muito antes, Pitágoras havia juntado a observação à matemática ao formular a relação entre o comprimento das cordas sonoras e a altura dos sons emitidos. No entanto, Pitágoras colocava sua vitória em perigo pelo fato de professar uma aplicação equivocada da matemática na pesquisa da natureza. Com frequência, usava seu procedimento matemático no sentido de contar as particularidades *qualitativas* das coisas, abrindo assim o caminho para as mais arbitrárias aplicações da matemática sobre a natureza. Mais tarde, ainda antes de Arquimedes, Platão combinou outro método com a matemática: referimo-nos à teorização imaginária referente a certas estruturas que transcendem a experiência – da natureza. Expliquemos: Platão imaginava a água, o fogo, a terra, o ar e o éter como sendo constituídos por corpúsculos de formas geométricas regulares (cubos, icosaedros, dodecaedros, etc.). Assim, a teorização imaginária sobre a estrutura íntima dos elementos naturais se dava em função de umas ideias matemáticas. Depois, mesmo não sendo um espírito matemático, Aristóteles soube juntar a teorização descobridora de "leis" com a matemática (de maneira errônea e em bases empíricas incompletas). Para todos esses pensadores e pesquisadores, a associação de um método de conhecimento qualquer à matemática aparece por acaso – e isso no quadro de uma metodologia mais ampla, que faz uso de outros métodos *não combinados* com a matemática. Arquimedes combina: 1. a observação com a matemática; 2. o experimento com a matemática; 3. a teorização descobridora de "leis" com a matemática. Ele realiza então alguns pares metodológicos em que sempre um dos elementos é a matemática. Arquimedes não utiliza nenhum outro método que se mostre refratário a uma conjugação com a matemática. Não se poderia afirmar que este procedimento tivesse sido lúcido; trata-se aqui de um procedimento inconsciente, mas vigorosamente constante. De qualquer modo, neste feito de Arquimedes devemos enxergar uma prefiguração parcial do "supramétodo", em virtude da qual nascerá em algum tempo a ciência do tipo galileo-newtoniano. Essa prefiguração é ainda incompleta, pois Arquimedes aplicava sua metodologia de maneira simplíssima e nos limites de estilo do espírito grego. Que nos seja permitido fazer observar alguns "limites" do espírito grego. O primeiro limite constava do fato de que nos gregos a matemática era em primeiro lugar geometria. A mecânica de Arquimedes, que por definição deveria se tornar uma ciência sobre o "movimento" dos corpos, constitui-se como ciência matematizada num domínio onde o "movimento" se encontra desde o início anulado, isto é, onde os possíveis movimentos estão em equilíbrio – no domínio da estática. Limitando suas pesquisas a um setor da natureza onde os movimentos se anulam reciprocamente, ou seja, a alguns aspectos estáticos, Arquimedes podia facilmente emprestar aos resultados formas geométricas. No pensamento grego é atribuída uma dignidade superior ao estático em relação ao dinâmico, sendo a essência da realidade considerada antes de natureza imóvel do que móvel. Na medida em que o próprio Arquimedes enxergava as coisas numa perspectiva estática depreende-se aliás também do fato de que, nas suas considerações, a saber, lá onde o moderno falaria em "forças", ele coloca o conceito de "peso". O "peso" é uma particularidade *mensurável* dos corpos, mas passiva em seu jeito, ou seja, "estática". A substituição da "força" (conceito de nuance dinâmica) pelo conceito de "peso" facilitava enormemente em Arquimedes a geometrização da estática. O próprio cálculo do centro de gravidade dos corpos era, para Arquimedes, um problema de geometria. Aconteceu então que Arquimedes não aplicou em nenhum momento a matemática no "movimento", como tal, dos corpos. Aliás, na Antiguidade, nunca foi o "movimento" considerado suscetível de um exame em perspectiva matemática. Nem nas pesquisas de Ptolomeu, pertencentes ao domínio da ótica, encontramos alguma aplicação da matemática sobre o "movimento"; a luz não era considerada movimento, e o fenômeno da refração de um raio de luz, passando de um meio transparente para um outro meio transparente mais denso, é tratado na ciência alexandrina pura e simplesmente como um problema de geometria. Vão-nos dizer que a matemática não tinha ainda descoberto os meios para se fazer aplicável ao "movimento"; isso é mais do que verdadeiro, mas também o é que os gregos não se esforçaram para descobrir tais meios. Aqui, outra vez encontramos, particularmente surpreendentes, os limites de estilo do espírito grego. Os pensadores gregos viam a existência muito mais estática do que a veem os pensadores modernos. Sabe-se, aliás, que os eleatas, em especial, colocavam um acento exclusivo sobre os aspectos estáticos da existência – de certo modo Platão, e mesmo Aristóteles, também. Os eleatas admitiam uma existência *única* e *imóvel*. Segundo a filosofia platônica, as existências metafísicas supremas, as Ideias, são imóveis, inalteráveis. Para Aristóteles, a suprema existência, Deus, é um princípio que move tudo, ele próprio ficando imóvel. Na concepção eleata, o "movimento" é considerado uma simples aparência, uma ilusão dos sentidos. De acordo com a concepção de Platão, o movimento é um atributo das coisas do mundo sensível, mas este mundo representa apenas uma semiexistência, sendo um derivado obscuro degradado da existência. Na filosofia de Aristóteles, o movimento é definido como um modo através do qual as formas, perfeitas em si mesmas, se realizam na matéria; o movimento não seria outra coisa senão a passagem da "forma" de um estado potencial para uma atualização. Pelo fato de serem esporádicas as exceções desse modo de ver o movimento nos pensadores gregos (Heráclito), o pensamento científico antigo irá ressentir-se, em todas as suas fases, do ponto de vista dominante: o movimento será considerado um aspecto degradado em relação à imobilidade da existência.

De Platão e sua escola deriva, por outro lado, certo modo de ver a "matemática". A matemática é considerada um modo *superior* de conhecimento. Ao construir a geometria no espírito do rigor, Euclides estava animado por essa filosofia platônica. Para o espírito grego, declarava-se então uma incompatibilidade entre o "movimento" (existência inferior) e a "matemática" (conhecimento superior). Destarte, não é senão mais do que natural que uma concepção nada favorável a uma eventual pesquisa do movimento em perspectiva matemática tenha talhado seu caminho na Antiguidade. Os gregos achavam o movimento indigno de tal estudo ou, por sua própria natureza, não apta para uma matematização. Esse estado de espírito aparece, aliás, confirmado também por outra circunstância na história das ciências. A circunstância é esta: Euclides evitava recorrer ao meio do "movimento" nas demonstrações através das quais construiu sua geometria. De fato, também a geometria constituiu-se nos gregos numa perspectiva eminentemente estática. Sob influência eleata e platônica, as figuras geométricas eram consideradas *dadas* de antemão, *eternas*. Os gregos "construíam", na verdade, as figuras, mas viam nisso uma necessidade inevitável, não uma perspectiva legítima. As figuras eram consideradas existências ideais, dadas desde sempre. Diferente dos gregos, nós, os modernos, pelo contrário, tendemos a ver as figuras geométricas em processo de construção. Em suas demonstrações, Euclides evita os meios que derivam da "construção" das figuras, da atividade ou o movimento do geômetra. Somente no teorema IV (*Os Elementos*), viu-se forçado a recorrer a uma demonstração através do "movimento" (superposição de umas figuras), o que, decerto, constituía para si mesmo um indesejado desvio dos critérios.³

A desvalorização do "movimento" na Antiguidade poderia ter, em última instância, o mesmo substrato que o relativo desconhecimento do experimento como método constante de pesquisa. O substrato é um certo estilo de pensar, próprio do espírito grego.

O "movimento" começa a ser visto como atributo fundamental da existência só no século XII, quando a modernidade ocidental começa a se fazer presente em tantos planos de atividade humana. Esse começo coincide com os primeiros sinais de afirmação de uma burguesia europeia, com a construção das cidades, esses ninhos de liberdade da cidadania crescente, com o estabelecimento e a expansão do estilo gótico, tão dinâmico sob todos os aspectos. Não passará muito tempo e o "movimento" se torna também objeto de preocupação científica em perspectiva matemática (Oresme). A transformação dos critérios e, em seguida, a nova avaliação positiva do "movimento" são declaradas mais ou menos ao mesmo tempo com o lançamento do termo "experimento", concebido para designar um método de pesquisa que implica a intervenção "ativa" do homem no desenvolvimento da natureza (Roger Bacon). Após tais modificações profundas, após tais mudanças de perspectiva que, para sua consolidação e aprofundamento, precisarão ainda de um processo multissecular, a mecânica moderna conseguiu surgir realmente como ciência sobre o *movimento* dos corpos. A fundamentação da mecânica e das ciências exatas sobre a natureza não se deve no entanto somente a uma avaliação verdadeiramente mais positiva dos aspectos *dinâmicos* da natureza ou a uma ampliação consequente ao interesse científico que doravante será concedido ao "movimento".

A fim de compreendermos ainda outras importantes premissas que possibilitaram o estabelecimento da mecânica moderna, é necessário olharmos mais de perto para suas particularidades *metodológicas* – que necessita também de algumas incursões na história da metodologia em geral.

---

[3] Gustav Junge, "Besonderheiten der Griechischen Mathematik". *Jahresbericht der Deutschen Vereinigung*, XXXV, 1928.

Tentamos já em páginas anteriores fazer, na medida do possível, uma distinção circunstanciada entre a física de tipo antigo e a física de tipo galileo-newtoniano. Essa distinção terá de ser aprofundada agora até os substratos e as implicações metodológicas dos dois tipos de ciência. Vendo as coisas em perspectiva histórica, verificamos, no que tange ao desenvolvimento da ciência moderna, isto é, começando por Galileu até Grimaldi e depois até Newton e Huygens e a partir deles até hoje, uma tendência explícita para a amplificação metodológica. No quadro do pensamento científico, ocorre uma verdadeira expansão metodológica, ou seja, a nova física assimila cada vez mais métodos de pesquisa. Essa expansão metodológica não ocorre por acaso; o processo parece ser guiado por um "supramétodo", um supramétodo a que já aludimos, mas que ainda será focalizado. Pois o supramétodo em discussão, ainda que consequentemente aplicado, nunca foi proposto ou formulado como tal na linha de consciência científica. Ele foi aplicado de certo modo instintivamente e, por isso, não sem hesitações. A tarefa de que nos incumbimos é relevar sua presença efetiva. E isso, tanto mais na medida em que o supramétodo em questão representa, a nosso ver, a mais característica nota distintiva da ciência de tipo galileo-newtoniano em relação à ciência antiga. E quando falamos aqui sobre a ciência de tipo galileo-newtoniano, não nos referimos à ciência de Galileu ou de Newton, mas à ciência exata da natureza, assim como ela se desenvolveu de Galileu e Newton em diante. Note-se que enquadramos na ciência de tipo galileo-newtoniano (na perspectiva do "supramétodo", cuja elucidação desejamos) tanto a física da relatividade quanto a física quântica.

A próxima pergunta que responder então é esta: quais são os principais aspectos do "supramétodo", sob cujos auspícios, segundo afirmamos, surgiu e se desenvolveu a ciência de tipo galileo-newtoniano?

Lembramos um pouco antes uma *expansão* metodológica que aconteceu dentro do quadro da ciência de tipo galileo-newtoniano ao longo do processo histórico a que se deve sua constituição. Que entendemos em primeiro lugar por essa expansão metodológica?

Aqueles que acompanharam o desenvolvimento histórico do pensamento e conhecimento humano, isto é, não somente na área científica, mas também filosófica, podem perceber com facilidade que o espírito humano alterna constantemente entre dois extremos, no que se refere à metodologia almejada. O espírito humano aspira conhecer aquilo que é. A alternativa metodológica oferecida é a seguinte: o conhecimento pode ser realizado seja através de um só método (o método puro e absoluto), seja através de sua combinação com o maior número de métodos (expansão metodológica máxima). Por um método puro, absoluto, advogaram por exemplo os eleatas, que nutriam a convicção de que um tal método corresponderia, no pensamento lógico, à identidade. Qualquer outro método era repudiado por eles. Ainda na Antiguidade, os pensadores sofistas, ou pelo menos alguns deles, pleiteavam o conhecimento pelas "sensações", como o único meio legitimado. A posição dos eleatas é retomada na filosofia moderna por um Herbart, e uma restauração da posição sofista foi tentada na filosofia moderna por parte de Avenarius ou Mach. Sabe-se que, entre os pensadores mais novos, Bergson também professa, ao menos para o conhecimento da vida, um método puro, absoluto: a intuição. O outro extremo em cujo favor advogam tantos pensadores é o da expansão metodológica. Esta tenta combinar o maior número de métodos, ainda que dê, em certos casos, preferência a um deles. Semelhante expansão metodológica encontramos na Antiguidade no sistema de Platão ou de Aristóteles. Em tempos modernos, em Leibniz. Considerada à luz das duas tendências diametralmente opostas, a ciência do tipo galileo-newtoniano ocupa uma posição singular. Sem dúvida nenhuma, a ciência de tipo galileo-newtoniano manifesta uma tendência de expansão metodológica máxima, a qual, todavia, aparece de certa maneira regulamentada por um supramétodo. No quadro da ciência de tipo galileo-newtoniano, a regulamentação da expansão metodológica auxiliada por um supramétodo se realiza da seguinte maneira: entre os métodos de conhecimento praticados ou possíveis, a ciência de tipo galileo--newtoniano incorpora para si o máximo possível, mas de modo efetivo e construtivo só aquilo que é suscetível de ser combinado com a matemática; todos os outros métodos são apenas tolerados quando não é possível evitá-los, ou decididamente eliminados assim que evitáveis de maneira comprovada. O mais significativo resultado dessa regulamentação que se deve ao "supramétodo" é a constituição, no quadro da ciência de tipo galileo-newtoniano, de uma série de *pares metodológicos*, de pares em que a matemática sempre aparece como um dos dois fatores constitutivos. Diferente, então, de todos os sistemas de pensamento e conhecimento que procuram fundamentar-se numa expansão metodológica, a ciência de tipo galileo-newtoniano realiza essa expansão exclusivamente por meio de pares metodológicos *sui generis*, a saber, através de métodos que são, por sua vez, conjugados com a matemática. Ilustremos essa diferença essencial, analisando alguns exemplos que a história do pensamento filosófico e científico nos coloca à disposição. Examinaremos desse ponto de vista a cosmologia de Platão, que representa um dos conjuntos mais complexos e arquitetônicos que a mente humana jamais criou. Lembramos os principais elementos dessa cosmologia: as Ideias, o espírito do mundo; o Demiurgo, o mundo sensível feito pelo Demiurgo no molde das Ideias, da matéria (antes indeterminada, depois composta por corpúsculos achatados triangulares, que por sua vez constituirão corpúsculos maiores em forma de cubos, icosaedros, dodecaedros, etc.; desses corpúsculos resultam os "elementos" da natureza: a terra, a água, o ar, o fogo, o éter). Essa visão cosmológica é resultado de uma ampla metodologia: as Ideias são consideradas acessíveis por um método de conhecimento "dialético" e por um método visionário-extático. Como fator de interpretação teorético do mundo, o Demiurgo é uma criação do pensamento mítico. O mundo sensível, concreto, é conhecido pelos sentidos. Os corpúsculos que estariam compondo a matéria são produto da teorização imaginária. Enumeramos apenas os principais métodos de conhecimento pleiteados por Platão quando edificou sua visão cosmológica. Uma única vez, neste conjunto de métodos, encontramos um método fazendo par metodológico com a matemática: referimo-nos à hipótese dos corpúsculos materiais de diversas formas geométricas – hipótese a que contribuiu a teorização imaginária aliada à matemática.

Outro exemplo, dessa vez da história das ciências, ilustrará como diversos métodos se associam para resultar num sistema de natureza "científica". Pensamos na física de Aristóteles.

A observação empírica serve aqui, habitualmente, de ponto de partida para formar e enunciar a maior parte das teses em física. A indução do concreto ao abstrato faz um papel importante no processo de constituição de tantos conceitos mais ou menos fundamentais (também no desembaraçar de tantas pretensas "leis" da natureza). O método da analogia quase mítica é utilizado na física de Aristóteles quando nos fala de uma pretensa tendência dos corpos para seus "lugares" *naturais*. A dedução especulativa intervém na mesma física, por exemplo, nas tortuosas considerações acerca da "velocidade infinita" dos corpos que caem no vácuo. Apenas de maneira incidental e em todo caso fora de qualquer espírito de consequência, Aristóteles introduz também uma perspectiva matemática – no caso para formular algumas "leis" de natureza funcional. Afirma-se então, tanto no ideário platônico quanto no aristotélico, uma sustentada tendência de expansão metodológica, mas não no sentido obtido pela expansão metodológica dentro do quadro da ciência de tipo galileo-newtoniano. Tanto nos sistemas cosmológicos quanto nas disciplinas físicas da Antiguidade, a expansão metodológica não é regulamentada em virtude de um suprametodo que procederia através de pares metodológicos (em cujas estruturas entraria toda vez a matemática). À luz de tais demonstrações, ganha um relevo mais bem definido o grande feito de um Arquimedes. Afirmávamos acima que encontramos uma única vez na Antiguidade uma prefiguração *parcial* da ciência do tipo galileo-newtoniano: em Arquimedes. De fato, o siracusano realizou em pequena escala, numa base delicada, alguns pares metodológicos em perspectiva matemática. Ele conjugou, por exemplo, a observação com a matemática e conseguiu dar expressão matemática a algumas "leis" provenientes da empiria. E, para aumentar seus títulos de glória, poderia acrescentar-se que Arquimedes "experimentou" no mesmo espírito de rigor matemático. Não existe no entanto nenhum indício de ele ter-se dedicado a uma expansão metodológica, ou alimentado a tendência de assimilar o maior número de métodos unidos à matemática, ou de ter sido ao menos inconscientemente guiado nesse aspecto por um suprametodo. Pressupõe-se antes que o estaticismo próprio do espírito grego impunha-lhe graves reservas diante de qualquer expansão assim orientada. Em todo caso, Arquimedes trabalha num setor circunscrito, restrito demais para poder-se-lhe atribuir o salto verdadeiramente decisivo para a constituição da ciência de tipo galileo-newtoniano. Não esqueçamos que o "movimento" permanece por fim estranho à curiosidade científica de Arquimedes e fora de suas possibilidades de compreensão "científica". Para esclarecer o salto que se dava através da constituição da ciência de tipo galileo-newtoniano, mesmo em relação ao momento de Arquimedes, é indicado mostrarmos em quantos planos, em conexão com quantas antecipações de quadro e através de quantos de seus métodos se permeia de matemática a ciência de tipo galileo-newtoniano. Como antecipação de quadro dessa ciência, consideramos primeiro a ideia de espaço e a ideia de tempo. A mentalidade pré-científica decerto constitui suas imagens sobre espaço e tempo. Essas imagens mostram-se então, por suas implicações, inaptas para servir de quadro para um pensamento científico matematizado. As imagens em questão aparecem determinadas, em suas estruturas íntimas, por certos acentos mágicos. Assim, o espaço é considerado como sendo feito de lugares "sacros" (em bom ou mau sentido) e de lugares "neutros"; à semelhança, o tempo é visto como articulado de maneira calendarística de momentos sacros (em bom ou mau sentido) e de momentos neutros. É claro que enquanto o homem permanece dominado por uma mentalidade mágica, com suas imagens específicas acerca do espaço e do tempo, encontramo-nos ainda numa fase que não pode ser vista sequer como um prelúdio do pensamento científico. A filosofia grega envidou grandes esforços a fim de emancipar-se dessas imagens de acento mágico. O espírito grego consegue numa ampla medida "esclarecer" as imagens acerca do espaço e do tempo, esfumando os acentos mágicos; mas não menos ainda, o espírito grego impõe ao tempo e ao espaço, em outra relação, um selo dele, característico. Com muita frequência, os pensadores gregos imaginam o espaço como limitado e de natureza esférica, e o tempo como sendo de natureza circular. Mais tarde, para servir de quadro para a ciência de tipo galileo-newtoniano, a imagem sobre o espaço sofre uma transformação: o espaço torna-se um meio infinito e homogêneo. Uma similar estruturação sofre também a ideia de tempo. Somente devido a tais transformações estruturais, espaço e tempo tornam-se suscetíveis a uma "matematização". Diga-se isso por enquanto acerca das antecipações de quadro da ciência de tipo galileo-newtoniano.

Levemos agora em consideração os "métodos" naturalizados na ciência de tipo galileo-newtoniano. Primeiro, a observação empírica e o experimento. Sabemos que, na Antiguidade, Arquimedes *observa* e *mede*, *experimenta* e *mede*. Arquimedes conjuga então a observação com a matemática e também o experimento mais uma vez com a matemática. Vale ainda estabelecermos da maneira mais exata a situação e os procedimentos de Arquimedes. Não percamos de vista que o físico antigo *media* aspectos evidentemente *mensuráveis*, ou seja, comprimentos visíveis, volumes visíveis, pesos perceptíveis pelos sentidos. E, quando "experimentava", ele fazia a mesma coisa. Em nenhum momento Arquimedes pensou arrancar da natureza segredos de essência mais profunda. Newton efetua experimentos óticos deixando passar um raio de luz branca através de um prisma transparente. O efeito do experimento é, como se sabe, a decomposição da luz branca no espectro colorido. Esse efeito constitui para Newton uma prova de que a luz branca não é um fenômeno simples, como se pensava, mas um fenômeno composto. Ele ainda constitui, daqui em diante, para todos os físicos, uma oportunidade para *possível* "matematização" de algumas "qualidades" (as cores). O índice de refração, numericamente diferente, dos raios de luz que conferem as diversas cores é um fato novo, identificável como tal só devido à lógica interior do "experimento". Eis o "experimento" ultrapassando radicalmente o sentido que pudesse ter na esfera de preocupações de Arquimedes! O experimento ocasiona a Arquimedes, em todos os casos, a aplicação da matemática apenas em alguns aspectos *quantitativos*, perceptíveis como tais, da natureza. Em Newton, o experimento inicia e possibilita a "matematização" de *qualidades* (as cores) que, à luz da prática empírica usual, não experimental, parecem recusar qualquer "matematização". O experimento, então, mesmo posto às vezes em exercício aliado à matemática pelos antigos, não foi utilizado mais do que como anexo da prática empírica usual, nunca para chegar à descoberta de aspectos *secretos*, de natureza a permitir a matematização de *qualidades*. Para os antigos, os aspectos quantitativos, matematizáveis dos fenômenos eram aspectos *ao lado* dos *qualitativos* puros e por isso procuravam matematizar apenas os aspectos que, de maneira direta, empiricamente eram suscetíveis de uma matematização. O experimento, na medida restrita em que foi empregado pelos antigos, não foi usado fora dos limites da justaposição empírica da quantidade e da qualidade, como categorias ontológicas igualmente fundamentais da natureza. No entanto, na ciência de tipo galileo-newtoniano, assim a observação como o experimento matematizantes são postos em exercício no sentido de uma estratificação na profundidade da existência. Nessa perspectiva, as "qualidades" *sensíveis* das coisas tornam-se suscetíveis de uma substituição por imagens (teoréticas) de natureza *quantitativa*. Tal estratificação na profundidade da existência estimula tanto a observação quanto o experimento em pares metodológicos com a matemática. Uma única vez pronuncia-se na Antiguidade a ideia da redutibilidade das "qualidades" na *mecânica dos átomos*. Fala-se principalmente na atomística de Demócrito. No entanto, essa ideia era de natureza especulativa pura. A ideia não tinha base experimental nenhuma e não serviu de oportunidade para pesquisas experimentais. Aliás, a ideia em questão não tinha ligações, nos autores da atomística, nem com a matemática. A atomística antiga tinha substratos exclusivamente especulativos, abria possibilidades de teorização imaginária acerca de estruturas transempíricas da existência, mas estava suspensa no ar. Desprovida de quaisquer aderências experimentais ou matemáticas, localizava-se sozinha num espaço não verificável. Assim, a atomística em nada influenciou o sentido em que se moverá o experimento na ciência antiga. A ciência de tipo antigo e a de tipo galileo-newtoniano diferem enormemente em complexidade. Essa diferença de complexidade tem de ser observada em todas as nuances que possui, porque somente à sua luz poderemos evitar as avaliações globais, unilaterais.

Mostramos já algumas diferenças que dizem respeito ao papel do experimento na ciência antiga e na moderna. A missão da ciência, seja do tipo que for, não é só aquela de "observar" e de "experimentar". A ciência tem também uma função teorética. E "teoria" é feita pela ciência em planos e usando de recursos diversos. Um desses planos de teorização é aquele da formulação de "leis". Chamemo-lo de plano das "leis". Examinaremos agora se, neste aspecto, existe alguma diferença entre a ciência do tipo antigo e aquela do tipo galileo-newtoniano. Aristóteles pronunciou uma série de ideias acerca do comportamento de tantos fenômenos naturais. Ele deu a essas ideias uma expressão explícita, em juízos de relação que às vezes têm mesmo uma configuração matemática. Aristóteles procedia de maneira empírica, geralmente colhendo observações e elevando-se a partir delas até afirmações no plano da generalidade. Os conceitos com que ele trabalhava não diferem muito do senso comum. Trata-se especialmente dos conceitos genéricos que facilitam a classificação dos fenômenos segundo suas semelhanças empíricas. Destarte, Aristóteles fala-nos de "corpos pesados" e "leves", exatamente como o senso comum. Queremos dizer com isto que Aristóteles considera o "pesado" e o "leve" como particularidades essenciais dos corpos, absolutas, invariáveis em seu modo. Sobre essas particularidades, a razão humana poderia formar "conceitos" que representariam tantas constantes inalteráveis das coisas. Para formular as "relações" entre os fenômenos, relações observadas na experiência cotidiana, Aristóteles lança mão de conceitos que ele acreditava descrever certas "constantes" das coisas. Em consequência disso, afirmará: os corpos "leves" tendem a afastar-se, e os corpos pesados a aproximar-se do centro da terra. Os corpos estariam dominados como que de uma nostalgia de seus lugares naturais. O lugar natural dos corpos pesados estaria "embaixo", em direção ao ou no centro da terra; o lugar natural dos corpos leves estaria "em cima". Partindo de observações empíricas costumeiras, Aristóteles estabelece conceitos genéricos e depois, com o auxílio destes, expressa subsidiariamente alguns juízos de relação cobertos por uma frequente experiência. Na sequência, o pensador ainda atribui aos corpos algumas "tendências" – estas num plano de teorização imaginária e no espírito de uma animação quase mítica. É importante depreender o seguinte: Aristóteles opera na sua física com conceitos genéricos cuja fonte e justificação residem na experiência comum. Esses conceitos são considerados como que descrevendo a essência invariável das coisas. O "peso" de uma coisa é considerado uma propriedade essencial sua que permanece constante durante o tempo que esta coisa não muda e que depende só da sua natureza intrínseca (da sua aspiração para o "lugar natural"), não das condições de fora. Na filosofia aristotélica, tais conceitos são tidos como ponto final do conhecimento. As "leis" às quais Aristóteles chega são um resultado de segunda mão diante dos conceitos. As "leis" aristotélicas permanecem ainda, dentro do possível, no quadro do empírico usual; elas não fazem outra coisa além de mostrar o comportamento empírico das coisas determinadas pelos conceitos genéricos. (Um corpo livre segue sua natureza "pesada" ou "leve" caindo diretamente para baixo ou se levantando para o alto.)

A situação segue diferente dentro da ciência do tipo galileo-newtoniano. É certo que aqui também se tende para a constituição de "conceitos" e "leis"; o acento recai, portanto, no descobrimento das "leis". O ponto de partida de vários modos de proceder próprios da ciência do tipo galileo-newtoniano não é, como em Aristóteles, a simples observação empírica, mas o experimento em par metodológico com a matemática. E a tendência dessa ciência caminha decididamente para a formulação de "leis" de expressão *matematizada*. O que se está procurando em primeiro lugar é uma *relação constante* entre certas *variáveis* da natureza. A "lei" formula uma relação constante entre a variação matemática exprimível de um fator em função da variação matemática exprimível de outro fator. Os "conceitos" utilizados na formulação de uma "lei" reproduzem, em outras palavras, variáveis dentro de uma relação constante ou, às vezes, sumária e sinteticamente, essas mesmas relações constantes. Galileu examinou experimentalmente a queda livre de um corpo material. Enuncia a "lei" de expressão matemática da queda livre que ele determina como movimento de aceleração uniforme. A lei deste movimento acelerado uniforme é:

$$s = \frac{v}{2} t$$

Dessa equação que determina a queda livre de um corpo e que exprime uma relação constante de fatores matematicamente variáveis resulta, através de simples transformações, uma série de outras equações que nos colocam na situação de definir, um após outro, esses fatores. O que significa que os fatores em questão já não são tratados de maneira isolada. E, de fato, adquirem seu significado exato de "variáveis" somente numa relação constante de expressão matemática. Ao formular a lei acima, Galileu estabelece assim uma série de conceitos destinados a cobrir todas as variáveis que têm um papel na relação constante expressa pela lei, mas alcança ao mesmo tempo o novo conceito de "movimento acelerado uniforme", conceito que resume a própria "lei".

Examinemos também um outro conceito concebido no espírito da ciência de tipo galileo-newtoniano – aquele de "impulso". A concepção e a definição desse conceito devem-se a Newton. Todo corpo possui uma inércia. A inércia é a resistência com que um corpo responde a uma tentativa de ser colocado em movimento. Newton denomina essa resistência de "massa" do corpo. A massa é um fator de cálculo, ou seja, um conceito quantitativo, mensurável em números e gramas. Uma particularidade de qualquer movimento é a "velocidade". A velocidade é também um fator de cálculo, um conceito quantitativo, podendo ser expressa por uma fração em que o numerador indica o número de centímetros percorridos pelo corpo em movimento e o denominador indica o número de segundos necessários para percorrer a distância em questão. Com o auxílio dos dois conceitos, da massa ($m$) e da velocidade ($v$), Newton cria um novo conceito, o do "impulso" (p). O impulso é a massa multiplicada pela velocidade ($p = m.v$).[4]

A ciência do tipo galileo-newtoniano parece tender para um ideal: o de se ver assistida pela matemática em qualquer trâmite que, do ponto de vista metodológico, tem sua especificidade. A história do conceito de "força" permanece conclusiva nesse aspecto. Na física, opera-se plenamente, como de fato se sabe, com

---

[4] Embora o leitor possa confundir essa definição com o momento, o impulso de uma força aplicada a uma partícula é igual à variação do momento da partícula durante o intervalo de tempo de aplicação da força; nesse sentido, o impulso é, de fato, como escrito por Blaga. (Nota do Revisor Técnico)

o conceito de "força". Lagrange,[5] ao seguir o exemplo de Newton, definiu a força como causa que produz ou tende a produzir o movimento. Está essa definição no espírito da ciência moderna? Henri Poincaré[6] ainda a considerava de natureza metafísica e infrutífera. Poincaré sustentava que uma definição, "para poder ser útil para alguma coisa, tem de nos ensinar a *medir* a força".[7] Nós diríamos que uma definição de força, para corresponder às exigências intrínsecas da ciência de tipo galileo-newtoniano, tem de determinar a "força" como variável dentro de uma relação constante. Assim, não cabe dúvida de que a definição, dada pelo físico Kirchhoff,[8] da "força" como produto da massa vezes a aceleração seja mais exata e mais dentro do espírito da ciência do tipo galileo-newtoniano. Essa definição permite medir a força e, graças a ela, surge a "força" como um conceito dentro de uma "lei" de expressão matemática. A definição de Lagrange segundo a qual a força é a causa que produz ou tende a produzir um movimento é, se não "metafísica", pelo menos incompleta do ponto de vista da ciência de tipo galileo-newtoniano. Metafísica de verdade seria a definição da força se fosse enunciada assim: a "força" é a causa que produz ou tende a produzir a "mudança" de um corpo. Lagrange ligava a força pelo menos ao "movimento", que é um fenômeno matematizável. Lagrange encontrava-se então no caminho da "matematização" da definição em questão, mas ela não foi até o fim.

A ciência de tipo galileo-newtoniano não se constituiu de uma vez só, mas através de um longo processo que ainda hoje não se encerrou. Nos representantes clássicos cujos nomes designam

---

[5] Conde Louis de Lagrange (1736-1813), matemático francês, foi presidente da comissão encarregada de estabelecer um sistema de pesos e medidas pedido pela Assembleia Constituinte (1790). (N. T.)

[6] Henri Poincaré (1854-1912), matemático francês autor de numerosos trabalhos cujos núcleos são constituídos pela teoria das equações diferenciais e seu uso na física matemática e na mecânica celeste. Pode ser considerado pai da topologia algébrica. (N. T.)

[7] Henri Poincaré, *Wissenschaft und Hypothese*. Leipzig, Teubner Verlag, 1906, p. 100. [*La science et l'hypothése* (1902)].

[8] Gustav Robert Kirchhoff (1824-1887), físico alemão, inventor do espectroscópio e fundador da análise espectral; enunciador das leis gerais das correntes derivadas na eletricidade. (N. T.)

esse tipo de ciência e que expressavam esse ideal de ciência exata de premissas de uma diversidade desconcertante, a nova ciência tinha ainda várias impurezas. O processo de purificação não acabou até hoje. Memorizemos do que foi mostrado até aqui o seguinte fato: no plano das "leis", a ciência de tipo galileo-newtoniano tende a constituir conceitos que são ou fatores relacionais no quadro de "leis" de expressão matemática, ou expressões sumárias de tais "leis". Os conceitos genéricos de proveniência empírica pura, do tipo daqueles usados em sua física por Aristóteles, são ou repudiados ou vistos com reserva; estes são no máximo temporariamente tolerados quando tais conceitos não podem ser evitados e até o momento em que podem ser substituídos por conceitos de tipo galileo-newtoniano. Resta, ainda assim, um problema aberto: em algum tempo, o postulado galileo-newtoniano de introduzir na ciência conceitos relacionais e matematizados poderá ser realizado com exclusividade? Esse problema será retomado em outro capítulo.

Para penetrarmos ao máximo a metodologia da ciência do tipo galileo-newtoniano, acreditamos que é indicado insistir um pouco sobre um conceito que consideramos realmente fundamental para uma ciência desse tipo. Estamo-nos referindo ao conceito de "movimento" como estado indestrutível por si mesmo de um corpo material. A observação empírica nos mostra toda espécie de "movimentos" retilíneos dentro de certos limites, curvilíneos, circulares, em ziguezague, sem forma – movimentos de velocidade igual ou desigual a si e, na maioria dos casos, movimentos que, uma vez iniciados, terminam em algum lugar. Nós mesmos conhecemos empiricamente os movimentos do nosso corpo e sabemos que para o mantermos em movimento é habitualmente necessário certo esforço de nossa parte. Aristóteles constituiu vários conceitos ligados àquilo que nos diz a observação empírica usual, mas não experimental. Esses conceitos são destinados a "classificar" os movimentos segundo sua "natureza". Sabemos que Aristóteles fazia, por exemplo, uma distinção entre movimentos "naturais" e "forçados". Movimentos "naturais" seriam aqueles executados pelos corpos como consequência de uma inclinação de sua própria natureza. A inclinação natural de um corpo é, segundo a concepção aristotélica, ocupar seu lugar "natural" no universo, e este lugar "natural" é, segundo o jeito dos corpos, ora no centro da terra, ora em algum lugar no alto, mais ou menos perto ou longe do centro. Ao nosso redor, os únicos movimentos naturais simples são os retilíneos verticais, em virtude dos quais os corpos se levantam ou caem conforme são "leves" ou "pesados". Todos os outros movimentos no mundo terrestre são "forçados", ou seja, impostos aos corpos por constrangimento de natureza externa ou interna. O interesse aristotélico gira, como vemos, mais em torno de conceitos que expressam a própria natureza das coisas; com a ajuda desses conceitos formulam-se depois, no que diz respeito ao comportamento dos corpos, algumas "regularidades" de natureza empírica. A empiria na esfera terrestre nos mostra em geral que um corpo em movimento para em algum lugar; isso acontece porque um corpo em movimento natural encontra uma resistência que não pode vencer ou porque um corpo em movimento forçado esgotou o impulso que lhe foi dado. Todos os conceitos aristotélicos que dizem respeito ao movimento dos corpos, conceitos esses de proveniência empírica, foram mais tarde substituídos por um novo conceito de movimento, por um conceito que não tem fundamento *direto* na empiria. Quando aconteceu isso? Quando Galileu enunciou o princípio básico da ciência de tipo galileo-newtoniano, o "princípio da perseverança".[9] O princípio da perseverança! Eis a chave de abóbada da ciência do tipo galileo-newtoniano inteira ou, mais precisamente, eis a ideia que reúne em si, como num foco, toda metodologia que serve de suporte a essa ciência. Trata-se aqui de uma ideia que contraria toda a empiria usual do homem e que, pela audácia e novidade, constitui sem dúvida a mais genial iniciativa no quadro da ciência galileo-newtoniano desde sua fundação até hoje. "Experimentos" relativos ao movimento dos corpos já tinham sido feitos também antes de Galileu. Leonardo cortejava a ideia em questão, mas fracassava no momento decisivo. Com base nos experimentos que fazia, Leonardo enunciava a tese de que um corpo em movimento tende a manter tanto sua direção quanto a

---

[9] Nas edições anteriores, o "princípio da perseverança" foi substituído aqui e *adiante* por "princípio da inércia". Nas páginas 62, 101 e 197, n. 1, Blaga considera a "inércia" equivalente à "perseverança". (N. E. Romeno)

velocidade inicial na medida em que encontra menos resistência no caminho. Mesmo assim, Leonardo, à semelhança de seus predecessores, insiste na ideia de que um corpo em movimento *esgota* num dado momento o impulso recebido, mesmo sem ter encontrado nenhuma resistência de fora. Experimentos da mesma natureza sugeriram a Galileu uma ideia completamente nova. Ele articulará sua ideia dessa forma: um corpo, uma vez colocado em movimento por um impulso, persevera neste estado na mesma direção e mantém sua velocidade pelo tempo em que nenhuma força de fora o influencia. O movimento de um corpo seria um estado indestrutível por si. Um corpo em movimento persevera na mesma direção infinitamente e mantém sua velocidade uma eternidade se nenhuma força de fora o influencia. Evidentemente, a ideia encontrou seu enunciado em coordenadas matemáticas de uma precisão inequívoca. A ideia precisa ser examinada mais de perto, porque em relação ao espírito da ciência de tipo galileo-newtoniano ela é não só uma das mais características, mas entra como pedra angular na própria constituição desta. O enunciado galileano deu, aliás, muito trabalho aos teóricos do conhecimento. Em que se baseia esta ideia? Lembramos mais uma vez que ela não tem nenhum fundamento empírico direto. Mas será que tem ela um fundamento *experimental direto*? Também não. Mostramos, no entanto, que o que foi possível ser descoberto por via experimental no sentido da ideia tinha sido também trabalho de Leonardo, que pôde assim notar que um corpo em movimento permanece na direção do movimento e alonga sua trajetória quanto menores forem as resistências encontradas fora. O enunciado de Leonardo esgota a conclusividade dos experimentos. Permanecendo estritamente nos limites experimentais, Leonardo nem pode dizer mais. É assim que Leonardo manterá, como também seus antecessores, a opinião de que o impulso, uma vez recebido por um corpo, se esgota num dado momento pelo movimento do corpo, mesmo sem oposição de resistências de fora. As mesmas observações experimentais, no entanto, sugeriram a Galileu a ideia epocal de que um impulso nunca se esgota se o corpo em movimento não encontra nenhuma resistência. A ideia galileana ultrapassa as observações puramente experimentais; em todo caso, ela não tem um fundamento experimental *direto*. A ideia foi apenas "sugerida" pelos fatos experimentais; ela é, no entanto, por todas as suas características, uma criação genial de Galileu, uma invenção, decerto, dentro de coordenadas pertencentes ao espírito matemático, àquele espírito matemático que faz pares metodológicos com a observação, com o experimento e com a capacidade de abstração e de construção no plano próprio da formulação de "leis" assim como de tantos procedimentos próprios da ciência física do novo tipo. É fácil mostrar, se ainda necessário, que a ideia não tem fundamento empírico e experimental *direto*. É só tentarmos produzir por via experimental um movimento no sentido postulado pelo princípio da perseverança. Para a realização de tal experimento diretamente probatório, somos obrigados a imaginar condições, umas mais impossíveis que outras. O experimento deveria ser de proporções cósmicas e orquestrado como tal por um espírito demiúrgico. Uma condição prévia em vista da realização do experimento em questão seria a supressão mágica do Universo inteiro pelo Demiurgo, mas de modo que tempo e espaço permanecessem e mais um *ponto material* em movimento de translação com uma velocidade determinada no momento da supressão do Universo. É requisito realizar-se um experimento físico tendo em vista uma verificação "científica". Para tais operações, o Demiurgo precisaria, naturalmente, primeiro de um corpo de absoluta rigidez, de uma régua infinita fixada no espaço; em segundo lugar, de um cronômetro absoluto e, por último, supondo-se que o ponto material não emite luz (porque só assim este pode ser "ponto" material), o Demiurgo precisaria também de luz, para manter em observação o ponto material em movimento. Destarte, e só assim, se criariam as condições necessárias para uma observação experimental que permitiria a produção do fenômeno destinado a confirmar de maneira direta o princípio da perseverança. O movimento do ponto material será agora influenciado, se não pela matéria do Universo suprimido, então pelos próprios meios materiais do experimento físico, ou seja, pela régua, pelo cronômetro e pela luz que o Demiurgo utiliza para a exata observação do ponto material em movimento. Um experimento físico destinado à verificação direta do princípio da perseverança torna-se desse modo, até do ponto de vista teórico, *por princípio* impossível. Um tal experimento permanece por princípio impossível mesmo supondo que o experimentador não fosse humano, mas, sim, um espírito demiúrgico.

Que significa isso?

Significa, nem mais, nem menos, que a ideia em questão pode ter de fato, no máximo, uma justificativa experimental *indireta*. No entanto, a ideia figura no topo da física do tipo galileo-newtoniano. Em não tendo uma justificação experimental direta, ela existe aqui como um "postulado". A ideia não é então estranha ao experimento, mas não pode ser provada de maneira direta por via experimental. Ou, dito de outra forma, essa ideia apoia-se em fatos experimentais para cuja interpretação *teórica* ela mesma é usada. Analisado sob a perspectiva das condições que poderiam estar na sua base, o princípio da perseverança se revela para nós como um elemento para o decifrar dos próprios fatos experimentais que são invocados como provas. Intervém aqui do ponto de vista metodológico um certo giro em círculo: uma "licença", uma das licenças com que se põe a caminho a ciência de tipo galileo-newtoniano. Sem dúvida, nem Aristóteles nem o espírito grego em geral teriam admitido tal "licença" metodológica como ponto de partida da ciência. Mas Galileu permitiu-se isto, e a via de triunfos da ciência do novo tipo, que já dura mais de trezentos anos, legitima de sobejo o espírito com que se partiu pelo caminho. Ao nos referirmos não só àquilo que foi mostrado a respeito do princípio da perseverança, mas também àquilo que foi de modo geral mostrado a respeito da teorização no plano das "leis", podemos concluir que a ciência do tipo galileo-newtoniano se constitui em virtude de coordenadas e métodos que dão ensejo ao aparecimento de *conceitos relacionais* ou de conceitos que resumam em si relações de conceitos que nem sempre têm uma justificativa empírica direta. De tais conceitos sem justificativa empírica pode-se dizer que servem para *decifrar a empiria*, pois delas se pressupõe que corresponderiam a fatores presentes na fenomenalidade de modo *oculto* e não manifesto. Os conceitos a que chega e de que faz uso a física antiga são de natureza diferente; eles são "genéricos", classificatórios e têm uma ligação direta, aberta com a empiria.

Direcionemos agora a nossa atenção para outro plano de "teorização", próprio tanto da ciência de tipo antigo quanto daquela de tipo galileo-newtoniano. Pensamos naquele plano que está ligado às profundezas secretas da existência, para cuja revelação se utilizam não tanto conceitos abstratos quanto conceitos-imagens. Trata-se de um plano transempírico, de uma camada, de uma dimensão mais profunda da existência em que, ao menos em condições naturais, não é possível penetrar de modo direto nem por via dos sentidos, nem por meio de conceitos abstratos extraídos diretamente da empiria. Sozinhos, os "conceitos-imagens" construídos *teoricamente* e ajustados por uma série de truques engenhosos oferecem chances em vista de um acesso a essa transempiria. Esses conceitos-imagens são concebidos de praxe à semelhança de imagens que pertencem à empiria, ou seja, à região dos sentidos, mas eles são empregados visando ao esclarecimento de aspectos mais profundos dos fenômenos empíricos. Os exemplos a que nos referimos para ilustrar a situação darão decerto um conteúdo concreto do procedimento que tencionamos circunscrever. O termo "hipótese" teve no decorrer dos tempos diversos significados. Na lógica corrente, "hipotético" é um epíteto que indica o grau de incerteza ou a simples probabilidade de uma suposição qualquer. Mas o termo "hipótese" é usado na teoria do conhecimento e na teoria da ciência num sentido mais restrito também. Por "hipótese" entende-se desta vez uma invenção mesmo, teorética em todo caso, que, aspirando a revelar aspectos pertencentes à região transempírica da existência, se utiliza para este propósito, em primeiro lugar, de *conceitos-imagens*. Uma semelhante restrição do sentido que se confere ao termo hipótese não é estranha à circunstância em que os próprios pressupostos que se emitem a respeito dessa região mais secreta da existência, onde se avança por um processo de aproximações progressivas, contêm um grave coeficiente de incertezas, sendo eles assim submetidos a frequentes modificações e correções. Encontramo-nos aqui numa região de aguda instabilidade dos atos teóricos. Portanto, para a identificação tanto desse modo *hipotético* como também da região a que se refere a teorização através de "conceitos-imagens", recorramos a exemplos da história da ciência. De Aristóteles a

Goethe, de Newton aos representantes da microfísica atual, temos uma legião de pesquisadores que estudaram a questão das "cores". Observou-se desde sempre a diversidade das cores na natureza. Mesmo no tempo da filosofia jônica, as cores eram um problema para o espírito perscrutador do homem. Experimentos foram feitos para determinar as condições em que as cores aparecem e desaparecem. As "cores" são fenômenos. Como são explicados? Não existe atrás da empiria um processo mais simples, mais fundo que permite uma redução da infinita diversidade? A crença na possibilidade de uma redução teórica da diversidade fenomenal tem sido sempre uma premissa tácita das pesquisas. Sob os auspícios de tal premissa foram feitas pesquisas em vários sentidos também ligadas às cores. Da história da ciência sabemos sobretudo duas teorias a respeito da natureza das cores. O rumor de uma disputa apaixonada ainda está a planar em torno delas. Ambas as teorias operam com conceitos-imagens. As teorias em questão movem-se no entanto em linhas adversas sob muitos pontos de vista. Os leitores adivinharam com certeza que o nosso interesse gira em torno da teoria de Newton e da teoria de Goethe referentes às cores. Newton professava que a luz branca seria um fenômeno composto por todos os raios de diversas cores do espectro. Segundo a concepção do mesmo físico, a luz mesma seria de natureza "corpuscular", ou seja, uma substância composta de partículas minúsculas, imperceptíveis como tais, que diferem no entanto pelo seu tamanho. A luz vermelha é composta por partículas maiores do que as da luz verde; esta, por sua vez, de partículas maiores do que as da luz violeta. Consideradas num plano mais profundo da existência, além da empiria imediata, as cores seriam então diferentes não do ponto de vista da *qualidade*, mas da *quantidade*, porque elas difeririam somente pelo tamanho das partículas constituintes. Para poder explicar uma série de fenômenos cromáticos e óticos, Newton lança mão, em outras palavras, de uma redução teórica da diversidade fenomênica auxiliada pelo conceito-imagem das "partículas" de luz (de diversos tamanhos). Esse conceito-imagem tem decerto sua origem na empiria dos sentidos, na qual "partículas" materiais de toda sorte podem ser surpreendidas. No caso presente, o conceito-imagem (das "partículas" de luz) quer esclarecer algo que parece ser de natureza qualitativa pura (as cores). Newton tenta elucidar por meio do conceito-imagem (das partículas) fenômenos (cores) que aparentemente estão em desacordo com esse conceito-imagem. Somente à custa de fundamentos teóricos, consegue Newton trazer num acordo (indireto) os fenômenos empíricos (as cores) com o conceito-imagem em questão (das partículas de diversos tamanhos). Os fundamentos teóricos implicam estratificação em profundidade, em diversos planos, da existência. Essa estratificação sozinha possibilita o acordo indireto entre os fenômenos empíricos e o conceito-imagem como suposto substrato dos fenômenos empíricos. Por sua vez, Goethe teorizou também acerca das cores. Ele acha que a "luz branca" e o "escuro",[10] a partir de suas combinações em diversas condições e dosagens, dariam várias cores. É certo, a luz branca e o escuro têm na engrenagem da teoria goethiana o papel de conceitos-imagens. Estes são decerto de proveniência empírica, mas também em Goethe são utilizados teoricamente num plano mais profundo da existência, isto é, com a intenção bem definida de esclarecer a diversidade imensa das cores empíricas. As cores empíricas encontram-se em evidente desacordo com os conceitos-imagens que ajudaram Goethe a construir sua teoria das cores. Ele também, no entanto, recorrerá a verdadeiros fundamentos teóricos para estabelecer um acordo indireto entre a empiria e os conceitos-imagens em discussão, e desses fundamentos teóricos faz parte em primeiro lugar a estratificação em profundidade da existência.

Para ilustrar a teorização hipotética que recorre a conceitos-imagens, podem ser citados inúmeros exemplos da história da ciência. Huygens, quando reduziu todos os fenômenos da luz ao conceito-imagem das "ondas de éter", teoriza com elementos conceituais-imaginários num plano transempírico mais profundo da existência. Descartes, quando tentou explicar o movimento dos planetas ao redor do sol com a ajuda de "redemoinhos cósmicos de éter", teoriza por meio de um conceito-imagem. Dalton, quando explicou a lei das relações proporcionais nos

---

[10] Nas edições anteriores, o termo "escuro" foi substituído aqui e *adiante* por "escuridão". Nas páginas 224 e 225, Blaga opõe o "escuro" ao "luminoso" e a "escuridão" à "luz". (N. E. Romeno)

processos de combinação dos elementos químicos pela teoria dos "átomos", recorreu a um conceito-imagem. Igualmente procedem os atuais físicos que, para esclarecer certos fenômenos, se valem de tal e tal "modelo atômico", imaginado ora em sentido "corpuscular", ora em sentido "ondulatório".

No pensamento em que, num sentido mais amplo, podemos chamar de "científico", tanto no antigo quanto no moderno, encontramos então desde o começo, precisamente no pensamento jônico, um procedimento explicativo em virtude do qual a multiplicidade, a diversidade empírica, é submetida a uma redução a um fator mais fundamental, transempírico. Os jônicos reduzem tudo deste modo a "água", "ar" e "fogo". Mais tarde, Aristóteles, para explicar os fenômenos cromáticos, tentou uma redução ao fato pretensamente mais fundamental da combinação do branco e preto, e em tempos mais modernos, Teofrasto, Robert Boyle ou Goethe teorizaram do mesmo modo. No procedimento explicativo em questão, trata-se de uma redução de um material empírico múltiplo e variado a conceitos-imagens unificantes, mais simples. Notamos que o procedimento explicativo em que insistimos tomou ainda em tempos antigos, notadamente no pensamento grego, dois caminhos, pelos quais se prepararam de fato dois tipos diferentes de pensamento científico. O representante clássico de um desses caminhos vem a ser Aristóteles, e o representante do outro é Demócrito. Também na "atomística" de Demócrito lidamos com uma "redução"; a multiplicidade qualitativa da empiria aparece aqui reduzida a um conceito-imagem unificador, mais simples: a átomos ou partículas indivisíveis de que se pressupõe que através de mistura, combinação e separação produzem todos os fenômenos. Qualquer mudança "qualitativa" aparece nessa perspectiva reduzida a movimento de corpúsculos invisíveis. Num dos caminhos que a teorização tomou, a *redução* acontece de certas qualidades para outras que são vistas como sendo mais simples, mais fundamentais; no outro caminho que pode ser observado de Demócrito até a ciência do tipo galileo-newtoniano, a redução acontece de "qualidades" a conceitos-imagens de natureza "quantitativa". Se em Demócrito o procedimento em discussão não aparece ainda combinado com a matemática, em Newton-Huygens-Dalton o procedimento combina-se com a matemática. Mais uma vez intervindo na constituição da ciência do tipo galileo-newtoniano o supramétodo conhecido: o procedimento da redução a conceitos-imagens é admitido na ciência do tipo moderno (galileo-newtoniano) apenas naquele seu modo que é suscetível de entrar em combinação com a matemática; o outro modo, mesmo "racional", fica eliminado ou somente tolerado de maneira provisória.

É bom lembrar que nos atos de teorização com ajuda de alguns conceitos-imagens se fala de um processo nítido, distinto, de teorização abstrata no plano das "leis". Pelos atos de teorização abstrata estabelecem-se conceitos pura e simplesmente, seja no sentido da ciência do tipo aristotélico, seja no sentido da ciência do tipo galileo-newtoniano; que os dois modos de "teorização", isto é, o abstrato e o imaginário, se combinam de costume tanto na ciência do tipo aristotélico quanto na ciência do tipo galileo-newtoniano é por si entendido – no entanto, do ponto de vista lógico e metodológico, os dois modos de teorização, ou seja, a teorização no plano das "leis" por meio de conceitos e a teorização no plano transempírico com ajuda de conceitos-imagens, têm de ser separados.

Em relação à teorização por meio de conceitos-imagens, temos várias observações a fazer. Foi visto que também no antigo pensamento científico recorria-se àquele modo. Resta assim mesmo por salientar que, no pensamento antigo, a teorização "imaginária" intervinha como um procedimento separável num conjunto de outros procedimentos, ao passo que, na ciência do tipo galileo-newtoniano, esse modo aparece somente em par metodológico com a matemática. Na ciência do tipo galileo-newtoniano recorre-se somente a conceitos-imagens suscetíveis de combinações com a matemática. Os "corpúsculos" a que Newton reduz a luz são "maiores" ou "menores", ou seja, mensuráveis, matematizáveis. As "ondas de éter" imaginadas por Huygens são mais "longas" ou mais "curtas", então são mensuráveis, matematizáveis. Os "átomos" da química física atual têm um maior ou menor número de elétrons, o que permite sua matematização direta. Diante dessa situação, resta um fato: a teorização através de conceitos-imagens não faz par com a matemática nem na física de Aristóteles, nem na teoria das cores de Goethe. A física de Aristóteles recorre, para esclarecer o movimento "natural" dos corpos terrestres, ao conceito-imagem de natureza psicológica da nostalgia dos "lugares naturais". Eis um conceito-imagem, uma hipótese que não admite de jeito nenhum uma conjugação com a matemática. Goethe, a fim de explicar a infinita diversidade dos fenômenos cromáticos, propõe a hipótese da combinação em dosagem e condições diversas do luminoso com o escuro. Uma vez mais encontramo-nos diante de uma hipótese que recusa qualquer tratamento matemático. Não é desinteressante lembrar que na Antiguidade chegou-se, às vezes, a uma teorização "imaginária" que permitiria uma matematização: a atomística. Nem os autores da atomística nem seus sucessores da Antiguidade pensaram um momento sequer procederem para um ajuste em sentido matemático da hipótese em questão. Um único exemplo antigo poderia ser citado quando, incidentalmente, a teorização imaginária se conjuga com a perspectiva matemática: estamos pensando na teoria corpuscular de Platão acerca da natureza íntima dos cinco "elementos": água, ar, fogo, terra e éter.

Nos tratados de lógica foi revelada já tantas vezes a importância do método da analogia no processo de desenvolvimento dos "conhecimentos" que podemos obter acerca dos fenômenos e de seus substratos. O capítulo sobre a "analogia" da lógica permite ainda certos desenvolvimentos. O método da analogia achou uma aplicação das mais férteis relativa às mais altas aspirações do espírito desejoso de conhecimento. O método da analogia tem um papel capital em orientações muitas vezes diametralmente opostas ao espírito, pois o descobrimos tanto nas criações míticas como na teorização científica. Não é o caso debatermos aqui todas as questões que o método da analogia levanta. Revelaremos apenas alguns de seus aspectos.

Qualquer um que se preocupe com esses problemas sabe muito bem que nossa orientação no mundo e na vida não seria possível, nem mesmo em zonas muito restritas, se não nos orientássemos a cada passo pelo método da analogia. O procedimento intervém mesmo nas nossas relações quotidianas mais simples com os semelhantes e com o meio ambiente. Interpretamos as manifestações dos semelhantes em analogia com fatos com que nos familiarizamos através de nossa experiência íntima, pessoal. Sabe-se então em que medida a criança e o primitivo interpretam com frequência até os fenômenos da natureza da mesma maneira, projetando de modo transbordante sua experiência íntima no meio ao redor. A cosmologia mais antiga das que nos sobraram das culturas arcaicas, isto é, a babilônica, oferece um exemplo de aplicação paroxística da "analogia". Na cosmologia babilônica, o mundo é imaginado como tendo três céus em superposição com o plano terrestre, mas esses céus são representados segundo aspecto e semelhança do mundo terrestre; de qualquer coisa ou ser, mesmo de configurações geográficas como países, rios e cidadelas encontrados na terra, pressupõe-se haver seu "correspondente" em cada um dos três céus. A tendência de interpretar o mundo desconhecido em direta analogia com o mundo concreto contatado pelos sentidos foi suficientemente sublinhada tanto em relação a crianças e primitivos quanto em relação a culturas arcaicas. Aliás, a imaginação mítica e poética alimentou-se fartamente nas fontes da "analogia" em todos os tempos.

No momento em que o pensamento grego, a fim de conhecer o mundo, inicia procedimentos e orientações de natureza mais racional e mais científica, reforma-se, entre outras, também a lógica da "analogia". Não se renuncia nem um pouco, assim como talvez se poderia supor à primeira vista, à "analogia" como procedimento de ampliação dos conhecimentos humanos, mas este é colocado entre limites. Quando os pensadores gregos procuram penetrar os segredos de configuração, de articulação ou de composição, de estrutura do universo, eles não mais recorrem de maneira global a uma pretensa analogia que existiria entre o mundo terrestre e os céus. Essa analogização concreta, plástica, animada e de proporções cósmicas, dentro da qual opera de hábito a imaginação mítica, com o tempo para de orientar o pensamento perscrutador do homem. Contudo, o pensamento recorrerá à analogia como a um procedimento sempre fértil do conhecimento. Quando Platão tenta esclarecer a si mesmo por que um corpo em movimento, assim como seria uma pedra em movimento, para num determinado momento, ele explorará no espírito de uma analogia animista[11] certos dados de experiência íntima: a pedra para porque "cansou". Na física de Aristóteles, também se faz uso dessa analogia animista, precisamente naquelas teses que falam da nostalgia dos corpos materiais de seus lugares naturais. A pedra em queda livre tenderá para o centro da terra assim como o pássaro tende para seu ninho. A analogia animista que, como procedimento de conhecimento, detinha o lugar de destaque no pensamento mítico aparece em Platão e Aristóteles somente controlada por ideais de conhecimento que implicam também outros procedimentos mais relevantes. Em Platão e Aristóteles, as opiniões e hipóteses que se alimentam ainda das fontes da analogia animista aparecem como simples enclaves no quadro de sistemas de pensamento que colocam o acento em outros procedimentos, notadamente em Platão – na ideação visionária ou da matemática –, e em Aristóteles – no desprendimento dos conceitos genéricos da empiria. É claro que esse pronunciado direcionamento do espírito "analógico" dentro dos limites de uma ideação visionária (como em Platão) ou em bases *empírico-conceituais* (como em Aristóteles) representa um progresso, do ponto de vista do conhecimento racional, se comparado com a maneira fantástica com que o espírito analógico se desencadeia nas cosmogonias míticas e arcaicas. Principalmente o procedimento aristotélico, que procura dentro do possível estabelecer "analogias" *empíricas* entre as coisas, representa um passo importante de positivação do espírito analogizante.

    Nas teorias especulativas da filosofia grega descobrimos também outro modo de usar a "analogia". A especulação abriu amplas perspectivas sobre os aspectos escondidos do mundo empírico. O desenvolvimento histórico do pensamento dá provas suficientes de que, rumo à revelação dos segredos mais profundos da existência, a teoria não pôde dispensar o procedimento da analogia. Platão viu-se num dado momento na situação de tentar entender os estados de agregação da matéria. A respeito da constituição íntima dos cinco "elementos" (terra, água, ar, fogo, éter) que representam

---

[11] Animismo é uma crença segundo a qual se atribui alma aos objetos e fenômenos da natureza. (N. E. Romeno)

tantos estados de agregação da matéria, Platão propõe a hipótese de a terra (ou seja, todos os corpos "sólidos") ser composta por minúsculos "cubos" invisíveis, ao passo que os outros "elementos" seriam compostos por pequenos corpos geométricos regulares (octaedros, icosaedros, etc.), que tanto mais se aproximam da forma da esfera quanto mais móveis e inconsistentes são os elementos. É evidente que, por esta teoria, Platão sustentava *eo ipso* a existência de analogias secretas entre as coisas. Um corpo sólido, por mais que diferisse de outro, teria uma analogia secreta com este último; por mais semelhantes que fossem em aspecto, os dois corpos "sólidos" seriam igualmente "compostos" por "cubos" minúsculos e invisíveis. Não há dúvida de que o ponto de partida da teoria de Platão a respeito da composição corpuscular dos elementos e relativa aos estados de agregação deve ser procurado em tantas observações empíricas correntes que mostram que um conjunto de "cubos" apresenta uma "solidez" mais evidente do que um conjunto de icosaedros ou de pequenas esferas. A teoria de Platão tem implicações de "analogia", precisamente de "analogia" que não mais é "animista" e que, por consequência, não tem mais que ver com as concepções "míticas". A teoria de Platão relativa à composição íntima dos "elementos" ultrapassa categoricamente o espírito analogista próprio das criações míticas.

O espírito das analogias, assim como o descobrimos nas concepções mitológicas do mundo ou nas cosmologias arcaicas (egípcia, babilônica, chinesa), sofreu então uma primeira reforma devido à filosofia e ao pensamento científico grego. Aqui a analogia animista é ainda usada, em escala mais reduzida e em condições impostas por outros métodos ao conhecimento. Aqui também aparece um modo totalmente "não animista" da analogia (por exemplo, na teoria corpuscular de Platão a respeito dos estados de agregação).

Ao mesmo tempo, com a constituição da ciência de tipo galileo-newtoniano, uma nova reforma acontece na lógica da analogia. A reforma se realiza em dois sentidos. Primeiro, em relação a uma nova orientação do interesse científico; segundo, em relação à conjugação com a matemática. Algumas palavras sobre o primeiro sentido da reforma em questão. O acento do interesse científico desloca-se do descobrimento das analogias empíricas manifestas entre as coisas, entre os fenômenos, para o descobrimento das analogias *secretas* entre estes. Neste processo, intervém um novo critério, ausente no pensamento antigo: procura-se mesmo a analogia *secreta* entre fenômenos aparentemente desanalógicos. O pensamento antigo procura com frequência analogias secretas entre as coisas, mas sempre sobre a base de analogias empíricas entre elas. Os cientistas modernos trazem uma audácia de outra qualidade: frequentemente postulam analogias secretas mesmo lá onde, de maneira aparente, empírica, temos que ver com evidentes desanalogias, às vezes até com desanalogias empurradas até a contrariedade. Newton suspeita de uma analogia secreta entre o movimento da lua ao redor da terra e a queda de um corpo material no chão. Olhando as coisas de modo empírico estrito, a lua não "cai" no chão; mesmo assim, Newton descobre no movimento da lua um componente equivalente à "queda". A história da ciência de tipo galileo-newtoniano, desde a formulação da teoria da gravitação até a enunciação da teoria da relatividade generalizada de Einstein, é repleta de exemplos que ilustram essa aspiração grave, sustentada para a descoberta das "analogias" secretas entre os fenômenos, processos, coisas, a despeito das "desanalogias" empíricas entre eles.

E agora algumas palavras sobre o segundo sentido da reforma do espírito analogizante. Na ciência do tipo galileo-newtoniano, a aplicação do procedimento da analogia é condicionada no sentido de uma restrição imposta aliás a todos os métodos: o procedimento da analogia ganha aqui sua validade e eficiência somente em dupla com a matemática. No pensamento científico do tipo galileo-newtoniano, o espírito analogizante opera por um lado de modo mais generoso e, por outro, mais condicionado do que no pensamento antigo. Na ciência de tipo galileo-newtoniano, encontramos esse procedimento em par metodológico com a matemática tanto nos atos de teorização no plano das "leis" quanto nos atos de teorização "imaginária" no plano "hipotético". Algumas décadas antes de Newton e Huygens, o italiano Grimaldi descobria no domínio da ótica a difração da luz e o fenômeno da interferência. Quando, para explicar esses fenômenos, o físico italiano propunha a hipótese das "ondulações", expressava um dos mais frutuosos pensamentos que jamais surgiram na história da ciência. Grimaldi postula uma analogia secreta entre a luz e o fenômeno material das "ondas", e isso a despeito de todas as desanalogias aparentes, empíricas, que existem entre a luz e as ondas materiais observáveis na natureza. A hipótese tinha um perfil todo moderno: por um lado, por indicar com toda audácia uma analogia secreta para além das aparentes desanalogias; por outro, pelo fato de a imagem das "ondas", que constitui o próprio núcleo da hipótese, mostrar-se suscetível a uma "matematização" muito ampla.

Na Antiguidade, o homem via na teoria uma finalidade do conhecimento. O homem "teorizante" era o supremo modo de existência a que, segundo a concepção de Aristóteles, um ser terrestre pode elevar-se. A medida em que era valorizada na Antiguidade a atitude "teorizante" como um atributo distintivo do homem resulta também do fato de Aristóteles conceber o Ser Divino como uma existência "teorizante" numa forma suprema: para ele, Deus era "o pensamento do pensamento". A circunstância de, na Antiguidade, se exaltar o valor da "teoria" no plano metafísico, onde ela nem pode ser verificada de maneira direta, não é de se estranhar, se consideradas a estrutura e a tendência do espírito grego; sintomático para a atitude essencial "teorética" do espírito grego resta o fato de que na Antiguidade não se procede a verificações práticas pela observação ou pelo experimento, nem no caso de ideias que eram de certo modo feitas para ser submetidas a tal verificação. Sabe-se assim que, na Antiguidade, se chegou a vários resultados científicos, às vezes assombrosos no que concerne à aproximação da realidade. Erastótenes, para darmos um exemplo edificante, conseguiu calcular com sua mente combinatória num plano puramente teórico, ainda assim aproximadamente justo, a circunferência da Terra. Mas ninguém na Antiguidade pensou proceder a uma verificação pela experiência dos resultados obtidos por via teorética. De fato, a Antiguidade contentava-se mais frequentemente com a atitude espetacular-teorética. Evidentemente, não se poderia dizer que os tempos modernos apreciam a "teoria" menos do que a apreciava o grego antigo. Ao contrário, naquilo que já tivemos a oportunidade de mostrar, pôde-se ver o arrojo com que a teoria moderna se destaca da simples empiria, se compararmos a situação com o que acontecia na Antiguidade; e pôde-se ver os caminhos, inconcebíveis para o pensador antigo, que tantas vezes a ciência de tipo galileo-newtoniano não temeu tomar com suas teorias ao revés da empiria. É fato incontestável que, ao mesmo tempo, a ciência de tipo galileo-newtoniano se mostra preocupada em "verificar" suas ideias, teorias, hipóteses por via empírica e experimental, direta e indiretamente – um fato quase por si compreendido se lembrarmos que esse tipo de ciência tende a uma expansão metodológica máxima. Todos os métodos de pesquisa são aceitos na ciência de tipo galileo-newtoniano, com a condição de sempre serem suscetíveis de fazer par com a matemática. Com essa condição, a "verificação experimental" dos resultados teóricos obtidos por todas as outras vias receberá uma atenção dotada de um vigor que o espírito antigo não conseguiu alcançar. A "verificação experimental" tem, certamente, como tendência, ligações com a atitude prática do homem moderno. A verificação experimental de pensamentos "teóricos" é o caminho mais seguro que leva o homem a dominar a natureza pela teoria. A verificação metódica por via experimental dos pensamentos teóricos é de fato uma verificação do potencial de "praticidade" inerente à ciência de tipo galileo-newtoniano.

Certamente tanto a ciência de tipo antigo quanto aquela de tipo galileo-newtoniano permite uma previsão dos fatos. Notamos no âmbito da física de Aristóteles que esta "ciência" fixa de fato algumas regras empíricas a respeito do comportamento das coisas. As regras empíricas não mostram o que acontece com as coisas a que elas se referem *em todos os casos*, mas o que, nas condições da empiria humana usual, acontece com maior frequência. Nos limites de certas "probabilidades" pode-se então "prever" também com o auxílio da física aristotélica. No entanto, no quadro da ciência de tipo galileo-newtoniano, a "previsibilidade" dos fatos, de um só golpe, progride enormemente. Esse progresso gigantesco na "previsibilidade" explica-se pela diferença de estrutura entre a ciência de tipo galileo-newtoniano e a antiga. Pelo fato de os métodos admitidos no quadro da ciência de tipo galileo-newtoniano serem a ela agregados somente na forma de pares com a matemática, a própria previsibilidade dos fatos assume um aspecto matemático. Entendamo-nos. Na ciência de tipo galileo-newtoniano lidamos com a previsibilidade de dois tipos de fatos. Trata-se, em primeiro lugar, de "fatos" que se preveem em virtude mesmo das relações constantes enunciadas em forma de "leis" de aspecto matemático. É normal para essas "leis", que por sua natureza aspiram a fixar relações constantes entre fatores variáveis da natureza, permitir uma previsibilidade dos fatos num grau de premência mais alto do que o da previsibilidade dos fatos vistos na perspectiva de simples regras empíricas muito aproximativas, do tipo das encontradas na física aristotélica. Em segundo lugar, trata-se de outra possibilidade que fala da previsibilidade de "novos fatos" que são deduzidos de uma "teoria", ou seja, de um conjunto inteiro de leis e hipóteses. Semelhantes novos fatos, deduzidos primeiro de maneira "teorética" pelas premissas dadas, pedem naturalmente uma "verificação", e esta se faz por via experimental. Uma verificação com resultado positivo de alguns fatos novos pode ser considerada um argumento a favor da "teoria" da qual foram deduzidos os novos fatos; uma verificação com resultado negativo é um argumento em desfavor da teoria. Dá-se então, por um lado, a possibilidade de uma previsibilidade com alto grau de certeza dos fatos que estão contidos de maneira implícita nos termos de uma "lei"; e, por outro, a possibilidade de uma previsibilidade de novos fatos, ignorados como tais nas condições de constituição de uma "teoria". O grau de certeza próprio deste modo de previsibilidade depende exclusivamente do valor em si da "teoria". A validade de uma teoria é tanto maior quanto maiores e mais certas as previsibilidades em ambos os sentidos ela permitir. Em todo caso, a história da ciência, em especial da ciência de tipo galileo-newtoniano, abunda em exemplos que provam a frequência desses modos de previsibilidade. As teorias, regras e hipóteses que a ciência de tipo antigo promoveu não são estranhas às possibilidades de "prever", mas a previsibilidade na linha das regras empíricas e a previsibilidade dos fatos novos teoricamente deduzidos não alcançam nem de longe, na ciência do tipo antigo, o grau de premência que os mesmos modos de previsibilidade obtêm no quadro da ciência de tipo galileo-newtoniano. Como testemunho daquilo que foi falado, citemos os "fatos novos" que um Hertz produziu e verificou por via experimental na perspectiva da teoria de Maxwell acerca dos fenômenos eletromagnéticos. Pensemos na descoberta de tantos novos elementos químicos previstos com espantosa precisão nas suas peculiaridades com fundamento no sistema de Mendeleev. Ou, relacionado a certas façanhas mais recentes da ciência, lembremos o efeito Compton que podia ser visto baseado na teoria dos fótons de Einstein; pensemos no comportamento "ondulatório" dos elétrons, efeito que foi previsto sob a perspectiva da mecânica ondulatória de De Broglie.

Um dos aspectos fundamentais do "supramétodo" que parece dominar a ciência de tipo galileo-newtoniano em seu processo de constituição e desenvolvimento é então, sem nenhum equívoco, a regulamentação num determinado sentido da expansão metodológica, que caracteriza as aspirações íntimas dessa ciência. A ciência de tipo galileo-newtoniano se esforça por assimilar o maior número de métodos possível, mas só admite nos seus limites a incorporação daqueles métodos que podem formar pares metodológicos com a matemática. Resta então determinar a relação entre a ciência de tipo galileo-newtoniano e a matemática na perspectiva do "supramétodo" que regulamenta a expansão metodológica desta pela incorporação sempre ampliada de "pares metodológicos" nos quais a matemática sempre entra como fator necessário do par. Roger Bacon (século XIII), que antecipou de muitas maneiras a ciência de tipo moderno, foi o primeiro pensador medieval que sublinhou tanto a necessidade do "experimento" quanto a importância da matemática para a ciência sobre a natureza. Ele afirmava: "*Sine experientia nihil sufficienter sciri potest*"[12] – e, além disso, sustenta ele que a matemática é a porta e a chave das outras ciências. A crença de Roger Bacon na importância da matemática é vaga. É similar em muitos pontos à crença de Platão, segundo o qual sem geometria não se pode adentrar os domínios da filosofia. Mais tarde, um Leonardo dava um perfil mais definido ao postulado de que um conhecimento fica certo somente depois de aplicar a matemática sobre a observação sensorial. Leonardo expressava também a ideia da necessidade, do determinismo mecânico na natureza, para que, nesta perspectiva, a "mecânica" lhe parecesse como um "paraíso" das ciências matemáticas. A ciência de tipo galileo-newtoniano surge depois na mesma linha através da colaboração de várias gerações de pesquisadores. Mais tarde, Immanuel Kant propõe uma vasta teoria do conhecimento em que, como protótipo de conhecimento, é

---

[12] "Sem a experiência nada pode ser suficientemente bem conhecido". (N. T.)

considerada a ciência newtoniana. No prefácio de seu estudo *Metaphysische Anfangsgründe der Naturwissenschaft* [Princípios Metafísicos da Ciência da Natureza] (1876), Kant afirma: "Em qualquer disciplina da natureza encontra-se de fato tanta ciência verdadeira quanta matemática nela compreendida".[13] É o caso de falarmos desde já que esta ponderação de Kant peca sob vários aspectos: 1. Kant crê que o próprio critério da ciência seja a matemática, o que equivale a uma supervalorização desta, podendo levar, assim como já levou certos teóricos a um pan-matematismo. 2. Kant acreditava provavelmente que todas as ciências da natureza assumiriam um aspecto matemático, crença não confirmada pelo processo histórico posterior.

---

[13] "In jeder besonderen Naturlehre nur so viel eigentliche Wissenschaft werden könne, als darin Mathematik anzutreffen ist."

Em relação ao veredicto matematizante de Kant, pode-se especialmente sublinhar que, a despeito da excessiva valorização da importância da estrutura matemática das ciências da natureza, o filósofo nos ofereceu apenas uma ideia muito vaga e global do aspecto matemático da ciência de tipo galileo-newtoniano. Nesse ponto, ele não fala em essência mais do que alguns pensadores pré-galileanos como Roger Bacon ou Leonardo. Que a ciência da natureza tem de se equivaler à aplicação da matemática sobre a natureza é uma antecipação meritória num Roger Bacon ou num Leonardo, mas um pensamento menos meritório em Kant, que o expressa depois de a ciência de tipo galileo-newtoniano ter-se constituído por completo. Da teoria do conhecimento de Kant, a ideia em questão sai ainda bastante sem contorno. Veremos ainda que nesta ideia, vaga em essência, sobre a relação entre a ciência newtoniana e a matemática está também o motivo que levou Kant a uma atitude quemuito facilmente podia degenerar num pan-matematismo.

Segue, em outras palavras, decidirmos o sentido que tem de ser dado ao postulado que pede a aplicação da matemática na natureza? Uma aplicação da matemática na natureza pode ter vários entendimentos. Um Pitágoras aplica a matemática à natureza em ligação direta com a observação empírica, mas ele aplicava a matemática no sentido de que ele "contava" *qualidades* do objeto levado em consideração, o que nada tem que ver com uma aplicação justa e fértil da ciência em questão. Em nota um tanto mais "científica" devia estar Platão quando aplicava a matemática na natureza, imaginando os "corpúsculos" de diversas *formas* geométricas regulares das quais os cinco "elementos" da natureza seriam feitos, mas também essa projeção da geometria no universo tinha um caráter especulativo demais e parecia estar ligada a um setor isolado demais e quase suspenso no vazio da realidade para poder adentrar o patrimônio permanente da ciência humana. Aristóteles, depois, lança mão de modo só incidental de expressões matemáticas, formulando algumas relações empíricas entre os fenômenos, tentativa fadada ao fracasso desde o começo, porque a pretensa precisão da fórmula encontrava-se em grave desacordo com as aproximações muito elásticas da empiria que servia de base para a fórmula. Arquimedes consegue de verdade estabelecer umas "leis" fundamentais da estatística, dando a estas uma formulação matemática também. Com isso, entretanto, não se constitui ainda a ciência do tipo galileo-newtoniano. O nível metodológico intrínseco desta era condicionado pelo entrar em ação de um "supramétodo". No processo de constituição da ciência de tipo galileo-newtoniano intervém um "supramétodo" que usa da matemática não em relação direta com a natureza mas em relação aos diversos métodos com que a natureza, será abordada. Com a ajuda da matemática, o supramétodo regulamenta de algum modo os "métodos" que serão aplicados sobre a natureza. Para se chegar à ciência do tipo galileo-newtoniano, não era suficiente aplicar a matemática à natureza. Aliás, a natureza permanece imune diante de um assalto direto da matemática. A aplicação da matemática torna-se fértil somente quando combinada com outros métodos. Ao mobilizar o maior número de métodos, a ciência do tipo galileo-newtoniano traz a natureza para perto de si em diversos planos de conhecimento. Os "métodos" preenchem com um conteúdo essa ciência; a matemática é destinada a emprestar precisão e rigor a cada método utilizado e também a solidarizar os métodos num fronte compacto perante a natureza. O supramétodo vigia para que não entre no corpo da ciência nenhum método impossível a ser conjugado com a matemática, formando assim um par consolidado. Assim, conforme já tentamos mostrar, a matemática entra no conjunto da ciência de tipo galileo-newtoniano somente em conjunção com uma série de métodos com aparência de "pares metodológicos". É nomeadamente assim:

1. O ajuste do quadro de conjunto da natureza dado pelos fatores "espaço" e "tempo" dá-se em tempo exato; tanto o tempo quanto o espaço, cada um por si, são assim ajustados para se tornarem suscetíveis de uma "matematização".

2. A observação empírica é utilizada em dupla com a matemática.

3. A experimentação se faz no espírito matemático.

4. As "leis" (e os conceitos racionais) assumem um aspecto matemático, sejam elas obtidas pela via indutiva, sejam por

nascerem através de processos teoréticos mais complexos que levam a ideias que contrariam às vezes a empiria.

5. A teorização com a ajuda de conceitos-imagens num plano imediato transempírico é realizada numa forma suscetível de matematização.

6. O desenvolvimento e ampliação sistemática dos conhecimentos de que a ciência de tipo galileo-newtoniano é capaz efetua-se geralmente também no espírito matemático.

7. O procedimento da analogia que tão frequentemente intervém nos atos de teorização, sem dúvida, aplica-se à ciência de tipo galileo-newtoniano também, mas dentro de limites que possibilitam uma matematização. Associado à matemática, o procedimento da analogia ganha um aspecto de "analogia exata". Na ciência de tipo galileo-newtoniano, o procedimento da analogia exata encontra uma utilização das mais amplas, e isso tanto nos atos de teorização no plano das "leis" quanto nos de teorização "imaginária". No entanto, não menos no plano do desenvolvimento e ampliação sistemática da ciência.

8. Os fatos *novos* que no quadro da ciência de tipo galileo-newtoniano podem ser deduzidos dos conhecimentos obtidos pelos métodos precedentes são "deduzidos" e "imaginados" também no espírito matemático.

9. O experimento de verificação dos fatos novos (item 8) é também vigiado de modo matemático.

Enumeramos, assim, apenas por alto os planos e métodos de pesquisa através dos quais a matemática entra, como por outras tantas portas, no corpo da ciência de tipo galileo-newtoniano. A simples enumeração desses pares "metodológicos" constitui na realidade uma prova das mais eloquentes que dentro da ciência de tipo galileo-newtoniano trabalha um "supramétodo". A finalidade desse supramétodo é regulamentar num determinado sentido a expansão metodológica da ciência de tipo galileo-newtoniano.

Surge agora sem demora a pergunta se tal supramétodo, que supostamente estaria conduzindo a ciência de tipo galileo-newtoniano, não poderia ser equivalente à orientação geral dessa ciência segundo um ideal matemático. Temos a convicção de não ser este o caso. E tentaremos alguns argumentos. Podem ser citados certamente vários representantes do pan-matematismo. Segundo a opinião destes expoentes do pan-matematismo, as ciências naturais seriam incluídas e apanhadas por um processo de matematização através do qual se transformariam aos poucos, de maneira inevitável, em matemática. Em outras palavras, os métodos diversos acima citados e que, a nosso ver, formariam o mesmo tanto de pares com a matemática passariam, conforme a opinião dos pan-matematistas, por um processo de combustão na fogueira da matemática. Tal opinião volta à ideia kantiana de que a ciência, não só a de tipo galileo-newtoniano, mas a ciência da natureza em geral, é e deve ser "matemática". Já vimos como são diferentes os métodos que têm seu encontro no corpo da ciência de tipo galileo-newtoniano. A finalidade da "matematização" a que cada um desses métodos é submetido, no entanto, não nos parece ser a combustão na matemática. Existe, assim como provaremos, um suprametodo na ciência de tipo galileo-newtoniano, e esse suprametodo existe acima da "matematização", porque o acento desta recai por fim na função que lhe cabe de instalar no corpo da ciência um controle recíproco de todos os métodos que estão formando par com a matemática. Aqui encontramos um aspecto que merece ser levado em consideração sempre. O sentido mais íntimo do suprametodo em relação à natureza é explorar ao máximo as possibilidades inerentes de cada método, direcionando-as por meio da associação a cada vez com a matemática para um desempenho supremo. Assim, a opinião segundo a qual a ciência de tipo galileo-newtoniano seguiria para a abolição dos métodos que seriam substituídos pela matemática só pode ser um erro. No começo, cada método dos muitos incorporados à ciência de tipo galileo-newtoniano entra em exercício aliado com a matemática, para que depois se chegue aos poucos a uma "fusão", sem que a matemática se substitua alguma vez às próprias virtudes específicas dos métodos em questão. O processo é-nos revelado como se tivesse dois rostos: o método absorve o máximo possível da matemática, mas também esta, fazendo uso de sua elasticidade, adapta-se o mais possível possível ao método. O desenvolvimento da ciência de tipo galileo-newtoniano em sua fase mais recente, relacionada à física quântica, só permite ser interpretado como ocorrendo nesse sentido complexo e cheio de nuances, e não como tendo a nítida tendência de transformar-se em matemática.

Mas para identificar a presença efetiva, inalterável em seu modo, de um "supramétodo", no processo de constituição e de desenvolvimento da ciência de tipo galileo-newtoniano, pede-se de maneira imperiosa dirigirmos a atenção para outros aspectos seus também.

Uma das facetas em que insistiremos a seguir é a eliminação progressiva, do campo das preocupações científicas de tipo galileo-newtoniano, de todos os métodos ou procedimentos que por sua natureza não podem ser acoplados à matemática e que, ao mesmo tempo, independentemente de seu possível aporte, podem ser evitados sem uma perda séria no que diz respeito à prestação a que está chamada em seu conjunto a ciência em discussão.

Fazendo as incursões necessárias na história do pensamento humano, tanto em tempos ancestrais, começando pelo paleolítico, quando surgem as primeiras formas de civilização, quanto em tempos históricos propriamente ditos, isto é, no arcaico, na Antiguidade, na Idade Média e nos séculos modernos, repararemos rapidamente a presença do pensar mítico e mágico através dos modos espirituais do homem. O pensamento mítico e mágico intervém, no entanto, na maioria dos sistemas filosóficos também, ao lado de outros procedimentos de natureza mais ou menos "racional", nomeadamente tanto nos gregos quanto nos outros povos que criaram uma "filosofia". Não ignoraremos a circunstância, por exemplo, dos conceitos numéricos que aparecem em tempos antigos, mas também em séculos mais recentes, com frequência investidos de função "mágica". Números como 1, 3, 7 e 9 ganham um relevo de que seriam dotados de forças "mágicas" ocultas. Lembramos só para ilustrar que no tempo do gnosticismo antigo escreviam-se tratados sobre todos os fenômenos em cuja estrutura e articulação era descoberta a "força" do número 7. Que fascínio não exerceu depois o número 3?!

Da teologia índica e da teologia cristã até a metafísica de Hegel, quantas visões não foram criadas sob a força de sugestão da cifra a que uma multimilenar tradição de pensamento mágico fixou um lugar à parte na consciência dos homens?! Mas, quando é para apontar a influência do pensamento mágico e mítico, não temos de nos limitar apenas ao domínio das visões metafísicas?! Surpreendemos também no pensamento de orientação "científica" a presença tanto do pensamento mítico quanto do mágico em tantas ideias emitidas ao respeito da natureza – nos gregos, nos árabes, na Idade Média europeia, no tempo da Renascença e, com recrudescências intermitentes, na época do romantismo e mesmo em nossos dias. Diante de semelhante situação resta o fato de que a ciência de tipo galileo-newtoniano procurou evitar o elemento mítico e o elemento mágico ou, quando estes ainda assim conseguiram infiltrar-se em seu corpo, ela se esforçou por eliminá-los aos poucos, aspirando por fim à sua completa eliminação. A principal razão que animou esse processo consiste na circunstância de que o elemento mítico e o elemento mágico não permitem uma matematização consequente. Não cabe dúvida de que também no corpo da ciência de tipo galileo-newtoniano permanecem ainda resíduos míticos e mágicos, mas no decorrer de seu desenvolvimento percebe-se uma tendência crescente para a abolição destes. Não podemos esconder o fato de que em Galileu, um gênio eminentemente científico que teve um papel decisivo para a constituição do novo tipo de ciência, encontra-se ainda a série de elementos que são produtos de modos de pensar incompatíveis com a matematização. De lembrar para exemplificação, em primeiro lugar, seriam as ideias teológicas (míticas em essência) que se misturavam na concepção de Galileu acerca da origem do movimento dos planetas ao redor do Sol. Segundo a concepção de Galileu, teriam os planetas no momento de sua "criação" apenas uma queda na direção do Sol; um sentido que levaria à catástrofe da queda no Sol, se esta não tivesse sido prevenida através de um impulso de movimento perpendicular na linha da queda que Deus lhes teria dado! Uma semelhante visão mítica seria compatível somente com as realizações picturais de Michelangelo, mas nem um pouco com os postulados intrínsecos de um pensamento científico do tipo daquele cujo fundador se tornava o próprio Galileu. Não é de todo desinteressante notarmos que no pensamento científico de Galileu encontramos ainda outros elementos mítico-mágicos. Ele acredita ainda, ao lado da Antiguidade e da Idade Média, no "horror ao vácuo" da natureza. Fortemente dominado pelo espírito da matemática, Galileu tentará estabelecer pela via "experimental" o quanto é *grande* esse horror ao vazio da natureza. E descobre de modo "experimental" que, nas bombas de água, a água sobe devido a esse "horror ao vazio" próprio da natureza até a altura de 18 cúbitos italianos.[14] Suficientemente estranho parece-nos hoje que Galileu não pôde livrar-se da ideia mítico-mágica do horror ao vácuo como pressuposta qualidade da natureza, mesmo ao saber que a água sobe nas bombas apenas até uma determinada altura e conhecendo ao mesmo tempo também o peso do ar. Ele já havia iniciado, no entanto, memoráveis experimentos na mesma direção, tendo mostrado, contrariando Aristóteles, que o ar não tem por sua natureza a tendência de subir, mas é ele mesmo um corpo "pesado" como qualquer matéria. Com isso dir-se-ia que o grande homem de ciência italiano segurava em sua mão, como a um pão quente, as premissas científicas necessárias para explicar a elevação da água em bombas, não pelo horror ao vácuo da natureza, mas pela pressão da atmosfera sobre a água. Galileu não efetua no entanto "essa relação". Ele chega a resultados experimentais e matematizados tanto a respeito do peso em geral da matéria quanto a respeito da intensidade do pretenso horror de vácuo da natureza; ainda assim, isso não foi, ao que parece, suficiente para que desse também o passo decisivo rumo à teoria matematizada dos fenômenos em questão. Faltava-lhe outra informação "experimental" e "matematizada": ele ainda não tinha feito experimentos em altitudes diferentes, o que teria dado a ele a oportunidade de perceber uma variação matemática do peso do ar em função da altitude e uma variação matemática equivalente ao pretenso horror ao vácuo próprio da natureza em função da mesma variação da altitude. Quando Pascal levar a bom termo esses experimentos, ele oferecerá de pronto também a teoria matematizada dos fenômenos em questão. Um "horror ao vácuo" da natureza,

---

[14] Segundo a enciclopédia Garzanti (vol. 1, Garzanti, Milão, p. 593), o cúbito italiano mede 0,595 m em Milão e 0,64 m em Bolonha. (N. E. Romeno)

se semelhante qualidade existisse, não variaria matematicamente em função da altitude! E com isso elimina-se de uma vez por todas da ciência a ideia mítico-mágica de uma pretensa qualidade "essencial" da natureza em cuja existência se acreditava com obstinação havia dois mil anos.

Outro exemplo de eliminação dos elementos mítico-mágicos, por suas naturezas incompatíveis com uma matematização, é--nos oferecido por Kepler. Esse cientista, cuja atividade promoveu de maneira memorável a ciência de tipo galileo-newtoniano ainda antes de Newton, publicou em sua juventude uma obra, *Mysterium Cosmographicum* (1596),[15] em que tentava, entre outras coisas, evidenciar pretensas harmonias geométricas que existiriam entre as órbitas planetárias. Kepler tinha-se confundido com a "magia" exercida sobre sua imaginação pelos cinco corpos regulares de Pitágoras – que tiveram aliás um papel não menos arbitrário também na cosmologia de Platão. Lidamos em Kepler com uma teoria aparentemente matematizada. Quer dizer que a matematização da teoria tinha razões "mágicas" e não se fazia em bases de observações estritamente matematizadas dos fenômenos naturais. A ideia de que a natureza preferiria certas "formas" tinha aliás também implicações míticas devido ao fato de o arbitrário e o animismo infiltrarem-se fartamente na astronomia kepleriana. Em Kepler achamos também, na mesma obra de juventude, a ideia de que os planetas estariam movendo-se em suas órbitas levadas por "almas" planetárias (*animae motrices*). Evidentemente, por meio de semelhante animação, o pensamento mítico tornava-se mais uma vez cúmplice da ciência kepleriana. Mais tarde, Kepler volta atrás, criticando ele mesmo sua teoria das almas planetárias: "Em minha obra sobre Marte mostrei que tais almas não existem". E adiciona que em vez de "alma" tem de ser colocada a palavra "força". "Um tempo atrás" – escreve ele, "acreditava que a força que move os planetas fosse mesmo uma alma... Quando então percebi que essa força diminui com distâncias maiores... deduzi que ela tem de ser de natureza corporal".[16]

---

[15] Título original completo: *Prodomus Dissertationum Mathematicarum Continens Mysterium Cosmographicum.* (N. E. Romeno)
[16] Johannes Kepler, *Gesammelte Werke*, vol. I, pág. 176.

Assistimos aqui ao ato de eliminação de um elemento mítico, ato motivado porque o elemento mítico seria incompatível com certas observações que se conseguiram matematizar. Muitos outros exemplos poderiam ser invocados a ilustrarem o processo pelo qual os elementos míticos e mágicos são continuamente banidos do corpo da ciência de tipo galileo-newtoniano – e isso não apenas nos começos da ciência, mas também no decorrer de seu desenvolvimento. A fim de reforçar o que foi dito, é suficiente lembrarmos que um dos conceitos que mais se manteve na física, e com uma teimosia impressionante, é o da "ação a distância" (*actio in distans*) que Newton estabeleceu aqui. Só recentemente, por meio da "física da relatividade", o conceito de ação a distância foi tocado por um veredito sem apelo. E não cabe dúvida que esse conceito fechava em si resíduos paradoxais de pensamento mágico.

Avançamos em nossa pesquisa metodológica para um ponto onde será preciso nos pronunciarmos acerca de um outro aspecto do "critério" matemático no quadro do "suprametodo". Sem dúvida, um processo que possibilita a ciência de tipo galileo-newtoniano em seu conjunto inteiro é a "racionalização" da realidade empírica. Sem atos de racionalização, a ciência não existiria. Mas a racionalização da realidade empírica pode dar-se de diversos modos. E acerca dessa diversidade de modos devemos entender-nos. Eis, por exemplo, que um dos modos de racionalização consiste na organização dos conhecimentos empíricos nas formas do pensamento "lógico". Um certo processo começou, digamos, de maneira mais sistemática e portando um acento de independência perante o pensamento mítico e mágico, junto com a filosofia jônica que procura a substância básica do universo, ou o "arqueu" (damos também o termo grego, pois este reproduz de maneira mais adequada as nuances ainda animistas do princípio substancial em cuja busca estavam os jônicos). Tratava-se nos jônicos de uma racionalização suscetível de uma interpretação divergente, vaga e equívoca ainda com maior frequência. Queremos dizer que os jônicos racionalizavam a empiria tanto no molde da "identidade" quanto no molde da "identidade contraditória" (ou seja, da identidade em sentido dialético), mas efetuavam essas operações sem a consciência dos princípios de pensamento e de maneira aplicada – mas também isso de modo embrionário, sem se lançar na linha das últimas consequências da atitude racionalizante. Depois de a racionalização, no sentido da inteligência logicamente estruturada, conquistar aos poucos a autonomia – depois de afiadas as ferramentas em diversas direções –, foi possível chegar num dado momento também a uma *exaltação* de suas possíveis formas. Depois de a racionalização tomar posse de si mesma por meio de um exercício funcional cada vez mais assíduo, pôde-se acreditar num determinado momento que suas únicas funções plenamente legítimas seriam aquelas que se exercitam no quadro do princípio lógico da *identidade*. Guiada por um certo postulado, a racionalização da empiria podia tomar formas *excessivas* justamente nessa linha *logicizante*. Para o espírito racionalista que estava descobrindo suas virtudes, abria-se aqui um caminho tentador. A razão, por si só, enfeitiçada por sua própria lei, cedeu à tendência de imobilizar o "real" e de depreciar em geral aqueles aspectos da empiria que opõem resistência às tentativas de serem pensadas "sem contradição". A situação era complexa e levava a soluções radicais. Uma das soluções possíveis tendia impor-se pela escola eleata. A solução eleata ilustra em verdade uma das maiores tentações que pode confundir o espírito humano. A racionalização em sentido eleata manifesta excessiva tendência a reter da empiria de maneira unilateral somente aspectos *estáticos* e *unificadores*. A atitude acabava na negação de qualquer aspecto da realidade, que não pudesse ser pensado nos moldes da "identidade". Sabe-se como, dando seguimento ao postulado supremo da identidade, Parmênides chegava à conclusão de que a existência é única e invariável, sendo a multiplicidade e a mudança em sua infinita diversidade apenas aparência, ilusão. Zenão de Eleia espantou não apenas as mentes de seu tempo com os argumentos destinados a mostrar que o "movimento", não podendo ser "pensado" a não ser sob a forma de contradições, seria impossível. A escola eleata encaminhou então a "racionalização" de maneira unilateral e excessiva para o leito da identidade. Suponhamos que semelhante tendência tivesse tido um eco mais forte e se tornado definitiva no espírito humano. A consequência de semelhante orientação teria sido a da realidade empírica ficar abolida em alguns dos seus aspectos mais importantes, como o da *multiplicidade* e do *dinâmico* (mudança e movimento). Somos perfeitamente autorizados a nos perguntar se nas condições criadas pela escola eleata jamais teria podido ser fundada a ciência de tipo galileo-newtoniano. Se as premissas e a maneira de racionalizar no molde da identidade, própria da escola eleata, se tivessem tornado um bem público, tomando proporções de corrente, ou se se tivessem universalizado, ter-se-ia criado um eclipse em desvantagem ao pensamento "científico". Uma existência em que a multiplicidade e o movimento estariam ausentes pode ser decerto muito "racional" em si, mas, diante de semelhante existência, a matemática se encontra mais ou menos interditada, pois exclusivamente com o número "um", exaltado de modo místico para não admitir ao seu lado nem pelo menos o "dois", não é possível efetuar-se nenhuma operação aritmética, e um espaço do qual qualquer multiplicidade é eliminada é como que anulado e exclui então toda construção geométrica. Num mundo *eleata*, racionalizado até a total absorção na forma da "identidade", fica de fato a matemática uma disciplina sem aplicação, caso descubra para si uma alegria anormal de fazer-se aplicar de um jeito brincalhão a um mundo ilusório. O "ilusório" no entanto não é chamado para promover a aplicação sobre si mesmo de métodos que por todas as suas implicações são fundadas na crença numa realidade conhecível e determinável pelo menos até certo ponto. Que a matemática não se presta a ser aplicada a um mundo ilusório parece-nos um fato ilustrado com perfeição pelo modo como ela se desenvolveu na Índia. Sabe-se que na Índia a aritmética e a álgebra encontraram vias de desenvolvimento mais amplo e mais justo do que na Grécia, onde a geometria foi mais cultivada. Na Índia, a matemática emancipou-se de modo mais decisivo dos constrangimentos da empiria, do concreto palpável, criando para si uma zona à parte, abstrata – o que favoreceu o surgimento de conceitos como o "zero" ou os números negativos, os quais, evidentemente, representam conquistas fora de série. Pensemos por comparação na deficiência dos gregos nesse aspecto. Diofante, o maior matemático dos gregos, considerava "impossíveis" as equações que dão soluções exprimíveis em grandezas negativas.

Essas deficiências, que parecem indicar alguns limites próprios do estilo de pensar grego, não impediram, no entanto, os gregos de tentarem uma "aplicação" da matemática sobre a natureza numa escala não experimentada na Índia. Na Grécia, a matemática dos números não se desenvolveu como na Índia; contudo, essa matemática encontrou nos gregos um começo de aplicação nas ciências da natureza, ao passo que na Índia não se entreviu a oportunidade de semelhante aplicação nas ciências da natureza. Vem aqui ao nosso encontro uma situação um tanto paradoxal, que se explica – assim acreditamos – pela circunstância de que na Índia desde cedo se espalharam certas ideias, segundo as quais seria a natureza uma simples ilusão (maya). Essas ideias de proveniência filosófica e religiosa eram na Índia um bem público e, por consequência, um ponto de referência mesmo para o pensamento científico. É manifesto que a ideia de que a natureza, com a multiplicidade e diversidade de seus processos e fenômenos, seria uma "ilusão" não representava um fator que pudesse promover a *aplicação* da matemática na natureza. A circunstância não impedia no entanto o desenvolvimento da matemática em si como domínio autônomo, pelo menos em certos aspectos que não são condicionados demais pelo contato mais sustentado do espírito com a empiria. Os gregos encontraram-se também num determinado momento na situação extrema de cortar as possibilidades de aplicação da matemática, devendo isto à atitude da escola eleata que, por felicidade para o desenvolvimento da ciência, não teve, porém, repercussões muito profundas e por todas as suas consequências sobre a atmosfera geral do pensamento. Tivesse na Grécia se espalhado a concepção eleata sobre a multiplicidade, diversidade, movimento – entendidos como aspectos ilusórios da existência – ter-se-ia chegado depressa, também no pensamento europeu, ao aniquilamento da aplicação da matemática no estudo da natureza. Uma das reações a que se deve a prevenção de qualquer ressurgimento do eleatismo no pensamento europeu produziu-se através da constituição da própria ciência de tipo galileo-newtoniano. No momento em que a ciência de tipo galileo-newtoniano se constituiu graças a um "supramétodo" que tendia a tornar a natureza acessível para ele através de "pares" metodológicos heterogêneos, "pares" em que a matemática entrava cada vez como um dos fatores, esse tipo de pensamento frustrava através de seu "supramétodo", auxiliado em tantas relações pela "matemática", uma excessiva racionalização da empiria no molde da "identidade", uma racionalização como dos eleatas em suas condições históricas, que pode constituir não menos que uma permanente tentação para a mente humana que nem na esterilidade enxerga sempre um perigo. Também a esse modo de racionalização que imobiliza a existência e escamoteia a multiplicidade e diversidade desta opõe-se em ampla escala a ciência de tipo galileo-newtoniano. É claro que também a ciência de tipo galileo-newtoniano tende a uma racionalização da empiria e que ela se move na linha da "identidade", mas avança nessa linha apenas na medida em que, por meio dos processos utilizados, não frustra a matematização da empiria. A ciência de tipo galileo-newtoniano avança na linha da racionalização no molde da "identidade" até aqui, mas não mais longe, até aqui – ou seja, até o limite onde uma semelhante racionalização não destrói as condições que tornam possível a aplicação da matemática sobre a natureza. Os eleatas destruíam essas condições – pelo menos teoricamente. E diante de semelhante perigo, a ciência de tipo galileo-newtoniano soube tomar uma atitude preventiva necessária desde o começo. Eis de novo o espírito matemático intervindo como um fator de "supramétodo": a racionalização orientada para a "identidade" nunca se dará a *excessos* no espírito galileo-newtoniano, pois, no quadro do supramétodo pelo qual essa ciência é guiada, o espírito matemático intervirá como um freio que vem impossibilitar tais desvios. Resta-nos notar ainda que, num mundo "eleata", nenhum tipo de "experimento" poderia vir a existir como método de pesquisa da natureza. Implicando na intervenção ativa do homem na evolução dos fenômenos, o experimento contradiz por definição a estrutura de um mundo eleata, mundo em que não é possível nem "atividade" nem "evolução". Evitando o excesso eleata, a ciência de tipo galileo-newtoniano podia assimilar para si, no espírito de seu "supramétodo", também o experimento.

Na ciência de tipo galileo-newtoniano, a racionalização mantém-se então na reserva diante do postulado da "identidade". E isso ocorre em virtude de um supramétodo em que a matemática é contratada em múltiplos sentidos. No quadro do "supramétodo" que domina a constituição e o desenvolvimento da ciência de tipo galileo-newtoniano, a matemática tem um papel amplo, preenchendo diversas funções:

1. Com a ajuda da matemática, o supramétodo cria uma série de "pares metodológicos". Destarte, regulamenta-se a expansão metodológica da ciência de tipo galileo-newtoniano.

2. O critério da matematização é utilizado no quadro do supramétodo também no sentido da eliminação progressiva do corpo da ciência de tipo galileo-newtoniano de todos os elementos de conhecimento e de todos os métodos incompatíveis com a matematização.

3. O espírito matemático tem dentro do supramétodo um papel de freio contra a racionalização excessiva na linha da "identidade", prevenindo a combustão e a esterilidade eleatas.

4. O supramétodo que domina a ciência galileo-newtoniana, fazendo uso nesse triplo sentido do critério matemático, cuida no entanto para que a matemática não se *substitua* aos métodos incorporados à ciência. O ideal para o qual a ciência de tipo galileo-newtoniano tende não é a matematização como tal da existência, mas a máxima exploração de todos os modelos incorporados, com tudo o que eles podem prestar na linha do conhecimento. A conjugação dos métodos com a matemática ocasiona a eles apenas um supremo desempenho, mas não é destinada a conduzir à substituição deles pela matemática.

5. O supramétodo pelo qual a ciência de tipo galileo-newtoniano se mostra guiada manifesta sua eficiência da maneira mais inveterada também numa outra relação. Descobrimos nele nomeadamente a tendência de solidarizar todos os métodos incorporados visando a um controle recíproco destes, o que retorna à afirmação de que a matemática não é o único critério do controle.

Sobre o que mostramos no item cinco voltaremos ainda a falar.

Aristóteles, que – como se sabe – antes de Ptolomeu foi o mais importante promotor da concepção antiga no que tange à configuração e estrutura do universo astronômico, imaginava no centro do mundo a esfera imóvel da terra e, ao redor desta, as esferas celestes planetárias e astrais. A história do pensamento antigo, anterior a Aristóteles, também registra, no entanto, concepções que contestam a centralidade da Terra e sua imobilidade. Assim, Filolau, da escola pitagórica, havia proposto em algum momento a teoria acerca de um pretenso fogo central ao redor do qual girariam todos os corpos astrais, planetários e também a terra, a que se acrescentaria uma contraterra que estaria sempre em oposição com a terra, do outro lado do fogo central. Mais tarde, em Platão encontram-se algumas alusões claras a concepções evidentemente heliocêntricas. Um aluno de Platão, Heráclides, o Pôntico, sustentava que a terra girava ao redor do seu eixo. Em todo caso, Aristóteles conhecia essas concepções ou outras similares. Mas ele as rejeita, recorrendo a um argumento que parecia decisivo para ele: essas teorias seriam contraditas pela empiria; os sentidos nos mostram, "sem possibilidade de discussão", que a terra é imóvel. Eis mais uma vez como Aristóteles entendia referir-se diretamente à empiria para sustentar suas concepções. Devemos ter sempre em vista essa referência à empiria, muito lúcida, quando tentamos caracterizar a ciência de tipo aristotélico. É praxe sustentar que a física de Aristóteles seria muito especulativa. Verdade é que essa "ciência" prova, através de certas teorias suas, ser eminentemente especulativa, mas ela é ao mesmo tempo muito ligada à observação empírica cotidiana comum. De guardar também que todos os conceitos fundamentais a que chega a física aristotélica têm ainda o umbigo ligado à matriz da empiria. Em Aristóteles pode-se falar em empiria como instância de controle, e a razão aristotélica entendida como um órgão da ciência jamais defende ideias que estão ao revés da empiria. A imaginação teórica, por mais fantasiosos os caminhos que adote, recorre, com frequência, na ciência aristotélica, ela também, ao método da analogia, mas a analogia é usada em Aristóteles de tal modo que a noção-imagem de base tem sempre justificação direta na empiria. A situação fica totalmente outra assim que examinamos a estrutura e os procedimentos da ciência de tipo galileo-newtoniano. Primeiro, a empiria é substituída em princípio pelo "experimento". Mas, para a ciência de tipo galileo-newtoniano, a observação experimental não é nunca uma instância de controle tão acentuada e unilateral como ocorre ser a empiria para a ciência de tipo aristotélico. No pensamento de tipo galileo-newtoniano, o pensamento teórico se vale decerto da observação experimental como de um ponto de partida e como de um ponto a que terá de chegar de novo, mas não faz dos fatos experimentais uma instância unilateral. O pensamento teórico se presta com frequência a ideias que estão ao revés da empiria e que não têm uma cobertura experimental *direta*, mas, no máximo, indireta (por exemplo, a ideia do "movimento" como estado indestrutível por si mesmo dos corpos). No pensamento teórico de tipo galileo-newtoniano chega-se às vezes a hipóteses cujos conceitos-imagens fundamentais estabelecem analogias *secretas* entre os fenômenos, entre os quais seria difícil, de maneira diretamente empírica, estabelecer alguma comparação. Qual é a semelhança "empírica" *direta* entre os fenômenos cromático--luminosos e a imagem das "ondas"? A ligação entre os fatos que devem ser observados e as ideias teoréticas ("leis" e "hipóteses") é então na ciência de tipo galileo-newtoniano muito mais *indireta* do que na ciência do tipo aristotélico. O cientista de tipo galileo-newtoniano sabe também que os fatos experimentais que alcançam sua esfera de observação são frequentemente suscetíveis de interpretações diametralmente opostas e que em especial os "novos fatos", teoricamente deduzidos e verificados de maneira experimental, encontram mesmo sua "identificação" como tal somente numa perspectiva *teórica*, ou seja, naquela perspectiva em que foram de fato descobertos. O controle que a ciência de tipo galileo-newtoniano exerce sobre seus resultados apresenta-se a nós, em outras palavras, como um problema muito mais complexo do que jamais pôde ser qualquer operação do mesmo gênero no quadro da ciência de tipo aristotélico. Os critérios de assimilação e de descriminação pertencem na ciência de tipo galileo--newtoniano a seu alto potencial metodológico, e exclusivamente a este, sem jamais se identificar com os critérios intrínsecos de apenas um só método. O "experimento" que encontrou para si um especial florescimento, sem precedente, dentro da ciência de tipo galileo-newtoniano é apenas um de seus métodos, um método de eminente importância para a preservação permanente das ligações com a existência, mas que não se torna nunca a única instância de vigilância. O experimento entra no corpo da ciência de tipo galileo-newtoniano somente em par metodológico com a matemática; devido a essa circunstância, obtém o experimento um acréscimo de clareza e rigor. Mas não só isso. O experimento surge no quadro da ciência galileo-newtoniana somente solidarizado com muitos pares metodológicos heterogêneos, visando a um controle recíproco sobre o qual um supramétodo decide. Só nessa perspectiva, do controle recíproco, imposto por um supramétodo a todos os pares metodológicos alinhados matematicamente, pode-se afirmar que a terra se move, se bem que essa afirmação é contrariada pela empiria direta. Somente nessa perspectiva pode-se afirmar, sem dar motivos para escândalo, que uma "cor" qualquer é "onda" de determinado comprimento e frequência, mesmo que nenhuma empiria direta possa ser invocada para cobrir o enunciado em questão.

O "experimento" não pode ser suficientemente louvado por sua eficiência como método por meio do qual obtemos informações acerca da existência que nos é revelada pelos sentidos e também para seu papel como método de verificação dos fatos novos previsíveis em bases teóricas. Um dos cientistas que promoveu de maneira epocal o experimento como método de pesquisa é o próprio Galileu. Ainda assim, Galileu alerta os leitores contra o exagerar da importância do experimento; isto na sua obra *De Motu*.[17] O alerta é direcionado sem dúvida para aqueles que gostariam de fazer do "experimento" uma única e unilateral instância de vigilância dos trâmites científicos, assim como Aristóteles procedeu com a empiria. Sem se dar conta com plena lucidez filosófica da estrutura disposta em andares e do alto potencial metodológico da ciência a cujos fundamentos ele procedia, Galileu pressentiu que a nova ciência seria guiada por outros mandamentos além da ciência antiga.

Interessante, para ilustrar o controle recíproco em vista do qual a ciência de tipo galileo-newtoniano solidariza uma série de pares metodológicos, heterogêneos em sua essência, mas

---

[17] De fato, o tratado *De Motu* foi elaborado por Newton em 1684. (N. E. romeno)

alinhados em espírito matemático, é o exemplo oferecido pela "lei do menor esforço" de que se fez grande caso em algum momento na ciência em geral. A origem dessa ideia pode ser seguida até na Antiguidade. E não é de se admirar. Semelhante ideia acerca do comportamento da natureza pôde aparecer de fato na Antiguidade porque até um determinado ponto ela implica uma certa "animação" da natureza. Que um ser dotado de vida psíquica tendesse a levar a cabo uma coisa, alcançar um alvo com um mínimo esforço possível, com um mínimo gasto de energia, podia constituir também em tempos muito antigos objeto de uma observação psicológica. Que a natureza inorgânica, inanimada, procederia da mesma maneira podia ser uma ideia baseada na analogia com os seres vivos. Galileu não era alheio a tal animação metafísica, ou mítica, se assim quiserdes, quando atribuía à natureza uma tendência finalista para a "simplicidade", sustentando que a natureza não multiplica as coisas sem que isto seja necessário, que ela utiliza sempre os meios mais simples e mais fáceis e que ela não faz nada em vão.[18] Kepler tentou aplicar a "lei" do menor esforço a um problema mais circunscrito ainda quando deu a explicação do fenômeno de refração do raio de luz que passa de um meio transparente menos denso para um mais denso. Cientistas e pensadores recorreram depois a essa ideia para dar explicação dos mais diversos fenômenos da natureza, de modo que pela metade do século XVIII um Maupertuis falava mesmo do "princípio" do menor esforço como de um princípio matemático fundamental da natureza. A ideia ganhava de fato para si uma expressão matemática. Mas a ideia em discussão era, como mostrado posteriormente, o produto de um modo de pensar que não resistia ao "controle recíproco" em vista do qual a ciência de tipo galileo-newtoniano mobilizava seus "pares metodológicos". Sem dúvida, a ideia do mínimo esforço podia descobrir para si aplicações empíricas na psicologia, talvez até na biologia, até certo ponto. Tentando aplicá-la na Natureza, a ideia introduzia aqui uma intencionalidade que *eo ipso* levava a uma animação de sentido e proporções míticas... E assim, a despeito do fato de ter achado uma articulação matemática, o que

---

[18] Galileu Galilei, *I Dialoghi sui Massimi Sistemi...*, III, Obras, vol. 1, p. 429.

a tornava particularmente apta para ser incorporada na ciência de tipo galileo-newtoniano, a ideia foi contudo eliminada dessa ciência aos poucos. O exemplo demonstra que uma ideia que consegue expressar-se matematicamente não obtém com isso *eo ipso* também o direito de cidadania na ciência de tipo galileo-newtoniano. É necessário para tanto que a ideia resista em qualquer relação também ao controle exercitado um sobre outro de todos os pares metodológicos heterogêneos, solidarizados em virtude do supramétodo que guia as ciências da natureza de tipo exato.

O critério matemático tem seu acento próprio que não pode ser confundido com nenhuma outra coisa na ciência de tipo galileo-newtoniano. O critério matemático é decisivo para a assistência que se dá ao supramétodo com a finalidade de eleger os métodos usados pela ciência de tipo moderno. Devido ao mesmo critério, esta ciência se enche de "rigor" em todas as suas articulações. Contudo, o critério não deve ser exaltado em sentido pan-matematista. Acontece com frequência no domínio da física de um aspecto físico qualquer ganhar uma formulação matemática que permanece a mesma coisa, indiferente do fato de a teoria física utilizar hipóteses diametralmente opostas. A imaginação teórica pode operar por exemplo com a hipótese de uma matéria contínua ou com a hipótese de uma matéria descontínua; apesar de diametralmente opostas, ambas as hipóteses podem ser compatíveis com uma e a mesma formulação matemática de um aspecto físico. Quanto à atitude que tomar perante uma ou outra hipótese, fica evidente que em semelhantes casos não é a "matemática", mas o "experimento" ou o tato científico que diz ao cientista que tal hipótese é mais indicada do que tal outra.

Em geral, estamos legitimados a afirmar que sobre um resultado qualquer, seja fático, seja teórico (lei ou hipótese), que pertence ao domínio da ciência de tipo galileo-newtoniano, nunca decide somente o método ou o par metodológico diretamente envolvido no processo pelo qual se chega ao resultado em questão. Sobre cada "fato" ou "ato teórico" decide até o fim a ciência com seu conjunto inteiro de métodos supervisionado por um supramétodo.

Diferente de todos os sistemas filosóficos e modos de pensar científico, a ciência de tipo galileo-newtoniano surge por meio de uma inovação metodológica real, mesmo que não consciente. A inovação consiste em que todos os métodos aceitos nesta ciência são eles mesmos submetidos a um método que os organiza, os ajusta, os guia. A principal inovação da ciência de tipo galileo-newtoniano em relação à ciência de tipo aristotélico ou às ciências empíricas da natureza está circunscrita por seu "supramétodo". Devido a esse supramétodo cujas funções já colocamos em foco, a ciência de tipo galileo-newtoniano conquista seu alto nível e potencial metodológico. Graças ao supramétodo, a ciência de tipo galileo-newtoniano pôde obter uma correspondência mais efetiva com a existência, apesar de ela ter um desenvolvimento muito mais solto em relação à empiria do que a ciência aristotélica, e, graças ao mesmo supramétodo, a ciência de tipo galileo-newtoniano perdeu-se incomparavelmente menos por caminhos fantasiosos do que a ciência aristotélica, embora ela com frequência tenha desdenhado da empiria e se tenha consagrado a construções teóricas que deixam muito para trás, sob o aspecto da temeridade, tudo que a ciência antiga pôde imaginar. Os pares metodológicos que o supramétodo introduz no corpo da ciência de tipo galileo-newtoniano proporcionam a esta um grau de rigor e ao mesmo tempo possibilidades de exploração das virtudes intrínsecas próprias de cada método numa escala com que a ciência de tipo antigo nunca pôde sonhar, apesar de, de maneira rapsódica, também a ciência de tipo antigo ter usado ora métodos variados, ora a matemática em seus trâmites. O que no entanto faltou à ciência do tipo antigo foi de fato o "supramétodo" que já procuramos evidenciar, pelo menos sob alguns de seus aspectos e articulações essenciais.

Não podemos fechar o capítulo sem falar sobre outro traço característico da ciência de tipo galileo-newtoniano que também se deve ao supramétodo que a guia. Mostramos que na Antiguidade chegou-se às vezes, em diversos sistemas filosóficos e mesmo na ciência de tipo aristotélico, a uma vasta expansão metodológica. Aquela expansão deu-se no entanto por acaso, e não fundamentada em pares metodológicos em que o componente matemático tivesse entrado sempre. Naquela expansão também sempre entravam depois métodos que são deveras incompatíveis com a matematização. O resultado inevitável dessa situação era que os erros que decorrem da equação pessoal de cada pensador e pesquisador encontravam nos sistemas de pensamento filosófico e científico da Antiguidade quase impronunciáveis possibilidades de florescimento. Ao contrário, graças a seu método, é dada à ciência de tipo galileo-newtoniano a possibilidade de reduzir sensivelmente os erros derivados da equação pessoal dos pesquisadores e pensadores. O supramétodo, da forma como foi posto debaixo da luz, promove a despersonalização progressiva da ciência de tipo galileo-newtoniano. Antes de Galileu e Newton, nunca foram criadas na história do pensamento humano coordenadas e condições, premissas e normas, que pudessem favorecer um conformismo construtivo e possibilitar uma colaboração frutuosa entre os pesquisadores, pelo menos na medida em que esta tem sido possível dentro dos horizontes abertos pela ciência de tipo galileo-newtoniano.

Ao concluirmos este capítulo, não esconderemos um fato: o supramétodo que procuramos desprender do corpo da ciência de tipo galileo-newtoniano não foi nunca legislado nem seguido como um código de normas lúcidas. Aquilo que foi mostrado resulta no entanto do examinar do processo histórico pelo qual passou a ciência de tipo galileo-newtoniano. O processo continua a desenrolar-se diante de nossos olhos. O supramétodo indica o próprio caminho que a ciência de tipo galileo-newtoniano tomou; ele resume a atitude que esta ciência tomou com grande consequência perante seus próprios métodos. Assim, circunscreve os princípios metodológicos fundamentais de uma constituição não escrita.

# 4. A INTUITIVIDADE DA CIÊNCIA E O ERRO POSITIVISTA

Para os teóricos do conhecimento que acompanham a evolução da ciência de tipo galileo-newtoniano com o devido interesse, quando ela parece acentuar seus rigores e alargar seus postulados para muito além dos iniciais, revela-se um problema sério, muito sério: o da intuitividade da ciência. No século XIX, tanto os teóricos do conhecimento quanto a maioria dos cientistas tendiam a conceder ao postulado da intuitividade da ciência uma importância fora do comum, e isso mais ou menos no sentido do pensamento outrora enunciado pelo filósofo de Königsberg: um conceito sem intuição é vazio, uma intuição sem conceito é cega. Se os trâmites teóricos da ciência de tipo galileo-newtoniano se tivessem desenrolado apenas por meio das formulações de "leis" (que expressam relações funcionais em forma matemática), a ciência se teria engajado num processo de abstratização cada vez mais acentuado, e isso junto com a ampliação de seus domínios de pesquisa e, em paralelo, mais ainda, com o ritmo de unificação teórica destes domínios. Em semelhante caso, apenas os pontos empíricos e experimentais no albor das pesquisas teriam ficado "intuitivos". O elemento intuitivo, no entanto, não penetrou somente por essa porta na área da ciência de tipo galileo-newtoniano. O elemento intuitivo infiltrou-se também junto com alguns atos teóricos, isto é, através daqueles que, usando de *conceitos-imagens*, tentam exprimir algo da imediata natureza transempírica dos fenômenos. O plano de existência para cuja revelação a ciência de tipo exato tende por tais atos teóricos é, até certo ponto, considerado acessível ao espírito apenas por aproximações simbólicas. Um caminho semelhante abriu-se para a ciência de tipo galileo-newtoniano desde o começo. Verdade é que, num momento de suprema vigilância, Newton fez questão de lançar o lema "*Hypotheses non fingo!*", o que em tradução livre seria "Não faço questão de inventar hipóteses". Mas, para entender de maneira justa o que Newton queria dizer, devemos apreciar a declaração em questão no seu contexto; só este pode esclarecer-nos acerca do sentido que se deve atribuir a ela. Newton expõe suas ideias acerca da gravitação universal. Ele sabe muito bem, no entanto, o que o mundo espera de um "filósofo": mostrar qual é a "essência" ou mesmo a "causa" de tal fenômeno. As hipóteses das quais Newton queria abster-se são aquelas de orientação metafísica. Newton sabia muito bem que não era oportuno aventurar-se por territórios incompatíveis com as possibilidades que decorrem da própria natureza da ciência para cuja fundamentação e consolidação ele colaborava com todos os dons de sua genialidade. O que não significa que ele vá repudiar quaisquer "hipóteses". Ao contrário, no plano físico, ou seja, no plano experimental e "transempírico" imediato, ele prometia a si mesmo tais "invenções". Não foi dele que restou uma das mais disputadas hipóteses do domínio da física, aquela da natureza "corpuscular" da luz? Um fenômeno como a decomposição espectral da luz, de repente, ficou mais claro em toda sua articulação íntima por meio de semelhante hipótese. Newton foi, portanto, um adversário declarado das hipóteses metafísicas, mas promoveu, pela "invenção" acima citada, as hipóteses *físicas* como tais, dando um exemplo clássico do sentido em que se teorizará de maneira "hipotética" no quadro de uma ciência matematizada sobre a natureza. Com essas "hipóteses", a ciência assimilava para si uma série de elementos intuitivos ao lado dos abstratos obtidos no plano das formulações de "leis". Mas, a fim de nos dar conta da "intuitividade" que a ciência alcança por semelhantes atos teóricos, imediatamente nos lembramos de outra "hipótese": referimo-nos à hipótese de Huygens, que se substituiu por muito tempo à hipótese newtoniana, mas que era não menos criada também no espírito da ciência de tipo moderno; trata-se da hipótese que sustenta a natureza ondulatória da luz. Mais tarde, quando os postulados metodológicos da ciência de tipo galileo-newtoniano se impõem também à química, uma bem conhecida teoria se estabelece aqui graças às suas qualidades que têm que ver com a "intuitividade": nomeadamente, a teoria dos átomos proposta por Dalton para servir de suporte imaginário a certas relações que a química havia conseguido constatar e enunciar, ligadas a diversos processos a que os elementos químicos são submetidos.

Seguem então os esforços muito sustentados de salvar a intuitividade da ciência de tipo galileo-newtoniano numa fase de desenvolvimento amplo e cada vez mais abstrato desta. Na segunda metade do século XIX, os conhecimentos teóricos da física são enormemente ampliados pelo descobrimento das leis eletrodinâmicas cujas articulação e fundamentação matemática foram dadas por Maxwell. O grande físico sentia ele mesmo a necessidade de fornecer um substrato de intuitividade aos conhecimentos teóricos. Ele tem uma verdadeira ambição de tornar plásticos os resultados teóricos por meio da criação de modelos mecânicos (*mechanical illustration*) cujos enunciados se tornariam seu imortal título de glória. Um particular zelo direcionado para o mesmo alvo manifestou-se mais tarde num cientista como Thomson. Este fez quase uma profissão da elaboração imaginária de modelos "mecânicos" destinados a tornar intuitiva a natureza transempírica dos fenômenos. Assim, para a ilustração dos corpos elásticos, ele imaginou estruturas semelhantes a piões giratórios. O éter cósmico, que nas teorias físicas da época era concebido como meio de propagação da luz, é imaginado por Thomson segundo o modelo da espuma de sabão. O olho da mente exige seus direitos. Thomson procura satisfazê-lo por todas as vias. Os "átomos" por ele imaginados eram semelhantes a redemoinhos anelares dentro de um líquido. Testemunha da tendência de ilustrar – tendência esta que não tem apenas sentido didático, mas é inerente à ciência – é também a atividade teórica dos cientistas mais recentes, quando a ciência de tipo galileo-newtoniano dá uma guinada extremamente abstrata. Quando os fenômenos da radioatividade, como numa avalanche, levaram a uma transformação geral das teorias físico-químicas, Bohr refez algumas vezes o "modelo atômico", procurando a cada vez conferir o maior grau possível de intuitividade aos novos conhecimentos teóricos. Desta vez, a situação ficava cada vez mais complicada. Bohr acreditava poder falar com excesso de detalhes sobre a órbita dos elétrons, sobre sua posição de momento, sobre sua velocidade. Bohr não era, no entanto, o deus Indra de quem a mitologia nos diz que, após uma derrota sofrida em sua luta com outras forças, se teria refugiado num "átomo" onde encontrou um mundo inteiro. Bohr era um mero físico que, para descobrir o que acontece dentro do átomo, precisava de ferramentas de observação, de meios físicos de natureza experimental. E assim ele finalmente se dá conta de que, enquanto nos entretinha com fartura de detalhes acerca dos diversos aspectos da visão de dentro do átomo, falava de coisas incontroláveis ou apenas parcialmente controláveis e que, para um observador que faz uso de instrumentos e meios físicos, os fenômenos acontecem no plano microfísico de uma maneira que não mais permite uma transposição intuitiva com meios tomados de empréstimo do domínio macrofísico. Com isso começa a crise da intuitividade na física atual. A física estará assumindo um aspecto cada vez mais matemático. Alguns teóricos até serão da opinião de que esta ciência poderia prescindir dos "modelos intuitivos". Um Heisenberg propõe a física dos moldes,[1] expondo com exclusividade resultados experimentais e as possibilidades de interpretação "matemática" destes, mas resistindo à tentação de levar para o debate situações e processos para cuja determinação teria de recorrer à imaginação teórica. Com isso, a física está a caminho de se transformar numa "nuvem de cifras", assim como se expressa um meritório teórico da ciência, como Hugo Dingler. Certos filósofos fomentam, à maneira deles, semelhante tendência. Sob a influência de um positivismo de escola nova, a física ameaça dissolver-se em experimentalismo e matematismo. Mas será que, com isso, não chegamos de fato a um começo de realização do programa proposto por aqueles teóricos do conhecimento mais antigos, que

---

[1] Nas edições anteriores, o termo "molde" foi substituído por "matriz". (N. E. Romeno)

consideravam que uma ciência da natureza é ciência somente na medida em que abarca empiria e matemática aplicada?

Para um pesquisador mais atento, que acompanhou a história das ciências e que conhece o verdadeiro papel da matemática na construção e desenvolvimento da ciência de tipo galileo-newtoniano, esta fase mais nova, de matematização da física, não pode ter sob o aspecto metodológico senão o significado de uma mutilação. De fato, ele nos pode mostrar, com suficientes provas históricas, que a ciência de tipo galileo-newtoniano nunca fez esforços para uma redução metodológica, mas sempre almejou uma expansão metodológica devido a um supramétodo que constitui uma série de pares metodológicos com a ajuda da matemática. A matematização não representa, no quadro da ciência, um alvo supremo. A matemática é colocada à disposição de um "supramétodo" que quer explorar de maneira otimizada as virtudes inerentes a todos os métodos suscetíveis de matematização. Não acreditamos que, com sua recente evolução, a física tenha manobrado sozinha para a posição de contradizer esse ponto de vista metodológico. Do exame empreendido no capítulo anterior resulta, com suficiente probabilidade, que a ciência de tipo galileo-newtoniano é, por seu próprio ser, solidária com o ponto de vista metodológico acima. A tendência de fixar a ciência de tipo galileo-newtoniano como puro experimentalismo e puro matematismo parece ser apenas um desvio da linha histórica, um desvio lamentável, pois poderia levar a uma mutilação do destino próprio dessa ciência. Contra uma orientação de sentido exclusivamente experimental-matematista, advoga, no entanto, também a evolução de última hora da física. Quando Louis de Broglie lançava sua mecânica ondulatória, sustentando que a matéria seria ela mesma de natureza ondulatória, ele não se limitava à realização de experimentos e à matematização dos resultados obtidos, mas se deixava assistir por seus trâmites teóricos e também por um *conceito-imagem* como um meio propício para explorar a natureza mais profunda dos fenômenos. O conceito-imagem é aquele da "onda de matéria". Não cabe dúvida de que a realização mental desse conceito-imagem apresenta uma série de dificuldades, porque incumbe a ele a soldagem de elementos contraditórios. A realização não é, portanto, mais difícil do que aquela enfrentada pelo conceito-imagem das "partículas de energia", posto em circulação tanto tempo antes pela teoria dos *quanta* de Max Planck. Tanto num caso quanto noutro, opera-se com a superposição de dois conceitos-imagens que, segundo o modo habitual de pensar, permanecem incompatíveis entre si. No conceito-imagem da "onda de matéria", assim como parece postulado pela física atual, sobrepõem-se o conceito-imagem da "matéria" imaginada de modo corpuscular e o conceito-imagem de "onda". No plano "lógico", a nossa mente não suporta tal antagonismo de conceitos-imagens referidos ao mesmo objeto, mas psicologicamente é possível uma passagem rápida de um para o outro. A mente pode familiarizar-se aos poucos com essa oscilação entre termos que se excluem. Foi o mesmo caso do conceito-imagem das "partículas de energia" da teoria dos *quanta*. De maneira usual, só podemos imaginar a "energia" na categoria do "conteúdo"; a teoria dos *quanta* propõe, no entanto, imaginá-la sob a forma de "partículas". Aqui também se trata de uma sobreposição de conceitos-imagens que, apesar de se excluírem no fundo, podem, no entanto, estar associados de uma maneira ou de outra. Pela oscilação rápida entre os dois termos, pode-se obter a simulação psicológica de sua unidade postulada. Os exemplos que invocamos constituem uma prova de que os físicos mais novos são de fato tão apegados a certa intuitividade da "teoria" e se mostram mais dispostos a assumir o risco de ter de introduzir a antinomia na teoria do que a renunciar à intuitividade. Está em discussão o próprio papel da imaginação teórica na ciência e, com isso, um setor inteiro do domínio supostamente acessível ao espírito humano. A discussão entre aqueles que querem manter intacto o programa da ciência de tipo galileo-newtoniano e os que advogam a favor de uma ciência que se reduz a uma empiria matematizada volta no fundo à questão: deve-se ou não amputar o setor "transempírico" do objetivo da ciência? Na realidade, os físicos mais novos que propuseram teorias, a exemplo daquela sobre a natureza ondulatória da matéria ou daquela da natureza descontínua da energia, decidiram-se contra a amputação do setor transempírico do objetivo da ciência. Com isso, eles decidiram a favor da imaginação teórica e, portanto, da intuitividade. Pela atitude tomada, os físicos mais proeminentes de hoje provam que a dita "crise" não tritura propriamente a intuitividade da física atual, mas, evidentemente, outra estrutura desta, isto é, a sua "logicidade" baseada no princípio da identidade. E, de fato, se levarmos em consideração teorias como aquela sobre a natureza ondulatória da matéria ou aquela sobre a natureza corpuscular da energia, pode-se dizer que por meio delas não se renuncia à intuitividade da teorização; a intuitividade dessas teorias realiza-se somente de uma maneira sutil ao extremo.[2]

---

[2] Dos aspectos e das consequências filosóficas da teoria dual acerca da natureza da luz (Louis de Broglie) nos ocupamos repetidas vezes em nossos trabalhos ainda nos anos 1930 – em *O Eão Dogmático* e em *O Conhecimento Luciférico*. Mostrávamos já então que essa teoria não constitui, na nossa opinião, nenhum embaraço e nenhum sintoma de "crise" da física. Pelo contrário, sustentávamos que ela é a primeira notícia sobre um método, pesada nas consequências e cheia de perspectivas promissoras de importância epocal, e que este método, a que chamávamos de "antinomia transfigurada", pede para ser aplicado nos mais diversos domínios – assim em biologia e em metafísica. Este feito experimentamos nós mesmos em *Os diferenciais divinos* (1939, publicado em 1940). Parece que os cientistas e os filósofos do Ocidente só chegaram muito mais tarde a este entendimento positivo da teoria dual sobre a luz como tendo consequências metodológicas da maior importância. Eis o que fala acerca disso, mas somente em 1944, um físico e pensador como Pascual Jordan: "Esta ideia da complementaridade [a teoria "dual", N. E. Romeno] tem de ser considerada para a filosofia como o mais importante resultado que se depreendeu da física moderna; ela é um método de pensamento científico absolutamente novo... Depois que através dele foi possível a penetração e abarcamento intelectual dos fenômenos físico-atômicos que têm sido absolutamente inacessíveis aos métodos de imaginação anterior, parece justificada a crença em que ele pode ganhar uma importância epocal também em outros domínios da ciência da natureza" (*Physics of the 20th Century*. Nova York, Philosophical Library, 1944, p. 122). Um físico e pensador do naipe de Niels Bohr advoga em 1948 acaloradamente a favor da aplicação da epistemologia física (o método da complementaridade) em domínios como biologia, sociologia e psicologia ("On the Notions of Causality and Complementarity". *Dialectica*, 7/8, 1948, p. 317-8).
Existem, no entanto, grandes diferenças no que tange às interpretações filosóficas dadas por diversos físicos e filósofos do método em questão. Nós interpretamos a "teoria dual" no quadro de uma nova concepção sobre a possibilidade de um "menos-conhecimento" (como um conhecimento de *outro* sentido, justamente oposto do mais-conhecimento). Alguns físicos, como seriam os próprios mencionados nesta nota, desenvolvem epistemologicamente a ideia da "complementaridade" com evidente tendência de salvar a lógica formal e caindo com tudo em experimentalismo logicista. Alguns teóricos do conhecimento, como Reichenbach, Birckhoff, Von Neumann, interpretam esta ideia (a teoria dual) como uma ilustração de uma "lógica" trimêmbrica que admite que não existem apenas duas verdades (ou A, ou não A), mas uma terceira verdade "intermédia". Trata-se das lógicas que tentam afastar o princípio clássico do terceiro excluído. E, de novo, outros pensadores interpretam a "teoria dual" no quadro da "dialética", admitindo a contradição dentro da própria realidade. Deste ponto de vista aproxima-se também Louis de Broglie em seu artigo "Sur la complementarité des idées d'individu et de système", em *Dialectica*, 7/8, 1948, p. 328.

O recente desenvolvimento da física chama a nossa atenção também por outra tendência sua, que encontra seu termo numa certa *sublimação* da intuitividade. Deter-nos-emos, desta vez, num exemplo colhido da *Mecânica Ondulatória* de Schrödinger. O conceito-imagem que invocamos merece ser levado à discussão, mesmo que ele não se tenha imposto de maneira decisiva. A fim de nos familiarizarmos com o conceito-imagem em questão, precisamos preparar sua apresentação com uma digressão. Louis de Broglie, tentando imaginar os estados intra-atômicos, ou seja, o átomo em sua complexidade estrutural, interior, recorre à imagem muito sugestiva das "ondas estacionárias" ao longo das órbitas eletrônicas. A imagem justifica, bem ou mal, a possibilidade ou impossibilidade de um elétron estar ou não numa determinada órbita. Essa possibilidade ou impossibilidade de um elétron de se encontrar numa determinada órbita já tinha sido enunciada de forma abstrata e teórica ainda antes de Louis de Broglie, mas somente a imagem das "ondas estacionárias" motiva de modo palpável semelhante situação. A imagem das ondas estacionárias que podem preencher uma órbita inteira oferece serviços – em outras palavras – fazendo as vezes de intuitividade para os teóricos que, de outra maneira, se sentiriam incomodados pela presença, no corpo de sua disciplina, de enunciados abstratos que parecem bastante arbitrários antes de eles avistarem sua motivação mais profunda. A imagem feliz das ondas estacionárias soluciona um novelo de dificuldades. A hipótese de Louis de Broglie constituía, no entanto, apenas um começo. A fim de esclarecer uma série de novos fatos experimentais, Schrödinger irá desenvolver de maneira quase barroca a mecânica ondulatória. O físico austríaco partirá da imagem das "ondas estacionárias" espaciais e tentará interpretar, do ponto de vista físico, tanto os estados internos do átomo ainda não esclarecidos quanto suas variações por influências externas. Mas que ousadias a nova teoria "intuitiva" de Schrödinger acerca do átomo implica! O átomo é imaginado dessa vez como se não tivesse um limite e se estendesse ao infinito, abarcando o espaço inteiro. As ondas estacionárias-espaciais que constituem o átomo são imaginadas como propagando-se ao infinito, sendo todavia refletidas de lá como de um limite. O conceito-imagem das "ondas estacionárias-espaciais" tem, portanto, seu paradoxo constitucional, pois implica a propagação ao infinito e ao mesmo tempo a reflexão de lá como a partir de um limite! Está certo que, segundo a opinião de Schrödinger, as ondas que compõem o átomo "infinito" diminuem rapidamente sua intensidade a certa distância do centro do átomo, de tal maneira que, para além deste limite de certa forma natural do átomo, seria possível fazer-se abstração delas. Não se pode então sustentar, de maneira séria, que a física atual renuncia à intuitividade. De fato, as mais ousadas teorias atuais são em boa parte um produto da tendência à intuitividade. Mas entendamo-nos. Trata-se aqui de uma intuitividade sublimada. Não resta nenhuma dúvida: a física atual desistiu da intuitividade de certa forma grosseira com que a física clássica nos acostumou. Outrora, a intuitividade da ciência de tipo galileo-newtoniano era formada por imagens recortadas diretamente do mundo macrofísico de nossos sentidos, mas essas imagens desmascararam sua total inaptidão para interpretar os fenômenos de dentro do átomo. Imagens da mesma proveniência, mas escolhidas com o cuidado necessário ditado pelas circunstâncias, mostram-se, no entanto, capazes de resistir às mais adiantadas exigências de teorização; com uma condição: as imagens têm de ser submetidas com antecedência a alguns ajustes que levam seja a um requinte seja a uma sublimação delas. Submetida a semelhante requinte ou sublimação, a intuitividade readquire o merecido lugar no desenrolar da ciência.

A circunstância da teoria científica que encontra a possibilidade de salvar sua intuitividade, se não de outra maneira, pelo procedimento do requinte e da sublimação, é um sinal de que, seja como for, a ciência de tipo galileo-newtoniano permanece na linha de um desenvolvimento natural que recusa por si qualquer mutilação. Essa ciência deve seus sucessos ao fato de sempre ter aspirado a uma expansão rigorosamente regulamentada segundo o alto potencial metodológico do qual se apropriou desde o início. No longo capítulo dedicado a este aspecto, procuramos mostrar que a ciência de tipo galileo-newtoniano é guiada, se não de modo consciente, ao menos de modo inconsciente, mas não menos efetivo, por um suprametódo que organiza uma série de pares metodológicos alinhados pela matematização. Esforçamo-nos para provar o quanto estava errada a opinião de que a física estivesse num pretenso processo de progressiva transformação em matemática, por meio do qual a escória de outros métodos cairia por si no vazio. No que tange à natureza da ciência de tipo galileo-newtoniano, tal julgamento só pode ser o resultado de uma falsa impressão que ignora a ampla complexidade metodológica colocada sob o escudo do "suprametódo". A matemática não entra no corpo desta disciplina senão na forma de "pares metodológicos", pois, mais uma vez, a disciplina de cujo ser e orientação nos ocupamos aspira a explorar ao máximo as possibilidades intrínsecas de todos os métodos que podem ser matematizados. Em qualquer "par metodológico" posto para funcionar na ciência de tipo galileo-newtoniano, vê-se uma conjugação de um método qualquer com a matemática. A cada vez, um par metodológico representa no começo dois métodos que se ajustam um ao outro em busca de um *modus vivendi* para com o tempo chegar a uma espécie de fusão. Esse processo não é, no entanto, destinado a levar à *substituição* de um método pela matemática, mas sempre apenas a uma adaptação progressiva e recíproca do método e da matemática que avançam na forma de "par" para o alvo imposto pelo suprametódo. O requinte e a sublimação da "intuitividade", processo que se destaca no desenvolvimento de data mais recente da física, são, acreditamos, um resultado dessa evolução.

Um dos métodos de que a ciência de tipo galileo-newtoniano sempre se valeu obtendo vários sucessos é aquele do desenvolvimento da natureza imediatamente transempírica dos fenômenos com a ajuda de conceitos-imagens (o procedimento das hipóteses em sentido restrito). Como qualquer outro procedimento autorizado a ser empregado no campo da ciência de tipo galileo-newtoniano, também este foi utilizado somente em par metodológico com a matemática. No começo, os métodos do par em questão aparecem conjugados; com o tempo se chega a uma fusão deles. Assim, as hipóteses acerca da natureza mais profunda dos fenômenos empíricos ganham características cada vez mais matemáticas, mais abstratas, mais sofisticadas, mais sublimadas, mas também a matemática é compelida a adquirir uma maleabilidade, inicialmente insuspeitada, pela adaptação progressiva às estruturas sutis da existência.

Continua estranho, pelo menos à primeira vista, que o processo, que consta da criação de uma hipótese por meio da qual a teoria científica fica repleta de intuitividade, apareça prejudicado por uma corrente que baseia fortemente sua teoria do conhecimento na empiria pura, na "sensação". Referimo-nos a diversas variantes do positivismo. Tanto o positivismo de Augusto Comte quanto o de Mach ou da escola neopositivista representada por um Schlick ou Carnap lucram com o lema *"hypotheses non fingo"*, com a tendência de discriminar qualquer "hipótese". O positivismo concebe o sentido da ciência exclusivamente como uma tarefa de formular "leis", isto é, leis que se depreendem da observação auxiliada pelos sentidos, leis que expressam relações entre fatos empíricos. Um Comte envolveu-se assim numa luta cerrada contra as hipóteses metafísicas, mas ao menos ele mostra uma tolerância diante de uma hipótese como a dos átomos. Mais tarde, a oposição à hipótese aumenta decididamente em Mach. Radicalizando o conhecido adágio newtoniano, Mach gostaria de eliminar do corpo da ciência qualquer hipótese acerca da natureza transempírica dos fenômenos. Mach avalia que a hipótese dos "átomos", aquela das "ondas", não tem nenhuma legitimidade na linha do conhecimento estrito. Mais ainda, ele opina que todo conceito que "absolutiza" certos conteúdos da empiria pura, como seriam os conceitos de tempo e espaço da física de Newton, são destinados à eliminação. E agora, posteriormente, a escola neopositivista, que reconhece como conteúdo legítimo da ciência apenas as proposições que podem ser construídas pela adaptação dos elementos de "sensação" segundo as leis da logística, encaminha a crítica da ciência até a pesquisa da "problemática". A escola mencionada nega a legitimidade de qualquer "problema" cujos dados não podem ser coordenados e referidos a conteúdos de "sensação".

As diversas formas de positivismo – todas, sem exceção – representam um pensamento mais filosófico que científico e firmaram-se em sua maior parte fora do caminho real da ciência de tipo galileo-newtoniano. A ciência de tipo galileo-newtoniano tem desde os seus primórdios uma filosofia própria, intrínseca, que precisa apenas ser posta às claras; e essa filosofia não é nem um pouco aquela dos diversos positivismos. Não se poderia, no entanto, dizer que na história das ciências de tipo galileo-newtoniano não há certos "momentos" isolados que parecem justificar a atitude positivista. É suficiente lembrarmos, por exemplo, que D'Alembert tentava, no prefácio de seu livro *Traité de Dynamique* (1743), impor como objetivo da ciência a "descrição" *pura* dos fenômenos. É suficiente lembrarmos que Kirchhoff, mais tarde, pronuncia o mesmo postulado empirista em *Vorlesungen über Mathematische Physik und Mechanik* [Conferências sobre Física Matemática e Mecânica] (1876-1894) de modo ainda mais claro e mais preciso do que D'Alembert. Em semelhante perspectiva, a "experimentação" como método científico preservaria seu caráter matemático, mas ficaria desprovida da função que se lhe atribui como base de "construção teórica". Segundo esses físicos, a experimentação destina-se somente a servir de base para a formulação de uma equação diferencial, expressando em forma de "leis" de aspecto matemático a relação funcional entre um fenômeno-condição e um fenômeno-condicionado. Esse modo de pensar acerca do destino da experimentação negligencia de maneira intencional a fertilidade da imaginação construtiva, seus incontáveis frutos, no caminho decerto muito acidentado, mas repleto de vitórias, da "teoria". A história da ciência de tipo galileo-newtoniano nos ensina, porém, que, no decorrer dos séculos, tantos e tantos fatos novos foram descobertos e que estes se devem mesmo às criações "hipotéticas" que procuram penetrar a natureza mais profunda dos fenômenos empíricos. Tanto como programa quanto como princípio metodológico, o positivismo equivale a uma grave amputação das possibilidades cognitivas de que o espírito humano é capaz em relação à natureza. Nenhuma dessas possibilidades, todas *relativas* de seus modos, deve ser sacrificada, pois poderia levar a erros. Muitos erros se mostraram mais férteis para o desenvolvimento da ciência que tantos "fatos" empíricos bem estabelecidos. Estamos felizes ao concedermos que, no decorrer do desenvolvimento da ciência, mesmo daquela de tipo galileo-newtoniano, muitas vezes o positivismo teve um papel positivo, isto é, um papel de antídoto contra uma "teorização" *excessiva*. Registrou-se semelhante momento, epocal à sua maneira, por exemplo, quando, para a interpretação teórica dos resultados do experimento de Michelson, acreditou-se que se deveria recorrer a "explicações" que colocavam a imaginação teórica à mais difícil prova. Naquela guinada deu-se um verdadeiro nó górdio de "teorias". Einstein intervém com a espada, adotando uma atitude puramente empirista, assim como tinha sido ensinado por seu mestre Ernst Mach. Einstein tem a feliz ideia de "constatar" primeiro os resultados do experimento de Michelson como tais, *nus*, e depois, num ato voluntário, de elevar estes resultados experimentais num plano teórico, conferindo a eles o valor de "princípios". O conteúdo desse novo princípio é conhecido: o observador situado num sistema de movimento relativo ao raio de luz não tem nenhuma possibilidade, intrínseca ao sistema, de perceber de modo experimental alguma diferença de velocidade da luz em relação a este sistema. O "princípio" básico da teoria da relatividade engloba apenas os resultados do experimento de Michelson, mas estes são elevados ao nível de princípio. Depois desse ato voluntário de principialização de uma relação experimental, Einstein procederá à modificação dos conceitos fundamentais da física (a saber, daqueles acerca do "espaço" e do "tempo, da "simultaneidade" e da "sucessão") de modo que permaneça de pé o "princípio" por ele formulado tendo os olhos fixos numa empiria experimental. Através disso, a filosofia de Mach resgatou-se, de sobra, de sua esterilidade. Ela preparou a revolução de Einstein.

Uma vez feita essa revolução, Einstein reentra, no entanto, de maneira geral na gnoseologia teórica galileo-newtoniana, colocando até um acento particular na construção teórica devida à imaginação (decerto em base experimental, frequentemente mental-experimental [*Gedankenexperiment*] e em perspectivas matemáticas).

Max Planck – um dos maiores físicos de todos os tempos, o autor daquela teoria dos *quanta* por meio da qual, como geralmente se sustenta hoje, a física clássica de Newton foi mais decisivamente revolucionada em sua substância do que através da teoria da relatividade – é um dos mais categóricos adversários do "positivismo" e um protagonista irredutível da gnoseologia intrínseca da ciência de tipo galileo-newtoniano. Numa série de conferências[3] ele combateu o positivismo machiano em todas as suas derivações, como um ponto de vista que leva inevitavelmente ao solipsismo. Planck reconhece como implicações fundamentais da física (da ciência de tipo galileo-newtoniano, diríamos) a fé na existência de um mundo exterior independente da nossa consciência e a fé em que esse mundo não pode ser conhecido de modo *imediato*, ou seja, apenas através de "sensações", assim como pretende o neopositivismo ("*Die Reelle Aussenwelt ist Nicht* Unmittelbar *Erkennbar*").[4] O "experimento" pode, portanto, ser para a ciência um ponto de partida e um ponto de chegada; um "conhecer" físico realiza-se, no entanto, também "teoricamente", isto é, não apenas em *largura*, mas também em *profundidade*. A própria natureza da "teoria dos *quanta*" prova o suficiente, em toda a sua estrutura, que Planck aceitou plenamente e como legítima também a teorização auxiliada pela imaginação construtiva.

A mutilação metodológica a que o positivismo condena a ciência de tipo galileo-newtoniano nos aparece mais nítida e então tanto mais inaceitável quando a olhamos à luz do que já foi mostrado por nós nas exposições acerca dos métodos, pares metodológicos e suprametódo que acreditamos estar dominando a ciência de tipo galileo-newtoniano em sua evolução. O neoopositivismo nada entendeu da tendência inicial da ciência de tipo galileo-newtoniano a uma expansão metodológica regulamentada num sentido preciso por um suprametódo, tendência que de maneira nenhuma permite uma amputação. O escopo da ciência não pode ser uma redução, mas só o aumento das chances que se oferecem ao espírito humano e às aptidões cognitivas deste em relação à natureza.

---

[3] Ver *Die Einheit des Physikalischen Weltbildes* (1909), *Kausalität und Willensfreiheit* (1923), *Positivismus und reele Aussenwelt* (1931).

[4] O mundo externo não pode ser conhecido de maneira direta. (N. T.)

# 5. A MATEMATIZAÇÃO DOS MÉTODOS DE PESQUISA CIENTÍFICA E O PAN-MATEMATISMO FILOSÓFICO

Da evolução histórica da matemática é possível tirar algumas lições. Um dos mais interessantes aspectos com que deparamos ao perscrutarmos a história da matemática é o seguinte: por mais autônoma que sua evolução pareça, a matemática foi enriquecida a cada passo por sugestões recebidas de fora. Não cabe dúvida: o contato com as diversas faces e momentos da empiria sempre promove as invenções da matemática. É certo que às vezes a matemática também se presta a invenções que parecem situadas no irreal. É certo que a matemática parece às vezes direcionar-se para territórios que não têm mais nenhuma ligação com o mundo dos fatos no qual respiramos. Muitas vezes, no entanto, essas mesmas invenções pelas quais o espírito parece evadir-se para o irreal encontram posteriormente sua aplicação mais surpreendente em relação à empiria. Para ilustrar o que foi dito, vale lembrar o modo de certa forma realista como a matemática dos números evoluiu entre os gregos e o modo de certa forma irrealista como esta se desenvolveu entre os hindus. O desenvolvimento no "irreal" da matemática por parte dos hindus provou ser mais fértil, pois levou à criação de conceitos e operações que, a despeito dos aspectos fictícios iniciais, irão encontrar a mais ampla aplicação. Os gregos pensavam em todas as coisas de maneira bem corpórea; eles adaptavam suas ideias de maneira insistente à empiria imediata. Essa orientação foi um dos mais sérios obstáculos que frustravam o desenvolvimento da matemática dos números na mentalidade grega. Os gregos nunca chegaram a uma plena precisão matemática do conceito numérico de "zero". Para eles, o conceito em questão era apenas uma sombra de conceito, algo "não realizado". Os gregos não entendiam como formar "conceitos" desprovidos de justificação empírica, palpável, por assim dizer. Graças a essa orientação, o espírito grego cortava seu acesso a uma das maiores criações do domínio da matemática. Essa limitação aparece limitada de modo eloquente também pela atitude categórica que o espírito grego tomava contra as grandezas negativas. Diofante repudiava as equações que davam soluções negativas, considerando-as "impossíveis". De fato, os próprios números negativos eram "impossíveis" para os gregos. De modo completamente diferente estavam orientados os hindus. Guiados por uma mentalidade metafísica, eles desvalorizam o mundo empírico e, com o tempo, chegam a ser dominados por um verdadeiro *amor vacui*, pela sede do vazio. Devido a tal orientação, que põe o acento no "nada", os hindus abrem as portas para grandes descobertas no domínio da matemática. São eles que instalam em seu pleno direito os conceitos de "zero" e de números negativos. Essas conquistas que pareciam do domínio do "irreal" mostraram depois plenamente sua oportunidade. Nessa ordem de ideias, poderiam ser lembrados também alguns exemplos da história moderna da matemática. O conceito de grandezas infinitamente pequenas que o cálculo diferencial e integral implica apresentou tantas dificuldades de natureza "lógica" aos primeiros pensadores que se sentiram impulsionados a se ocupar da natureza de tal conceito, que este parecia fadado a uma condenação sem direito de apelo. Acreditava-se que a matemática, ao aceitar esse conceito, aventurava-se no "impossível". E não foram as discriminações dos lógicos, mas os sucessos práticos dos cálculos é que decidiram. Sem essa invenção, que, sob o aspecto "lógico", permanece talvez em realidade "impossível", não teriam sido possíveis os imensos progressos da ciência ao longo de um quarto de milênio, isto é, nem os da matemática, nem os da ciência de tipo galileo-newtoniano. Ainda mais estranha apareceu depois, mais tarde, a aplicabilidade sobre o real de um conceito matemático contraditório em si, como é aquele do número imaginário ($i$,).

Durante uma conferência[1] em Colônia em 1908, o matemático e físico Hermann Minkowski falava de uma "harmonia preestabelecida" entre a matemática pura e a física. Fatos científicos epocais não tardaram a confirmar as afirmações de Minkowski. De fato, no grandioso desenvolvimento da teoria da relatividade que Einstein dará, a inesperada "aplicação" encontrava uma invenção que parecia ser apenas um apanágio da imaginação: referimo-nos à geometria não euclidiana de Riemann. Poderia sustentar-se, sem possibilidade de contradição, que nunca uma invenção da matemática, inicialmente "sem objeto", encontrou seu "objeto" de maneira mais impressionante que agora. Para que as afirmações de Minkowski sobre uma "harmonia pré-estabelecida" entre a matemática pura e a física ganhassem uma confirmação a mais, lembramos ainda a introdução, na física, da ideia de "espaço de configuração", concebido previamente no plano matemático puro. Schrödinger opera na *Mecânica Ondulatória* (1925) com "espaços de configuração". Esses espaços de configuração são multidimensionais (os "sistemas" físicos que Schrödinger imagina têm tantas vezes três dimensões quanto é o número das partículas que estão em relação de eficiência recíproca dentro do sistema. Destarte, na perspectiva da mecânica de Schrödinger, o átomo de urânio, por exemplo, teria um espaço de configuração de aproximadamente 280 dimensões).

Mas o que é de fato aquela "harmonia preestabelecida" de que fala Minkowski e que se confirmou tantas vezes pela evolução convergente da matemática e da ciência de tipo galileo--newtoniano? Estamos, evidentemente, diante de um processo histórico, para cuja circunscrição plástica Minkowski recorria a uma metáfora da metafísica de Leibniz. Mas não nos iludamos. Uma metáfora pode plasticizar de maneira poética o processo em questão; no entanto, ela não o esclarece em nada. Vem aqui ao nosso encontro um dos mais sérios problemas que se colocam ao pesquisador decidido a elucidar a teoria do conhecimento, intrínseca à ciência de tipo galileo-newtoniano. Como se dá a convergência entre a matemática e a física, ciências que evoluem em

---

[1] Trata-se da célebre conferência acerca do "espaço e tempo" em que Minkowski desenvolve de maneira ousada a teoria da relatividade proposta por Einstein em 1905 (*Physik. Zeitschrift*, n. 3, 1909).

condições bastante diferentes, às vezes de modo tão estranho por seus meios e resultados?

O pan-matematismo, que tem tantos representantes, de Pitágoras até Brunschvicg, preparou uma resposta muito simples para a pergunta que nos ronda. Se a realidade é em essência de natureza matemática, assim como um Pitágoras pretende nos primórdios da filosofia e um Brunschvicg no fim da idade, então já não há lugar para o espanto que essa ciência encontre para si cada vez mais vastas virtudes aplicadas. Com isso, seguiríamos para a substituição da física pela matemática. Das dificuldades que semelhante solução proporciona, ocupar-nos-emos mais adiante. De fato, o pan-matematismo, em qualquer de suas variantes, representa uma interpretação filosófica unilateral da situação. Num capítulo anterior, mostraram-se quantas são as portas por onde a matemática entra no corpo da ciência de tipo galileo-newtoniano. Uma coisa é certa: com a instalação da matemática como procedimento integrado em todos os pares metodológicos usados pela ciência de tipo galileo-newtoniano, não se perseguiu uma substituição de diversos métodos pela matemática, mas a obtenção de um alto potencial metodológico de conjunto. Esse objetivo podia ser alcançado por meio da organização de diversos métodos em virtude de um supramétodo permanentemente assistido pelo espírito matemático. Interessa-nos, em outras palavras, o papel da matemática visando à obtenção do potencial metodológico excepcionalmente alto, próprio da ciência de tipo galileo-newtoniano. Quais virtudes a matemática vai adicionar a cada um dos métodos tão heterogêneos a que a ciência de tipo galileo-newtoniano recorre? Essas virtudes são, em primeiro lugar, o rigor e, depois, uma certa particular construtividade. Para entender com maior precisão essas virtudes da matemática, devemos tratar um pouco de sua "lógica" intrínseca.

Eis agora uma virada de caminho: retomamos o tão debatido problema da natureza dos conceitos e dos raciocínios matemáticos. Sabe-se como Kant tentou resolver essa questão. Na perspectiva que a lógica tradicional permitia, no molde da "identidade", ele dividia os raciocínios em analíticos e sintéticos. Nesses raciocínios, fossem analíticos ou sintéticos, tanto o sujeito quanto o predicado representam "conceitos" que admitem diversas relações "lógicas" entre si. Quando lidamos com uma relação que permanece no quadro da "identidade", estamos diante de raciocínios analíticos – e estes têm um caráter de necessidade interior. Quando a relação ultrapassa o quadro da identidade sem sair do quadro do lógico como tal, estamos diante de raciocínios sintéticos. Examinando os raciocínios matemáticos, Kant chegava à conclusão de que estes eram "sintéticos", mas ao mesmo tempo também "necessários". A presença deste "gênero" de raciocínios no domínio dos conhecimentos humanos representava um problema. Sabe-se quão complicada é a construção dos elementos e pontos de vista com que Kant tentava esclarecer a possibilidade de semelhantes raciocínios nos limites do conhecimento humano. Não é o caso de entrarmos aqui no extenso debate do problema dos raciocínios matemáticos. O pensamento filosófico tem sido colocado, de Hume para cá, na situação de optar por uma das duas soluções adversas: 1. os raciocínios matemáticos são analíticos e necessários; 2. os raciocínios matemáticos seriam sintéticos e necessários, sua necessidade constituindo de qualquer modo um aspecto que solicita um embasamento à parte. Uma tentativa que ultrapassa essa alternativa, que instigou tantas inteligências do século, foi dada em tempos mais recentes somente por Poincaré. A fim de esclarecer a natureza dos raciocínios matemáticos, Poincaré trazia para a discussão, pelo menos no que concerne aos raciocínios pertencentes à geometria, o fator de um pretenso "convencionalismo" incluído nos atos arbitrários através dos quais são estabelecidas as definições fundamentais da geometria. Na linha dessas visões, Poincaré tinha seus precursores. Um Hobbes, outrora, considerava os conceitos fundamentais da matemática como sendo arbitrários e tendo caráter de definições convencionais. Os axiomas deduzir-se-iam dessas definições. Os axiomas não teriam o valor de leis do pensamento nem tampouco de leis da natureza; eles se estariam baseando em compreensões convencionais.[2] Acreditamos que os raciocínios matemáticos não sejam nem analíticos nem sintéticos e que permitam uma comparação com os raciocínios

---

[2] Wilhelm Wundt, *Logik*, vol. 2: *Logik der exakten Wissenschaften*. 4. ed. Stuttgart, Enke Verlag, 1920, p. 120.

de significado puramente "lógico". Os raciocínios que no espírito da lógica tradicional podem ser chamados de analíticos ou sintéticos e que combinam os conceitos de maneira necessária ou fortuita sob a forma de sujeito ou de predicado convocam esses conceitos em sua plenitude "conceitual" como tal. Nestes raciocínios são exploradas as possibilidades "lógicas" do conceito. O conceito como tal é suscetível, por seu conteúdo "lógico", de operações que colocam sob a luz sejam suas implicações, sejam suas possíveis complicações. A nosso ver, a situação fica completamente outra nos raciocínios matemáticos propriamente ditos. Dessa vez, os conceitos combinados em forma de sujeito e predicado não são consequentemente convocados em sua plenitude conceitual. Nos raciocínios matemáticos, faz-se abstração de modo intermitente da "conceitualidade" como tal dos conceitos, levando-se em conta apenas os conteúdos quantitativos a que eles se referem. Pela "abstração" intermitente que ocorre neles, os raciocínios matemáticos assumem, de fato, um semblante "licencioso", se olhados sob um ângulo estritamente "lógico". Ou, dito de outra maneira, os raciocínios matemáticos são raciocínios totalmente *sui generis* que têm sua "lógica" à parte, que se baseia num outro princípio que não aquele da identidade. Consideremos o raciocínio: $3 + 4 = 7$. Está errado acreditar que entre "$3 + 4$", por um lado, e "$7$", por outro, existiria uma identidade de natureza "lógica" no sentido da lógica formal. Afirmou-se que, do ponto de vista "lógico", nem seria possível formular um raciocínio como este: $3 + 4 = 7$. Afirmou-se que, em coordenadas estritamente "lógicas", poder-se-ia dizer apenas: $3 + 4 = 3 + 4$. Existe, decerto, um tanto de verdade nessa observação feita em algum momento por Diderot e depois, no seu rastro, também por Goethe. Mas uma série de especificações é necessária. Mais ainda, impõe-se uma distinção radical entre a esfera puramente lógica e a esfera matemática. Vamos mais longe. Especificaremos primeiro que, do ponto de vista "lógico", o próprio sinal de igualdade ($=$) indica algo que não pode ser confundido com aquele "é" por meio do qual "logicamente" se exprime a identidade de uma coisa consigo mesma. Ou, para partirmos das bases, uma expressão como esta:

$$7 = 7$$

permite de fato duas interpretações. Uma delas é: 7 é idêntico a si mesmo. Trata-se aqui da identidade "lógica" do *conceito* numérico "7" com ele mesmo. A segunda interpretação é: 7 é "igual" a 7. Desta vez se fala de uma igualdade *matemática* entre duas grandezas que são vistas exclusivamente na perspectiva do conteúdo quantitativo indicado pelo conceito numérico de "7" e nem um pouco de uma identidade lógica deste "conceito", como tal, consigo próprio. Então, aquilo que Diderot fala a respeito da expressão 3 + 4, a saber, que, sob o aspecto "lógico", poder-se--ia afirmar apenas que "3 + 4 = 3 + 4" chega perto da verdade, mas só se interpretarmos esta fórmula no sentido de que "3 + 4", como objeto de raciocínio, é idêntico a si mesmo sob o aspecto de sua conceitualidade. De maneira usual, a expressão "3 + 4 = 3 + 4" indica de fato uma "igualdade" *matemática*, e nos raciocínios matemáticos se faz *abstração*, durante a operação matemática como tal, da *identidade* "lógica" da expressão consigo mesma; a atenção se volta apenas para os conteúdos *quantitativos* indicados pelos conceitos numéricos e para a relação de "igualdade" indicada pelo sinal "=". Quando olhamos para as coisas na perspectiva da lógica *matemática*, e não na perspectiva da lógica pura (no molde da identidade), então nem mesmo uma expressão como

$$3 + 4 = 3 + 4$$

é uma simples tautologia, pois representa apenas *uma* das *inúmeras* "igualdades" que se podem estabelecer para a expressão 3 + 4 na perspectiva matemática:

$$3 + 4 = 5 + 2$$

$$3 + 4 = 7$$

$$3 + 4 = 9 - 2$$

$$3 + 4 = 3 + 4$$

etc.

Sob o aspecto "lógico", 3 + 4 é idêntico consigo como expressão conceitual. Dessa identidade, deveras tautológica, não resulta que 3 + 4 possa ser também uma expressão "idêntica" com outra coisa além de consigo mesma, ao passo que sob o aspecto matemático: 3 + 4 = 3 + 4 não é uma simples tautologia, pois, entendida na plenitude de seu significado matemático, essa expressão se declara apenas como uma das *inúmeras* "igualdades" que podem ser estabelecidas para ela.

Se, na interpretação da expressão "3 + 4 = 3 + 4" pode muito facilmente instalar-se de modo sorrateiro a confusão entre a perspectiva da lógica pura e a perspectiva matemática, a lógica intrínseca da matemática, ou seja, sua lógica eminentemente construtiva (em comparação ao tautologismo da lógica pura), é claramente ilustrada por uma expressão como esta:

$$3 + 4 = 7.$$

O sinal "=" expressa desta vez, sem equívoco, uma igualdade matemática; não representa de modo algum uma partícula copulativa dc lógica pura, não tem o significado de uma *identidade* "lógica" entre 3 + 4 e 7. Cada conceito numérico existe em si e através de si em sua conceitualidade lógica. Perante os conceitos "3" e "4", o conceito de "7" é algo novo, ou seja, o resultado de um abarcamento de conjunto devido a um ato *único*. Qualquer conceito numérico tem, aliás, essa qualidade *sui generis* de ser a expressão de um ato indivisível de "abarcamento", independente da quantidade discreta a que se refere o ato de abarcar. Em última análise, os raciocínios matemáticos baseiam-se nesta possibilidade completamente peculiar que o espírito humano tem de criar conceitos numéricos englobando, por meio de *um só* ato indivisível, uma *quantidade discreta* sob aspecto objetivo. A esta circunstância e depois ao fato de que se pode fazer abstração dela de modo intermitente deve-se a possibilidade de formular raciocínios matemáticos. Aos raciocínios matemáticos atribuímos, por consequência, uma estrutura totalmente à parte em comparação com todos os outros raciocínios que o espírito pode exprimir. Qualquer quantidade discreta, objetiva, como, por exemplo, esta multidão de pontos

. . . . . .

pode ser expressa infinitamente por muitos raciocínios matemáticos, e isso devido à circunstância em que o espírito consegue criar conceitos numéricos, ou seja, conceitos que – mesmo sendo expressões totais de atos unitários indivisíveis – indicam, no entanto, também as multidões discretas a que se referem. (O conceito do número 1 se inscreve na mesma possibilidade do espírito, pois só pôde aparecer concomitantemente com o número 2 ou concomitantemente com o conceito de quantidade.) A quantidade discreta dos pontos acima pode ser englobada e esgotada através dos mais diversos conceitos numéricos (se admitida também a possibilidade de umas operações matemáticas), como: 7; 1 + 6; 2 + 5; 3 + 4, etc. Entre todas essas expressões que, cada uma por si e em si, abarcam e esgotam a quantidade dos pontos, pode-se colocar o sinal da igualdade (1 + 6 = 2 + 5 = 3 + 4 = 7, etc.)

Nos raciocínios matemáticos, como

$$3 + 4 = 7$$

está envolvida uma série de conceitos numéricos que na sua qualidade de *conceitos* têm sua lógica pura e são submetidos, como todos os conceitos, também ao princípio da identidade. Em sua qualidade puramente conceitual, os conceitos 3, 4, 7 são absolutamente heterogêneos; só do ponto de vista "lógico" permitem raciocínios no limite da sua identidade consigo mesmos: 3 é idêntico a si mesmo, mas com nada mais; 4 é idêntico a si mesmo, mas com nada mais; 7 é idêntico a si mesmo, mas com nada mais. Esses conceitos numéricos também permitem julgamentos puramente lógicos, por exemplo: "3 é um número", "4 é um número", "7 é um número". Diante de semelhantes raciocínios puramente "lógicos", o raciocínio matemático "3 + 4 = 7" aparece como um julgamento de natureza totalmente à parte. Nele se faz uso de conceitos numéricos, mas, no decorrer da operação matemática que o indica, se faz abstração da lógica conceitual no molde da identidade, considerando-se apenas as quantidades discretas expressas por esses conceitos e a relação de igualdade (equivalência) "quantitativa" entre estas quantidades discretas. Diante da lógica da identidade implicada por seus conceitos, a matemática se permite então uma "licença" em seus raciocínios. A matemática usa de conceitos numéricos, mas intermitentemente faz vista grossa, por um lado, à lógica no molde da identidade que a obrigaria a enxergar em cada um desses conceitos numéricos algo irredutível, novo, à parte; por outro lado, ela, a matemática, "opera" com os conceitos numéricos em questão levando em conta apenas seus conteúdos quantitativos como tais, aos quais persegue na perspectiva da igualdade (equivalência). Se o espírito, trabalhando com conceitos numéricos, levasse em conta apenas a lógica da identidade, nunca poderia construir com estes conceitos numéricos um raciocínio matemático. Para alcançar o raciocínio matemático, o espírito tem de fazer abstração da lógica pura. Nesta licenciosidade se fundamenta a possibilidade da matemática, e nesta mesma licenciosidade se baseia também toda a construtividade desta ciência. Aqui, nesta "licenciosidade", devemos enxergar também uma das condições do caráter de necessidade, característico dos raciocínios matemáticos, a despeito do fato de estes não terem um caráter "analítico". Kant sustentava que os raciocínios matemáticos seriam "sintéticos". Verdade seja dita que nos raciocínios matemáticos o predicado acrescenta algo novo ao sujeito, mas isso não significa que os raciocínios matemáticos sejam assimilados aos raciocínios sintéticos de natureza puramente "lógica". De fato, a associação construtiva que ocorre nos raciocínios matemáticos se realiza com fundamento na licenciosidade acima mencionada, licenciosidade a que se deve o fato de o espírito permitir-se de maneira alternada operar com os conceitos numéricos, ora em sua qualidade conceitual como tal, como expressões unitárias, indivisíveis de atos de abarcamento, ora abstraindo-se desta conceitualidade e levando em conta apenas os conteúdos quantitativos, objetivos, discretos, dos conceitos numéricos. Essa alternância de pontos de vista, igual a uma licenciosidade, é uma implicação de qualquer raciocínio matemático. Nos raciocínios "sintéticos" de natureza puramente "lógica" nunca intervém um semelhante ato tão licencioso sob aspecto puramente lógico. Eis os motivos, sumariamente expostos, que nos aconselham a tirar o problema dos raciocínios matemáticos da esfera puramente lógica dos raciocínios analíticos e sintéticos (circunscrita por Kant) e a olhá-los em sua especificidade incomparável; o que tentamos anteriormente. Acrescentaremos apenas uma palavra acerca da "necessidade" intrínseca dos raciocínios matemáticos. Os raciocínios matemáticos são "necessários" decerto, mas eles têm uma necessidade que implica sob o aspecto "lógico" certa licenciosidade como condição prévia que possibilita a "necessidade" em questão. A necessidade intrínseca dos raciocínios matemáticos não permanece então no quadro da necessidade "lógica" que caracteriza, por exemplo, os raciocínios ditos "analíticos".

Para clarearmos, até a completa transparência, a distinção que se pode efetuar no pensamento "lógico" no molde da identidade e no pensamento matemático no molde da "igualdade" (equivalência), demoremos um pouco na proximidade dos últimos fundamentos. Um exame mais atento dos princípios de base não é de todo desinteressante. Em primeiro lugar, algumas observações acerca do princípio da identidade, no qual todos convimos ver o principal fundamento do pensamento "lógico". O exame de profundidade desse princípio é bastante difícil. As dificuldades provêm da circunstância de nos encontrarmos diante de uma implicação fundamental do pensamento lógico, que nunca aparece de forma explícita nos atos de pensar. A explicitação desse princípio se deu somente mediante esforços excepcionais, no fim de um longo processo de pensamento filosófico. O princípio da identidade foi e é uma implicação oculta, de articulação interna já entendida dos atos de pensar lógicos. O princípio é – usando outras palavras – colocado em exercício de modo implícito. Ninguém pensa de maneira lúcida e explícita segundo o princípio da identidade, assim como também ninguém pensa em esquemas silogísticos lúcidos, mesmo que estes esquemas reproduzam de certo modo a articulação intrínseca do pensamento. Nessa condição devemos procurar a explicação por que se chegou à formulação do princípio de identidade somente após a consumação de um longo processo de autoesclarecimento da consciência humana.

Aristóteles, que desenvolvia a lógica dentro de um sistema e que colocava à luz da consciência as modalidades dessa "lógica", também não chegou de maneira clara à formulação do princípio de identidade, embora esse princípio seja uma implicação de sua lógica. O princípio da identidade se formula de maneira explícita da seguinte maneira: *A* é idêntico a si mesmo; ou: *A* = *A*. Existe, assim nos parece, um desacordo entre a simplicidade de fundo do princípio e sua complexidade de formulação. Esse desacordo mede a distância que se abre entre o princípio como presença oculta na articulação dos atos de pensar e o mesmo princípio como forma em que o pensamento se percebe a si mesmo. Estava dizendo que a formulação explícita (A = A) que se dá ao princípio de identidade representa uma circunscrição suficientemente complicada em comparação com a simplicidade em si de sua essência – que, no entanto, não temos a possibilidade de expressar de outra maneira. Seja como for, os lógicos pararam nessa formulação, e não acreditamos que o futuro irá achar outra mais adequada. Mas examinemos mais de perto a formulação em questão do princípio de identidade. *A* = *A*! O princípio básico da lógica, na formulação de que nos ocuparemos, é uma elaboração difícil e particularmente engenhosa do espírito filosófico. A formulação dá a impressão de não ter conseguido alcançar o objeto de modo direto, mas, sim, dando certas voltas. Decerto, a fórmula representa uma complicada circunscrição. Para nela se chegar, foram necessárias operações muito estranhas. Essas operações são duas. A primeira é a seguinte: *A*, apesar de ser apenas um só, é pensado como se fosse duas vezes (*A* = *A*). Pensar algo que é uma vez como se fosse duas vezes é, no entanto, um ato "irracional". A segunda operação que se efetuou tendo em vista a formulação do princípio da identidade consiste em que os dois "As" implicados na premissa são depois obrigados a se fundir até à completa coincidência. Aqui está de novo um ato "irracional", pois, do momento que se pressupõe a existência de dois "As", a efetuação de uma operação de superposição com o escopo de alcançar uma perfeita coincidência dos dois "As" permanece do ponto de vista lógico uma impossibilidade. *A* e *A*, sendo "dois", são um para outro, logicamente falando, externos; os termos não são compenetráveis. Eis então que estamos diante de duas operações, em que cada uma, tomada em si e para si, é irracional. As duas operações têm, no entanto, um sentido diametralmente oposto. De fato, a primeira operação "irracional" é anulada por uma segunda operação também irracional. Somente por meio dessa volta paradoxal de duas operações irracionais, mas de sentido diametralmente oposto, se pôde chegar à expressão de uma essência tão simples como aquela do princípio de identidade que forma a base da lógica. À primeira vista, é uma circunstância estranha chegar à formulação do princípio somente por uma volta através de atos irracionais. Mas semelhante coisa era de se esperar se pensarmos que o problema era expressar de modo explícito o próprio princípio fundamental da lógica. Semelhante princípio, supondo-se que exista, não podia ser senão uma implicação fundamental do "lógico". Mas, se o princípio de identidade se tivesse permitido ser explicitado por meio de atos e formas de natureza também "lógica", isso significaria não ser ele primeiro fundamento do "lógico". Por outro lado, uma formulação do princípio da identidade deve recorrer inevitavelmente a formas "irracionais", se for ele em verdade o primeiro fundamento do "lógico". Concluindo, permitimo-nos considerar o fato de não ter sido possível a formulação explícita do princípio de identidade a não ser apenas na forma das duas operações irracionais e de sentido diametralmente oposto, como um indício de extrema probabilidade que pleiteia a favor da tese segundo a qual o princípio de identidade é verdadeiramente o fundamento primeiro do "lógico".

O pensamento matemático ultrapassa o "lógico" e se funda em suas operações específicas no princípio da igualdade quantitativa (da equivalência). Pode-se fazer uso também no quadro matemático (ou, para dizer melhor, principalmente aqui) da expressão: $A = A$; mas, dessa vez, $A$ e $A$ são duas grandezas separadas cuja "igualdade" pode ser abarcada e compreendida sem aquela volta das operações irracionais de sentido diametralmente oposto com cujo auxílio somos obrigados a circunscrever o princípio da identidade.

Depois deste curto desvio pelo território dos "princípios", voltemos novamente ao problema dos raciocínios matemáticos. A construtividade própria desses raciocínios se baseia, entre outras, segundo já mostramos, numa certa "licenciosidade" que o pensamento matemático se permite diante do princípio lógico da identidade. Em qualquer raciocínio no molde da "igualdade" (da equivalência), o pensamento matemático faz abstração por um momento do princípio da identidade, isto é, assim que é colocado em presença das operações específicas que serão efetuadas sobre a "quantidade". A "necessidade" que se instala nos raciocínios matemáticos não é de modo "absoluto" e se baseia numa licenciosidade; essa necessidade cai por si assim que tentamos aplicar à matemática, de maneira rigorosa, consequente e sem piedade, o princípio da identidade. E mais, se nos mantivéssemos de modo rígido no quadro do princípio lógico da identidade, tornaríamos impossível desde o começo a construção de uma operação e de um raciocínio matemático: os conceitos numéricos seriam uma espécie de mônadas isoladas; somente a abstração do princípio da identidade transforma essas mônadas em vasos comunicantes, por assim dizer, tornando possível uma operação matemática com elas. Sobre uma "necessidade" em absoluto dentro dos raciocínios matemáticos não se pode falar, pois essa "necessidade" é condicionada por uma "licenciosidade". Como "ciência", a matemática é caracterizada, primeiro, pelo seu rigor não alcançado por nenhuma outra ciência e, segundo, por sua construtividade de sentido "necessário", que se impõe por si mesma à consciência humana, assim que se admite o procedimento "licencioso" básico dela. Rigorosa e necessária é, do jeito dela, também a lógica dedutiva no molde da identidade, mas esta lógica é uma ciência "tautológica", e não "construtiva".

A ciência de tipo galileo-newtoniano não pode ser concebida sem seu alto potencial metodológico. Esse potencial foi obtido graças a um supramétodo que organiza uma série de "pares metodológicos" em que a matemática sempre entra também. Evidentemente, pelo acoplamento com a matemática, qualquer método adiciona a suas virtudes e possibilidades intrínsecas as da matemática. Decerto, as qualidades da matemática, seu rigor e sua construtividade, que assumem a forma de uma necessidade específica, são das mais proeminentes, mas isso não nos seduzirá para fecharmos os olhos diante das virtudes específicas de cada método que se conjuga com a matemática. Esses métodos são, por suas virtudes, portas através das quais entram, na área da ciência de tipo galileo-newtoniano, os elementos de "substancialidade". Graças aos processos de teorização abstrata, a ciência de tipo galileo-newtoniano assimila elementos de substancialidade, como seriam os "conceitos relacionais" e as "leis". Mas os elementos de substancialidade entram na área da mesma ciência também através da teorização "imaginária" – como seria, por exemplo, a hipótese das "ondas", dos "corpúsculos", etc. Nessa via da teorização imaginária, tenta-se uma conversão quase intuitiva da natureza transempírica dos fenômenos. Indicamos com isso apenas, ao largo, os dois setores da "teoria", que sempre pedem para ser alimentados. As fontes dessa alimentação são, naturalmente, a observação empírica em geral e a observação experimental em especial. À observação empírica e à experimental cabe pois também uma função particular no processo de verificação dos atos teóricos puros. Qualquer que seja sua importância nos trâmites pelos quais se verifica um ato teórico, a observação empírica e a observação experimental não se tornam em nenhum momento instâncias absolutas de controle. No quadro da ciência de tipo galileo-newtoniano, a verificação da "teoria" através da observação empírica e experimental permanece ela mesma subordinada a um controle recíproco de todos os pares metodológicos que, sob o império do suprametódo, se organiza num conjunto amplamente articulado. Vejam de quantas maneiras são ligados e reciprocamente condicionados os métodos destinados a garantir os sucessos da ciência que forma o objeto de nosso exame; vejam como é complexa a engrenagem criada pelo suprametódo, para que se consiga chegar à ótima exploração das virtudes e chances próprias de cada um dos métodos heterogêneos por cuja cumplicidade nasce a ciência de tipo galileo-newtoniano.

Mas, antes de dissiparmos a nossa atenção, tentemos dar uma resposta à pergunta levantada pela observação de Minkowski acerca da evolução convergente da física e da matemática. A explicação de "harmonia preestabelecida" a que Minkowski recorre é um ato de coquetismo ingênuo com a metafísica e nada mais.

Uma condição essencial para que a ciência de tipo galileo-newtoniano suporte uma matematização em tantos de seus níveis constitutivos é que a existência tenha de verdade certas dimensões, facetas e articulações suscetíveis de um abarcamento matemático. No quadro desse postulado, constituiu-se a ciência de tipo galileo-newtoniano pouco a pouco, em virtude de um suprametodo que tende para uma máxima expansão metodológica nos limites da possibilidade de associar com a matemática a cada vez os diversos métodos a que se recorre. Uma aplicação tão diversa da matemática, em "par" com tantos métodos heterogêneos de pesquisa da natureza, impunha à matemática as mais flexíveis imaginações. As exigências permanentes da ciência de tipo galileo-newtoniano promoveram enormemente o desenvolvimento em tantos planos da matemática. Poder-se-ia dizer que, apesar de sua inventividade, os matemáticos não puderam nem de longe cobrir todos os pedidos de "ferramentas", pedidos provindos de pesquisadores de tipo galileo-newtoniano. Os matemáticos fabricam "ferramentas" sem se darem conta desse fato. Também as ferramentas encontram depressa suas utilizações na ciência de tipo galileo-newtoniano, porque esta tem espaço suficiente e um enorme excedente de ocasiões para se beneficiar das invenções da matemática. Resta perguntar se as ferramentas oferecidas pelos matemáticos são também sempre as mais apropriadas para solucionar os problemas que a ciência de tipo galileo-newtoniano propõe para si. É fato, no entanto, que, tendendo para uma ampliação dos pares metodológicos em que cada vez entra como fator-par a matemática, a ciência de tipo galileo-newtoniano se torna pelo seu próprio programa uma extraordinária consumidora de matemática. Por mais gratuitas que possam às vezes parecer, as invenções do matemático podem descobrir suas aplicações das mais inesperadas, pois a demanda da parte da ciência de tipo galileo-newtoniano transborda. A demanda por "ferramentas" matemáticas é enorme, porque a ciência de tipo galileo-newtoniano surgiu não de uma vaga tendência de aplicar a matemática à natureza, mas da tendência muito sustentada de arrancar da natureza seus segredos em vários planos, escopo para o qual ela constituiu desde o princípio um potencial metodológico que absorve os produtos da matemática da maneira mais diversa.

Poincaré escreve em algum lugar no seu conhecido estudo *Ciência e Hipótese* o seguinte:

Poderíamos nos perguntar por que a generalização [na ciência (N. E. Romeno)] veste com tanta alegria na ciência da física a forma matemática. A causa é agora facilmente reconhecível: isto acontece não somente porque leis numéricas têm de ser expressas; isto acontece porque o fenômeno a ser observado se produz pela superposição de um grande número de fenômenos elementares que são todos similares; destarte, as equações diferenciais são introduzidas da maneira mais natural.[3]

Poincaré acredita então que, na ciência de tipo galileo-newtoniano, o processo de generalização assume forma matemática primeiro porque o fenômeno por examinar seria constituído por um grande número de fenômenos elementares similares entre si. Opinando assim, Poincaré, que havia elucidado tantos dos mistérios da matemática e da física, dá prova de que ignorava o traço fundamental da ciência de tipo galileo-newtoniano. Ele não se dá conta de que a ciência de tipo galileo-newtoniano é, de fato, ao longo de sua evolução inteira, dominada por um "supramétodo" que recorre à matematização específica, ou seja, por uma conjugação com a matemática. Se, por conseguinte, na ciência do tipo galileo-newtoniano intervém, entre outros, também um método de "generalização", então este método também será aceito somente em dupla com a matemática, e isto pela razão de conjunto que na ciência de tipo galileo-newtoniano é impelida a fazer dupla com a matemática sob o império de um supramétodo. O motivo em cuja incumbência Poincaré coloca a tendência à matematização do procedimento de "generalização" seria o fato de que um fenômeno é considerado composto por um grande número de fenômenos elementares similares entre si. Mas essa composição de um fenômeno por um grande número de fenômenos elementares similares entre si não representa senão um caso muito especial, suscetível de matematização, ao lado do qual existem ainda tantos outros. Para surpreendermos a natureza íntima da ciência de tipo galileo-newtoniano, devemos dividir nossa atenção de modo igual sobre um conjunto inteiro de métodos muito heterogêneos a que um supramétodo sempre impõe a conjugação com a matemática.

---

[3] Henri Poincaré, *Wissenschaft und Hypothese*, op. cit., p. 106.

A teoria filosófica da ciência não ignorou que cabe à matemática um papel positivo no funcionamento da ciência de tipo galileo-newtoniano. Essa observação estava de certo modo à mão de qualquer observador. No entanto, a maneira como esta ciência é permeada pela matemática foi apresentada de um jeito simplista. Por não se chegar a uma justa compreensão do modo como a ciência de tipo galileo-newtoniano assimila o espírito matemático, escorregou-se às vezes para uma valorização excessiva do papel atribuído ao pensamento matemático no quadro do conhecimento em geral. Culpados se fazem por esse escorregão alguns pensadores que pleiteiam de diversas maneiras a favor de uma perspectiva "pan-matemática". Essa orientação assume um aspecto espetacular, por exemplo, no pan-matematismo de Brunschvicg. O filósofo francês encarregou-se de desenvolver toda uma teoria do conhecimento no sentido de que a matemática sozinha "traz ao homem a verdadeira norma da verdade". Para a defesa de semelhante posição, Brunschvicg viu-se antes disso obrigado a fazer uma depuração radical do conhecimento. Seguindo o exemplo de outros lógicos, mas, diferentemente deles, insistindo na afirmação exclusiva do critério matemático, Brunschvicg fará uma distinção entre o pensamento matemático e o pensamento "por conceitos genéricos" (por "*logoi*", como eram chamados esses conceitos na Antiguidade). Essa distinção pode ser sustentada. Os conceitos *relacionais* criados no espírito matemático como aquele de "massa" ou de "aceleração" (na física) têm outra natureza além dos "conceitos genéricos" usuais, como seriam o de "homem", o de "cão", o de "mamífero", o de "água", o de "fogo", etc. Mas essa distinção logo assume em Brunschvicg um aspecto discriminatório, no sentido de que o pensamento matemático e o pensamento por conceitos genéricos representariam duas estruturas mentais diametralmente opostas. E não somente isso. Brunschvicg chega à conclusão de que, sozinho, o pensamento matemático representaria um pensar legítimo, ao passo que o outro pensamento seria puramente verbal, desprovido de valor. Esse modo de enxergar as coisas parece apoiar-se em primeiro lugar nos sucessos da ciência de tipo galileo-newtoniano, em cujos trâmites não se toma, como já mostrado, nenhuma iniciativa metodológica sem a assistência da matemática. Assim mesmo,

Brunschvicg, por propor a ciência de tipo galileo-newtoniano como ponto de partida e terreno sólido para exemplificação nas considerações que pleiteiam um desejo de conhecimento "pan-matemático", inculpa-se por uma desfiguração da ciência de tipo galileo-newtoniano na perspectiva de um "purismo" metodológico que essa ciência nunca teve em vista. Brunschvicg acredita na existência do método único, puro, que facilitaria ao espírito humano a Verdade. E esse pretenso método seria o matemático. Com isso, a ciência de tipo galileo-newtoniano sofre na concepção epistemológica de Brunschvicg uma grave alteração de sentido. Vimos nos capítulos anteriores que, por mais múltipla e importante que possa parecer a contribuição da matemática na escolha e colocação em exercício dos diversos métodos arraigados na ciência de tipo galileo-newtoniano, este aporte não pode ultrapassar as virtudes intrínsecas da ciência matemática. A ciência de tipo galileo-newtoniano procura assimilar estas virtudes, ou seja, o rigor e certa construtividade, mas não renunciará aos diversos métodos, em si tão heterogêneos, que, assistidos pela matemática, mostram-se férteis na aspiração de abarcar a existência física na ampla arquitetura de seus planos.

Tivemos a oportunidade de mostrar que, na história do pensamento filosófico, muitas vezes se observa uma oscilação entre duas tendências metodológicas diametralmente opostas: entre a tendência para uma expansão metodológica máxima e a tendência para o purismo do método único. Tal oscilação é característica para o ritmo interior de muitas fases da história do pensar filosófico; ela não tem, no entanto, lugar no processo de desenvolvimento da ciência de tipo galileo-newtoniano. A constituição e a evolução dessa ciência tiveram lugar no quadro do "supramétodo" que pede a máxima expansão metodológica nos limites de uma matematização possível. Não se tende aqui à substituição de diversos métodos pela matemática, mas a uma máxima exploração das oportunidades oferecidas por qualquer método compatível com uma matematização. Depreendemos da história de tipo galileo-newtoniano a impressão de que até certo ponto são tolerados também métodos que não são matematizáveis, mas que não podem ser evitados. Sendo inevitável semelhante método "tolerado", acontece ser aqui o próprio pensamento por "conceitos-genéricos", que Brunschvicg considera desprovido de validade. Para nossa orientação no mundo, esse conhecimento traz serviços eminentes. E onde esse conhecimento não pode ser substituído por outro, ele é "tolerado" pelos físicos também, apesar de que principalmente estes não estariam dispostos a reconhecer a não ser conhecimentos matematizáveis. O conhecimento por conceitos genéricos domina a nossa vida. E por quanto tempo a física ainda tiver ligações com a nossa vida, pode ser que esse tipo de conhecimento ainda seja "tolerado".[4]

---

[4] A filosofia da escola de Marburg, que é em primeiro lugar uma filosofia acerca das metas e caminhos da ciência de tipo galileo-newtoniano, deságua numa espécie de pan-matematismo. O quanto é frágil este pan-matematismo observa-se, no entanto, no embasamento dado a ele que não tem nada que ver com a lógica matemática em si. Em seus fundamentos, a filosofia da escola de Marburg é uma filosofia kantiana hegelianizada. A teoria da ciência professada por essa escola é um idealismo dialético desaguado no pan-matematismo.

# 6. Modos de racionalização

Um dos modos de que o espírito humano se mostra capaz em suas aspirações cognitivas relativas à existência é a "racionalidade". As estruturas "racionais" sempre participam, em dosagem variada, dos processos de conhecimento pelos quais o homem tenta assimilar em sua consciência o mundo circundante. A participação dessas estruturas racionais nos processos cognitivos deve ter sido bastante viva mesmo no período de centenas de milhares de anos que designam a pré-história humana, quando o espírito era preponderantemente dominado pelo modo mítico e mágico. A passagem das formas pré-históricas da vida espiritual para as formas históricas é marcada, entre outras coisas, também pelo deslocamento de acento, que se dá na mente humana, das estruturas míticas e mágicas para aquelas que constituem a "racionalidade". Esse deslocamento pode ser acompanhado de perto, especialmente no desenrolar do pensar grego. No decorrer do desenvolvimento deste pensamento, pode-se observar como, por séculos, a racionalidade própria da mente humana entra no exercício de suas funções de maneira prática, firmando-se cada vez mais diante das inclinações míticas e mágicas até conquistar para si uma espécie de autonomia. Em decorrência desta progressiva emancipação, era natural que a racionalidade aos poucos ficasse consciente de si. Cada vez mais aberta para o mundo, a racionalidade exercita-se com impressionante assiduidade seja em contato com a empiria e aplicando-se a esta das maneiras mais diversas, seja mais tarde naqueles planos secretos da existência supostamente acessíveis à "teoria". Em se conscientizando de suas forças, a racionalidade procura desprender-se tanto da empiria quanto dos planos a que se refere a "teoria", e tudo isso para exaltar sua própria natureza. Até então a racionalidade aplicava-se ao domínio empírico e teórico, adaptando-se às condições impostas pela natureza destes domínios. Atordoada ao descobrir suas forças, a racionalidade distancia-se dos domínios em que foi exercida e, ao isolar-se em suas estruturas e formas intrínsecas, tentará impor tanto à empiria quanto à teoria a sua lei. Isso ocorre com especial impetuosidade no pensamento eleata. Pensadores como Parmênides e Zenão reduziam a existência àquilo que se pode pensar de modo "racional". Mas por pensar racional eles entendiam os processos de racionalização no molde da "identidade". Permitimo-nos ver a situação destarte, a despeito de os eleatas ainda não terem formulado de maneira explícita o princípio lógico da "identidade". O pensamento eleata fundamentava-se, no entanto, efetiva e implicitamente neste princípio admitido como forma absoluta de uma existência absoluta. É verdade que no pensamento eleata infiltrou-se uma série de erros, em oposição mesmo às leis da lógica formal construídas no princípio da identidade, mas isso permanece um simples acidente que não nos confundirá de maneira alguma, pois o principal aspecto a considerar quando tentamos penetrar o pensamento de Parmênides ou de Zenão é este: a racionalização eleata se queria, pelo menos em suas intenções, fundamentada no princípio da identidade. Não culparemos os eleatas por terem tentado desenvolver a "racionalidade" fora de quaisquer referências à "existência", apesar de eles delinearem uma tendência forte de se emanciparem de certos constrangimentos oriundos principalmente da empiria. Os exercícios de racionalização dos eleatas (no molde da identidade) ainda têm lugar na existência, mas uma existência reduzida em seus aspectos "estáticos", ou seja, naqueles aspectos que dificilmente surpreenderemos na empiria e que permanecem de certa forma escondidos atrás dela. Espetacular e sobretudo irritante fica o pensamento eleata principalmente pelas conclusões negativas acerca de todos esses conteúdos da empiria que não permitem uma racionalização completa em base do princípio de identidade. A metafísica eleata apresenta o espetáculo da existência imóvel. O pensamento de Parmênides ou Zenão chega à abolição da "multiplicidade", da "diversidade", da "mudança" e do "movimento". A confrontação e medição da empiria com os critérios da "identidade" levavam a uma mutação grave da existência e a um congelamento desta. Como pensamento metafísico, o eleatismo significa uma transposição da empiria para categorias que aceitam a racionalização no molde da identidade. A tentativa de transposição era de todo temerária e não é de se admirar que, nas operações "lógicas" pelas quais se efetuou a transposição, uma série de sofismas tenha-se insinuado. No entanto, existindo a ideia de racionalizar a empiria no molde da identidade, os eleatas teriam alcançado o mesmo resultado, mesmo se tivessem colocado um maior cuidado no desenvolvimento de seus silogismos. O erro eleata tem raízes mais profundas. Ele tem sua origem no próprio modo de racionalização adotado no pensamento eleata. A racionalização consequente no molde da identidade leva, por sua própria natureza, a uma imobilização da existência.

No quadro de uma problemática de natureza puramente "lógica", um pensador como Antístenes chegou a formar uma consciência muito mais clara do que os eleatas acerca do modo de "racionalizar" no molde da *identidade*. Os eleatas engajaram-se, temerários, em teorizações metafísicas, partindo do postulado subentendido da identidade. Antístenes mantém-se no domínio estrito das preocupações de um lógico. Muitas palavras desdenhosas atraiu esse lógico sobre si da parte dos filósofos, mas é provável que só por estes não terem tido suficientes e assaz justos argumentos contra ele. Qual é a "verdade" de Antístenes? Ele sustentava, nem mais nem menos, que, do ponto de vista "lógico", seriam plenamente justificadas apenas as proposições tautológicas, porque somente elas estariam articuladas no molde da identidade. Eis uma das proposições: "o homem é homem". Qualquer proposição que ligasse elementos diversos seria, segundo Antístenes, "ilegítima" (por exemplo, "o homem é mamífero"). É verdadeiramente ilegítimo tal pensamento? Afastemos logo qualquer dúvida. Discutimos aqui uma questão de natureza puramente lógica na perspectiva da racionalidade que se move dentro dos limites estritos da "identidade". Sob esse ângulo, a tese arrojada de Antístenes, a tese que toma a contrapelo o senso comum e ameaça anular todos os raciocínios não tautológicos, não deve ser menosprezada. Antístenes apontou sem dúvida nenhuma para um aspecto essencial do pensamento que aspira a uma racionalização baseada no princípio da identidade. O processo de Antístenes não se extinguiu junto com a condenação que sofreu por parte de sua época; ele encontrou para si, no entanto, defensores mesmo no século XIX. Não menos que um metafísico como Herbart ou um pensador como Lotze retomam o problema com toda seriedade. Eis concretamente um raciocínio que se nos propõe a ser analisado sob um ângulo estritamente "lógico": "o ouro é pesado". A maneira como representamos a ligação entre o "sujeito" e o "predicado" desse raciocínio nos faria crer numa identidade completa entre um e outro. No entanto, a relação em questão, diz Lotze, tem de ser *sui generis*: da proposição parece depreender-se que um conceito (o ouro) seja outro (pesado), mas, ao mesmo tempo, da mesma proposição depreende-se que um conceito (o ouro) não é um outro (pesado), pois os dois conceitos são distintos. Lotze é, portanto, da opinião de que nós, ao pensarmos, não temos o direito de permanecer em semelhante equívoco. Os dois conceitos da proposição têm de coincidir por completo ou permanecer totalmente distintos. Os raciocínios do tipo "o ouro é pesado" seriam então impossíveis! Na perspectiva da lógica da identidade, a proposição "o ouro é pesado" dissolve-se de fato em três proposições: "o ouro é pesado", "o pesado é pesado", "o ouro não é pesado". Destarte, o raciocínio "o ouro é pesado" precisaria, segundo Lotze, de uma justificativa, pois na sua forma direta ele constitui uma figura contraditória em si. Mas a justificativa que tanto Lotze quanto Herbart, antes dele, tentam dar, e que consiste na desagregação da existência em elementos absolutamente simples, era de natureza "metafísica". Esses filósofos mostram muito bem as dificuldades de constituir um raciocínio não tautológico na perspectiva do princípio da identidade. Não é o caso, porém, de seguirmos o problema no refúgio "metafísico" oferecido por Herbart ou Lotze. Estamos diante de um problema que evidentemente não podemos entregar justamente à metafísica para ser elucidado. A lógica e a teoria do conhecimento têm de resolver seus problemas à sua própria luz.

Tentemos solucionar a questão neste último quadro. Ao isolar os processos de "racionalização" de empiria e de outras fontes de conhecimento, é inevitável uma consideração unilateral dela; se olharmos a "racionalização" como se fosse independente, caímos rapidamente na ilusão de que uma "racionalização" só pode acontecer na linha do postulado da "identidade". É natural que, à luz de uma racionalidade na linha da "identidade", Antístenes tenha razão: absolutamente "racional" sob o ângulo da lógica da identidade só pode ser uma proposição tautológica. Mas o princípio da identidade é de fato somente o princípio por que se guia não qualquer "racionalidade", mas apenas a racionalidade que se divorcia da empiria e de outras fontes de conhecimento e que começa a trabalhar por conta própria e com uma simulação de objeto. A esse modo de "racionalização" opõem-se, no entanto, outros modos, também de "racionalização", mesmo fora do postulado da identidade pura. Semelhantes modos de racionalização que se afirmam em diversos sentidos, mas sempre em estrita ligação com a empiria e com outras fontes de conhecimento, são:

1. A racionalização na linha da identidade atenuada.

2. A racionalização na linha da igualdade matemática (da equivalência).

3. A racionalização na linha da identidade contraditória (na linha dialética).

Impõem-se algumas palavras esclarecedoras acerca de cada um desses modos de "racionalização".

A racionalização no sentido da "identidade" atenuada comporta dois tipos de realização. Esse modo de racionalização opera sobre a empiria ou sobre qualquer plano teórico da existência. Esse tipo de "racionalização", guiado pelo postulado da identidade até certo ponto, ocorre seja na forma de raciocínios em que a relação entre sujeito e predicado é de "identidade" *parcial*, seja na forma de raciocínios em que a relação entre sujeito e predicado é aquela de uma "identidade" *elástica*. Quando da enunciação da frase "o homem é um mamífero", temos que ver com uma relação de "identidade" parcial entre sujeito e predicado, no sentido de que o conteúdo e a esfera conceitual própria do predicado, sem coincidirem exatamente, podem, no entanto, ser trazidos numa correspondência relativa que nos permite subordinar o conceito circunscrito pelo sujeito ao circunscrito pelo predicado. Devido a esse modo de racionalização, chega-se à organização da empiria, mas também do mundo teorético, nos conceitos "genéricos" cada vez mais largos (para cima) e cada vez mais estreitos (para baixo). Trata-se daquela racionalização que está na base das ciências de natureza "descritiva" e "classificatória". O mesmo modo de racionalização está na base de qualquer filosofia das "ideias" ou das "essências" conforme o modelo platônico ou aristotélico. Tal racionalização foi fértil e amplamente cultivada na Antiguidade (qualquer sistema de coisas e seres, no sentido aristotélico), e não menos também nos tempos modernos (pensemos no sistema classificatório dos seres vivos de Lineu). Esse modo de racionalização através de "conceitos genéricos" é "tolerado" como "auxiliador" mesmo na ciência de tipo galileo-newtoniano que tem por princípio a tendência de substituí-lo pela racionalização no molde da equivalência e através de conceitos "relacionais". Falávamos que a racionalização no sentido de uma identidade atenuada ocorre também em raciocínios em que o sujeito e o predicado estão em relação de identidade elástica. A tendência desse modo de racionalização é anular a rigidez dos conceitos, de manter as noções em fluxo ininterrupto ou conferir a estes uma elasticidade que possibilita o enriquecimento contínuo de seu conteúdo. Quando se afirma: "o homem é um ser capaz de progresso", tende-se de fato a um enriquecimento do conteúdo do conceito "homem". A partir desse modo de racionalização, o conceito "homem" (para nos referirmos ao último exemplo) aparece liquefeito desde o começo. Os conceitos anulam sua rigidez a fim de assimilar predicados que no começo são estranhos a seu conteúdo, mas que com o tempo podem virar em muitos casos elementos integrantes deste conteúdo. Semelhante modo de racionalização da empiria e do mundo teórico segundo uma norma de uma identidade elástica enriquece o conhecimento com conceitos de particular mobilidade. O conhecimento ganha por esse modo de "racionalização" amplas possibilidades de reagrupar seus elementos constitutivos. Nossa empiria encontra-se em permanente expansão. Nesse processo de expansão, o modo de racionalização na medida de uma "identidade elástica" é um fator dos mais eficientes.

Enumerávamos entre os modos de racionalização um que se realiza no molde da "igualdade" (da equivalência). Esse modo é próprio principalmente do domínio matemático e constitui o recurso íntimo da ciência matemática. Naturalmente, reencontramos o modo em questão também naqueles domínios em que a matemática vira um meio de pesquisa, ou seja, em primeiro lugar na ciência de tipo galileo-newtoniano. Mostramos alhures que os raciocínios matemáticos, que consideramos *sui generis* de tudo, não se baseiam no princípio da identidade (nem no da identidade atenuada), mas naquele da "igualdade quantitativa" (da equivalência) entre conceitos que, sob aspecto "lógico", são heterogêneos. Não achamos necessário repetir aqui o que foi dito em outra parte acerca do princípio da "igualdade" (da equivalência). Esse princípio constitui de fato a base de um modo inteiro de racionalização que, independentemente de como olharmos as coisas, resta um jeito à parte, irredutível a outros jeitos de racionalização.

Outro modo, também à parte, de racionalização, irredutível à sua maneira, é aquele que se realiza no molde da "identidade contraditória". Esse modo de racionalização é correntemente denominado modo dialético, o qual se constitui da mais concessiva adaptação da racionalidade às estruturas e às articulações da empiria. O modo dialético procura o idêntico não só sob formas diversas, mas também sob formas contraditórias. Destarte, uma coisa é considerada como passível de ser ela mesma assim como seu contrário, uma coisa é vista como podendo incluir em seu ser tendências diametralmente opostas. A mentalidade dialética tende a acreditar que uma coisa pode manifestar-se sob formas que se "excluem". O modo dialético desprendeu-se da tendência do espírito de resistir, por meio da racionalização, a uma empiria e a um mundo de extrema complexidade, de suprema plenitude concreta e que se encontra em ininterrupta mudança, em incessante processo. A dialética quer conciliar a racionalidade conceitual com uma existência-rio. Um mundo considerado sob a espécie do devir impõe à inteligência adaptações extremas. A inteligência, por sua vez, operando sobre o "devir", vê-se na situação de ter de cortar dele aspectos que parecem incompatíveis uns com os outros. No paroxismo do desejo de abarcar em "conceitos" aquilo que flui, a inteligência acaba por adotar o princípio da identidade contraditória. Encontramos o modo dialético na história do pensamento desenvolvido de maneira sistemática ou rapsódica. Um desenvolvimento sistemático da dialética é-nos oferecido por diversas "filosofias" – de Heráclito até Hegel. Florescimentos rapsódicos encontrou a dialética para si em tantas concepções filosóficas da Antiguidade ou modernas das mais diversas orientações – por exemplo, em Próclos, na mística medieval de Mestre Eckhart, na teologia indiana dialética, etc.

Viu-se que o primeiro modo de racionalização, aquele no molde da "identidade" *pura*, leva o pensamento à tautologia e, quando é aplicado com todo rigor à existência, leva a uma imobilização absoluta desta. Esse modo de racionalização somente pode afirmar-se desprendendo-se totalmente do mundo dos sentidos; ele leva a uma negação da empiria, acabando na esterilidade. Em sua forma pura, este modo de racionalização apareceu, no entanto, apenas de maneira incidental na história do pensamento e foi felizmente impedido e frustrado pelos outros modos de racionalização que procuraram, cada um à sua maneira, um *modus vivendi* com a empiria, com o mundo dos sentidos. O modo de racionalização na linha da identidade pura não pôde impor-se nenhuma vez como modo geral e nem ao menos como molde de uma cultura ou civilização. Esse modo permanece, no entanto, uma peripécia possível do ser humano, e ficaria decerto como uma tentação permanente se não fosse impedido a cada passo pelos outros modos de racionalização que a ele se opõem através da fertilidade que os caracteriza. Um pensador francês, Meyerson, tentou mostrar que o progresso do pensamento humano tem como força íntima a tendência de estabelecer a "identidade" no "diverso". O ideal que guia o pensamento seria o da "identidade", e o ponto de partida, a "diversidade". Mostramos que não existe um único modo de racionalização e que a identidade pura é um postulado de apenas um desses modos de racionalização que foram cultivados ao longo da história. Aliás, se a realização da identidade na diversidade fosse a meta do pensamento, esse processo teria se consumido muito depressa. Ansiando com supremo ardor pela *identidade pura*, a escola eleata liquidou muito rapidamente o "diverso" do mundo empírico. Que as coisas não pararam na solução eleata é uma prova de que no processo de pensar são ativos também outros modos de racionalização. A reação contra o eleatismo aconteceu logo, e seus excessos foram desmascarados sem pudor, pois em primeiro lugar o senso comum não podia aceitar a combustão do mundo no princípio da identidade. O pensamento humano, se fosse aspirar exclusivamente ao estabelecimento da "identidade" no "diverso", descobriria sem dúvida um eleatismo desprovido de sofismas e pararia. Felizmente, os modos de racionalização a que o pensamento recorre não se reduzem àquele da identidade pura. O pensamento tomou desde o começo rumos muito divergentes. Não menos do que no pensamento de tipo aristotélico, tão fértil para a ciência da Antiguidade, a racionalização se efetua em primeiro lugar no molde da identidade atenuada. Mais tarde, na ciência do tipo galileo-newtoniano, entra em ação com vigor a racionalização no molde da equivalência matemática. Nunca existiria a ciência de tipo galileo-newtoniano se o seu modo de racionalização fosse o da "identidade pura". (A racionalização no molde da identidade pura levou e leva à problematização e à negação justamente daqueles aspectos da existência – a "multiplicidade" e o "movimento" – que constituem a razão de ser da ciência de tipo galileo-newtoniano.) Outra tendência que refreia a racionalização no molde da identidade pura intervindo frequentemente com vigor e conseguindo subordiná-la é a dialética.

O postulado da identidade está decerto presente na mente humana, mas permanece como fato histórico o pensamento humano não se deixar manipular por ele. Em seu desenvolvimento, o pensamento humano caiu, às vezes, na tentação da unificação do múltiplo na perspectiva da identidade pura, mas isto se deu de maneira incidental, e a peripécia aparece mais como um capricho da história. Pelo contrário, aparecem dominantes no desenrolar do pensar humano os outros modos de racionalização que frustram da maneira mais eficaz a combustão total do "múltiplo" no fogo da identidade.

Os quatro modos de racionalização, cujo sentido esboçamos e cuja eficiência é constatada com a história à mão, permanecem uns diante dos outros em relações das mais diversas. Às vezes, esses modos de racionalização se completam; outras vezes, lutam entre si. Apenas raramente se completam, alinhados num só fronte, e tantas outras vezes surge entre eles uma luta de todos contra todos.

Uma certa posição ocupa em relação à existência o modo de racionalização no molde da identidade pura, uma outra posição, completamente diferente, ocupa em relação à existência o modo dialético. Essas posições são até diametralmente opostas. A racionalização sob a égide da identidade pura seria válida com exclusividade apenas em relação a uma existência absolutamente estacionária, constituída de fatos ou aspectos isoláveis como tais do resto da existência. Ao contrário, a racionalização dialética seria válida na relação com uma existência dinâmica que teria sua força íntima na contradição entre seus fatores intrínsecos e em cujo quadro todo fato e todo aspecto estariam em correlação com o resto da existência. O modo de racionalização no sentido da identidade não pode enxergar na racionalização dialética senão de um modo muito licencioso, ou seja, um modo degradado na medida de um mundo de aparências ilusórias. Por sua vez, a racionalização dialética enxergará na racionalização no molde da identidade uma simples projeção no irreal da mente humana. Da mesma forma, aparecem licenciosos os outros dois modos de racionalização, dependendo a apreciação da perspectiva em que isso se dá. A racionalização no molde da identidade atenuada aparece, por exemplo, como um modo "licencioso" diante da racionalização no molde da identidade pura. A racionalização de sentido matemático aparece licenciosa perante os modos da identidade, e assim por diante.

A eficiência de todos os modos de racionalização já esboçados pode ser seguida no decorrer da história, ora combinados, ora exclusivos, ora improvisando um fronte comum, ora em luta contra outros. Poder-se-ia ainda sustentar com suficiente documentação histórica uma correspondência de estilo no que tange a um modo ou outro de racionalização dominante numa determinada época. A correspondência de estilo pode ser seguida em diversos planos da vida humana. Uma correspondência de estilo semelhante pode estabelecer-se, por exemplo, entre o modo de racionalização e o tipo de sociedade da qual participam os pensadores que adotam esse modo de racionalização. Assim, em épocas de acentuação do conservadorismo de uma sociedade, os pensadores que a representam podem manifestar uma tendência de pensar a existência com maior peso sobre o molde da identidade pura (os eleatas gregos, o vedantismo brâmane nos hindus). Poder-se-ia mostrar também que, em épocas mais dinâmicas, com tendências inovadoras, o modo de racionalização preferido é aquele da "identidade atenuada" ou da "equivalência". Assim também na época de renovação social em que floresceu a filosofia jônica ou na época helenista quando começaram a florescer as "ciências" na linha indicada em grande parte por Aristóteles. Igualmente nos séculos XVI-XVII, junto com a crescente afirmação da sociedade moderna ocidental, quando se constituiu a ciência de tipo galileo-newtoniano. No que diz respeito à racionalização de tipo dialético, tornou-se evidente que tal modo é preferido e promovido por parte dos pensadores em períodos de transformações mais profundas. Notável é a acentuação dos aspectos dialéticos nos pensadores que representam a preparação da revolução francesa de 1789, como, por exemplo, em Diderot, ou a progressiva construção provisória teórica da dialética de Kant, e depois especialmente em Goethe, Fichte, Schelling e Hegel, correspondendo dentro de um estilo de época às transformações sociais na Alemanha no fim do século XIX. A dominação de um modo de racionalização diante do outro é um fato para cuja explicação é o caso de se recorrer também ao fator "estilo". Mas o fator "estilo" traz na história uma especial variedade e empresta um perfil muito ziguezagueado ao processo de desenvolvimento do pensamento humano. Entrevemos neste aspecto a eficiência de forças que evidentemente contribuem debalde para que a linha de desenvolvimento do pensamento humano não seja aquela requerida pela racionalização no molde da identidade pura.

# 7. Senso comum e conhecimento científico

Uma pergunta nos espreita o caminho. Como se concilia o "senso comum" com os modos de racionalização que tentamos caracterizar no capítulo precedente? Poderíamos entender por "senso comum", em geral, a mentalidade do ser humano que atua no mundo concreto dos sentidos e não ultrapassa o horizonte deste de maneira essencial. Poder-se-ia formular também uma "filosofia" do senso comum; mas tal filosofia é de implicações maiores que, no entanto, são suscetíveis de uma elucidação. Como indivíduos, estamos envolvidos pela "filosofia" do senso comum na qualidade de membros de uma coletividade. Dificilmente te subtrais de tal "filosofia" pelo tempo que és constrangido a te entenderes com os semelhantes acerca do mundo em que vives juntamente com eles e da vida que levas a seu lado. Não tentaremos colocar sob a luz os conteúdos de ideias nem os critérios que essa "filosofia" suscitaria. Neste estudo, o senso comum nos interessa somente por alguns aspectos de seu comportamento. Por esses aspectos lembramos, em primeiro lugar, o realismo empírico. Como expoente do senso comum, é-se levado à situação de sustentar certo realismo empírico que consiste em crer que há um mundo independente da consciência do homem, um mundo que, em geral, seria acessível ao homem diretamente e quase de maneira inalterada – pelos "sentidos". Um segundo aspecto importante do senso comum consiste na atitude de racionalização que ele prefere adotar. Entre os modos de racionalização de que falamos no capítulo anterior, o senso comum adere melhor ao modo da "identidade atenuada". O senso comum não é normalmente estranho à racionalização no molde da "equivalência", mas somente na medida em que faz matemática e sem outras consequências. O senso comum manifesta, no entanto, uma atitude de reserva, de desconfiança ou, às vezes, até de oposição perante os outros modos de racionalização e só com muita dificuldade pode ser levado a assumir por vezes esses modos. Não seria possível sustentar que o senso comum não engloba em sua natureza alguns dos enclaves esporádicos dos outros modos de racionalização, mas ele é dominado de maneira preponderante pelos modos já relevados. Por si mesmo, o senso comum não chegaria a alargar de maneira principial suas estruturas no sentido da racionalização segundo a norma da identidade pura ou da racionalização dialética. Particularmente, repugna ao senso comum a racionalização na linha da identidade pura, que o direcionaria para uma visão absolutamente estática da existência; mas a racionalização dialética também propicia dificuldades. O senso comum não percebe uma visão dinâmica e contraditória de maneira construtiva acerca da existência. Tal visão foi um produto da "filosofia ousada", e não um fruto do senso comum deixado à própria sorte. Sabe-se quão hermético, quão obscuro pareceu ao senso comum um Heráclito, o primeiro pensador a esboçar uma "dialética" completa em suas linhas gerais.

Pelo título dado a este capítulo, assumimos o compromisso de pesquisar as ligações que poderiam estabelecer-se entre o senso comum e os dois tipos de ciência de que nos ocupamos por extenso neste estudo, ou seja, a ciência de tipo antigo-aristotélico e a ciência de tipo galileo-newtoniano. O realismo empírico e, em seguida, a crença na existência de "essências" passíveis de serem extraídas da empiria sob a forma de conceitos genéricos são consequências fundamentais tanto do senso comum quanto da ciência de tipo antigo-aristotélico. A ciência de tipo antigo-aristotélico, com o acento colocado na empiria e nas operações de pensamento destinadas a organizar em "classes" concretas (inorgânicas e orgânicas); a ciência de tipo antigo-aristotélico, que cultivava a "teoria" diretamente inspirada na empiria (por exemplo, a teoria da centralidade e imobilidade da Terra no Universo), encontrou portas escancaradas para a acolhida pelo senso comum. O senso comum manifestou, verdade seja dita, uma atitude de reserva diante da ciência de tipo antigo, como aconteceu, num determinado momento, diante da teoria da "esfericidade" da Terra, quando se discutiram "especulações" que tinham ultrapassado de maneira incontrolável o testemunho dos sentidos. O senso comum assimilou, no entanto, muito mais facilmente a ciência de tipo antigo-aristotélico do que a ciência de tipo galileo-newtoniano. A explicação mais à mão deste fato histórico encontra-se na circunstância de que a ciência de tipo antigo-aristotélico inclui em seu corpo e através de suas estruturas a "filosofia" implícita do senso comum, que ela ultrapassa frequentemente apenas de modo "especulativo".

A questão que se torna muito mais complicada é a da relação entre o senso comum e a ciência de tipo galileo-newtoniano. Existe decerto, também no presente caso, um ramo comum entre o senso comum e a ciência, mas, desta vez, o ramo comum tem uma superfície mais restrita do que no caso da ciência de tipo antigo-aristotélico. Podemos rever mais uma vez tudo que já mostramos acerca do *potencial metodológico* próprio da ciência de tipo galileo-newtoniano a fim de enxergar o que aproxima e o que separa esse tipo de ciência do senso comum. A ciência de tipo galileo-newtoniano tem decerto o realismo dela, porque ela também, assim como o senso comum, admite uma existência independente da consciência do sujeito conhecedor. Esse "realismo" da ciência de tipo galileo-newtoniano não é, no entanto, excessivamente empírico, à semelhança do senso comum. Viu-se de modo bastante claro, pensamos, que no quadro da ciência de tipo galileo-newtoniano a empiria representa um método de pesquisa, mas está sob a supervisão de um "supramétodo" que constrange a empiria a combinar-se (principalmente na forma de "experimentação") com a matemática e outros pares metodológicos (matematizados de cada vez). A empiria não é apenas instância de controle dos outros métodos, como o é para o senso comum; para a ciência de tipo galileo-newtoniano, a empiria é tanto "instância" quanto objeto de controle. O controle se dá, no quadro da ciência galileo-newtoniana, por parte de todos os métodos na forma da reciprocidade e sob a supervisão de conjunto do supramétodo. O papel que a empiria tem na ciência galileo-newtoniana é extremamente rico em *matizes* e *complexo* em comparação com o papel atribuído a ela no senso comum. Devido aos resultados alcançados com base em seu alto potencial metodológico, a ciência de tipo galileo-newtoniano ultrapassa principalmente os resultados cognitivos possíveis ao senso comum; mais ainda, por suas "teorias", a ciência de tipo galileo-newtoniano contraria com frequência as ideias e opiniões a que chega o senso comum ou a que pode chegar quando a ele é permitido se afirmar e se desenvolver em seus fundamentos próprios. Lembremos apenas quão paradoxal parece ao senso comum a mais fundamental das ideias da ciência de tipo galileo-newtoniano: a ideia de "movimento" dos corpos, indestrutível como tal por si própria. Para não falarmos em outras tantas ideias da física atual que, muitas vezes, são para o senso comum mais inacessíveis do que as criações mais especulativas da imaginação metafísica (lembremos, por exemplo, os "espaços de configuração" pluridimensionais de Schrödinger ou o conceito de átomo como um "pacote de ondas").

Um dos mais óbvios desvios do realismo excessivamente "empírico" do senso comum constitui a tendência permanente da ciência de tipo galileo-newtoniano de reduzir todas as formas de "mudança" que ocorrem na natureza empírica a formas de "movimento". A tendência em questão, própria da ciência de tipo galileo-newtoniano, tem seu fundamento na tendência mesma de matematizar todos os métodos de que faz uso. Uma série de filósofos já se colocou, há tempos, a questão: "Por que a física insiste com tamanha obstinação em reduzir todos os fenômenos de 'mudança' da natureza a fenômenos de 'movimento'?". Segundo Wundt, essa redução se deve ao fato de o movimento ser o mais "simples" dos fenômenos de "mudança". A resposta é incidental e não é obtida por via sistemática, sendo, portanto, vaga e, em todo caso, não exaustiva. De nossa parte, tivemos a oportunidade de mostrar o quanto e por quantas vias a ciência de tipo galileo-newtoniano foi pervadida pela matemática. Os "pares metodológicos" em que a matemática sempre constitui um dos termos têm que ver com a existência deste tipo de ciência. Se a ciência de tipo galileo-newtoniano procura reduzir todas as formas de "mudança" a formas de "movimento", parece-nos que isso tem uma só causa: o "movimento" é a única forma de "mudança" que admite atualmente uma consideração e tratamento "matemático". Na Antiguidade, os homens de ciência não tinham encontrado ainda os meios de tratar o "movimento" na perspectiva matemática. Identificamos nessa circunstância uma das causas que na Antiguidade impossibilitaram a constituição de uma ciência completa de tipo galileo-newtoniano. Arquimedes parou detido na sua fronteira. (Uma pergunta: seguirá a ciência de tipo galileo-newtoniano eternamente o mesmo caminho e objetivo de "reduzir" todas as "mudanças" a formas de "movimento"? Metodológica e teoricamente, ou melhor, principalmente, poder-se-ia entrever outra via e meta. Se, por exemplo, se tivessem descoberto meios de considerar e tratar em perspectiva "matemática" outras "mudanças" fora do "movimento", então decerto a ciência de tipo galileo-newtoniano pararia de tentar reduzir todas as "mudanças" a formas de "movimento". Não devemos necessariamente enxergar tal situação como uma utopia. Que semelhante progresso da matemática seja possível resta pelo menos como uma esperança a que se pode dar voz. Dos antigos até os modernos, aconteceu em um dado momento um salto que poderia ter parecido impossível aos matemáticos da Antiguidade. Os matemáticos antigos defendiam o parecer de que o "movimento" era incompatível com a matematização – e assim mesmo! Por que não seria possível um novo salto que permitisse a matematização também de outras formas de "mudança"?)

Sabemos que a ciência de tipo galileo-newtoniano enfatiza a matematização dos mais diversos métodos a que recorre para a pesquisa da natureza. Não vamos, contudo, ignorar que, até certo ponto, são tolerados alguns métodos não matematizáveis; isso acontece apenas com os métodos que são inevitáveis para a pesquisa da natureza. Assim, por exemplo, o método da racionalização por "conceitos genéricos", que forma a principal fonte das ciências descritíveis, é tolerado também na ciência de tipo galileo-newtoniano, mas somente subordinado ao conjunto dos "pares metodológicos" (onde a matemática entra por definição). Reparemos que, a princípio, mesmo os principais domínios da ciência de tipo galileo-newtoniano são delimitados no espírito de uma racionalização por "conceitos genéricos": a mecânica, a acústica, a ótica, etc. Reparemos que também na química, ciência que se matematizou com o tempo, o método descritivo e classificatório encontra ainda uma larga utilização. Apesar disso, na mesma medida em que essas ciências evoluem, os métodos "tolerados" (tolerados, porque de outra forma não seriam possíveis) estão acompanhados, cada vez mais de perto, pela consciência de que são apenas tolerados. As chances de um método enraizar-se na ciência de tipo galileo-newtoniano dependem então de suas possibilidades intrínsecas de ser "matematizado". Existem, no entanto, alguns modos de racionalização que se mostram particularmente resistentes à "matematização". Trata-se desta vez de modos de racionalização que podem ser e são evitados pela ciência de tipo galileo-newtoniano. Esses modos de racionalização incompatíveis com uma combinação ou fusão com a matemática – modos de racionalização que por sua própria natureza recusam a "matematização" e são, portanto, incompatíveis com a ciência de tipo galileo-newtoniano – são:

1. A racionalização excessiva no molde da identidade.

2. A racionalização dialética.

Vimos em outro momento a que resultados leva a racionalização no molde da identidade pura. Ela leva a uma imobilização da existência, à absorção desta numa unidade abstrata, metafísica, ou a um pensamento puramente tautológico. Diante da esterilidade deste modo de racionalização, a ciência de tipo galileo-newtoniano apresenta-se defendida da melhor maneira por seu potencial metodológico.

A racionalização dialética e sua incompatibilidade com a matemática devem ser muito atentamente debatidas. Falando em racionalização dialética, referimo-nos, em primeiro lugar, à dialética hegeliana. O panlogismo dialético hegeliano opera especialmente com "conceitos genéricos" – não conceitos genéricos "estáticos", mas conceitos "fluentes" em que a contradição entra de maneira constitutiva. O panlogismo dialético não admite ser "matematizado" no sentido imposto pelo supramétodo que domina a ciência de tipo galileo-newtoniano. A dialética quer representar um modo de racionalização amplo, de horizontes universais, que aspira ele mesmo a dominar todos os outros métodos. Hegel nunca tentou matematizar esse método na forma de "par". Pelo contrário, ele se situou de maneira geral numa posição crítica perante a ciência de tipo galileo-newtoniano inteira. Hegel manifesta perante essa ciência uma série de reservas graves. Ele considera a ciência de tipo galileo-newtoniano muitas vezes uma ciência sem objeto. Abusa-se nessa ciência, segundo Hegel, do construtivismo matemático, da abstração e do postulado de "leis" que a seu modo não têm justificativa direta na empiria. Hegel mostra-se, a bem dizer, às vezes disposto a aceitar também o "matemático", mas isso apenas como aspecto acidental e como resultado de pesquisas que contrariam a empiria. Hegel propõe semelhante método na esperança de que, destarte, a ciência da natureza chegue à estabilização de algumas leis empíricas. Nessa perspectiva, Hegel prefere Kepler a Newton. As regras estabelecidas por Kepler a respeito das órbitas planetárias têm um aspecto matemático, mas são regras empíricas. Sabe-se, no entanto, o quanto o próprio Kepler hesitou entre a ciência de tipo antigo e a ciência de tipo moderno. Hegel inclina-se a apreciar de maneira positiva justamente as tendências ainda "antigas" de Kepler. Para a atitude toda de Hegel nesta ampla questão, é edificante o fato de que a virada dada pela ciência moderna pela atividade de Newton é vista com maus olhos pelo filósofo da dialética.[1]

---

[1] Hegel se ocupa de diversos aspectos da física de Newton em sua *Encyclopedie der philosophischen Wissenschaften (Naturphilosophie)* [Enciclopédia das Ciências Filosóficas – Filosofia da Natureza]. Ele analisa aqui, por exemplo, o princípio fundamental da mecânica, aquele da inércia (da perseverança). Esse princípio é considerado por Hegel como "abstrato" demais, o que equivaleria a "não verdadeiro". O princípio engloba afirmações "vazias" ("... *die leere Behauptung von einer ewig sich forsetzenden Bewegung...*" [... a afirmação vazia de um movimento que continua infinitamente...]). O princípio não tem fundamento "empírico". ("*Jene Behauptung hat keinen* empirischen *Grund; schon der Stoss als solcher ist durch die Schwere, d.i. durch die Bestimmung des Falles bedingt. Der Wurf zeigt die* accidentelle *Bewegung gegen die wesentliche des Falls; aber die Abstraction der Körper als Körper ist unzertrennlich verknüpft mit ihrer Schwere: und so drängt sich bei dem Wurf diese Schwere von selbst auf in Betracht gezogen werden zu müssen. Der Wurf als abgesondert, für sich existierend, kann nicht aufgezeigt werden.*" [Aquela afirmação não tem nenhum fundamento *empírico*; o próprio golpe, em si, é condicionado pela gravitação, ou seja, pela determinação da queda. O arremesso apresenta o movimento *acidental* em relação ao movimento essencial, próprio da queda; mas a abstração dos corpos

Newton encontra-se citado por Hegel de maneira positiva, com entusiasmo, uma única vez e nomeadamente por sua concepção segundo a qual o "espaço" seria o "sensório de Deus", uma opinião metafísico-cosmológica muito acessória de Newton, opinião que não tem no fundo nenhuma ligação com sua física.

Das observações contidas neste capítulo, vê-se como os modos de racionalização se afastam ou se aproximam do senso comum e dos diversos modos de racionalização.

---

na qualidade de corpos é indissoluvelmente ligada à gravidade deles: e assim, durante o arremesso, essa gravidade se impõe por si para ser levada em consideração. O arremesso, *existindo* separadamente e *por si*, não pode ser demonstrado]. [Hegel aspira então a uma física mais empírica. Exatamente como Aristóteles. (N. T.)]

## 8. Experimento e teoria

O que significa "experimentar"? Seria difícil darmos desde o início uma resposta exaustiva a esta pergunta. Para começar, parece-nos mais adequado mostrarmos através de algumas aproximações o que é o experimento. Entende-se quase que por si que o experimento é um método de pesquisa que ultrapassa, por sua natureza, a observação simples ou a simples empiria. Experimentar significa fazer da própria intervenção ativa do homem no andar da natureza uma fonte de conhecimento. Em todo experimento, o pesquisador mantém sob observação mais de um conjunto de coisas: primeiro, é mantida sob observação uma constelação de dados concretos; segundo, o pesquisador observa sua própria intervenção ativa nessa constelação; e, terceiro, ele observa os resultados de semelhante intervenção. A "observação" é, portanto, implícita à experimentação, mas, no quadro de uma experimentação, a observação ocorre em direções precisas e numa área *limitada*, no sentido de que a experimentação quer ser uma resposta positiva à dúvida se e em que medida a intervenção ativa do homem no andamento da natureza pode ser uma fonte de conhecimento. A observação está implicada em qualquer experimentação, mas à observação em si tem de se adicionar um grande número de condições a fim de constituir um "experimento". Qualquer fenômeno pode ser submetido à observação desde que situado dentro da zona acessível aos sentidos por uma via ou outra. Por si só, a observação é uma atitude espetacular, uma aspiração intelectual de determinar por conceitos certos conteúdos concretos. A simples observação pode ocorrer dentro de um quadro teórico muito impreciso. Assim, pode submeter-se à observação tanto um fenômeno que de antemão e supostamente aparece dentro de um determinismo geral da natureza quanto um fenômeno do qual se pressupõe que eventualmente surge por via inusitada ou até "milagrosa". Para ser "experimental", a observação tem de aceitar antes premissas de certo sentido "determinista". Pois, se os resultados de um experimento pudessem ser como um "milagre", nenhum pesquisador poderia chegar à convicção de que sua intervenção ativa poderia vir a ser uma rica fonte de conhecimento. Como método de pesquisa, o experimento só pôde surgir na perspectiva de conjunto de que os fenômenos da natureza se encontram sob o império de um determinismo em que entra também a intervenção ativa do homem. Com isso não falamos das premissas que têm de ser aceitas de antemão para que o experimento possa nascer. A observação da natureza na perspectiva de um suposto determinismo não nos dá ainda os termos completos para a definição do experimento. Porque semelhante "observação" poderia permanecer espetacular sob certos aspectos, e tal observação espetacular não nos coloca na situação de podermos distinguir entre os fatores isoláveis apenas de maneira ideal e os fatores isoláveis de modo real que supomos ativos no domínio da natureza. Mas é mesmo esta última coisa que é importante. O experimento tem inicialmente um determinado sentido, aquele de fazer acessível ao conhecimento, devido à nossa intervenção ativa no andar da natureza, os fatores que são isoláveis de maneira real. No experimento, a observação combina de maneira frutuosa com a ação prática, com a intenção de descobrirmos no campo mantido sob observação os fatores realmente isoláveis, isoláveis na medida em que podem ser praticamente dominados por nós. O experimento como método abarcará como elemento *sine qua non* a intervenção ativa por parte do pesquisador no curso da natureza. Devido a semelhante condição, o experimento se revela a nós como fonte de conhecimentos que nos multiplicam as possibilidades de domínio prático da natureza. A simples observação espetacular da natureza é por si só orientada de modo deficiente para dominar a natureza. Acerca do conhecimento que a simples observação nos propicia, não podemos ter certeza alguma de que teria outra influência além do "ideal" sobre a natureza. A teoria que se liga de modo especulativo à simples observação pode decerto atender a alguns interesses cognitivos, mas sua utilização como meio efetivo na prática do homem relacionada à natureza permanece em grande parte duvidosa. Em contrapartida, a teoria que parte do "experimento" pode alcançar criações cognitivas capazes de obter um poder prático na linha de um efetivo domínio da natureza pelo homem. O "experimento" não representa, então, apenas um método, oferecendo uma fonte de conhecimentos em geral; o experimento representa também um método de obtenção de conhecimentos através do qual o homem corta seu caminho para um domínio mais decidido sobre a natureza.

Pelo já mostrado, circunscrevemos a natureza do experimento apenas de maneira abstrata e geral. A imagem que somos direcionados a formar acerca do "experimento" como método de pesquisa ainda fica por completar, e de diversos pontos de vista.

Sabemos que qualquer experimento ocasiona a produção de alguns fenômenos. A finalidade do experimento não é, no entanto, "produzir" um fenômeno; a produção do fenômeno permanece no fundo um pretexto para estabelecer conexões – as quais podem ser praticamente dominadas – entre o fenômeno e suas condições. Vejamos como se pode "identificar" um fenômeno produzido por via experimental. Pode ocorrer, às vezes, de a identificação do fenômeno produzido por via experimental manter-se num quadro mais ou menos vago, empírico. Tal operação intelectual explora ao mínimo o experimento como fonte de conhecimento. Essa operação intelectual empiricamente orientada é quase igual a uma renúncia aos benefícios que se poderiam colher. Não esqueçamos, no entanto, que o experimento, como método de pesquisa, não permanece isolado de outros métodos de conhecimento. Assim, o experimento enquadra-se por si no conjunto de métodos de uma ciência. Em combinação com outros métodos, o experimento se torna fonte de conhecimento num sentido mais amplo do que quando sozinho. Dado que na maioria das ciências lidamos também com uma série de métodos "teóricos", o método experimental se entrelaça com os métodos teóricos. Resulta daqui que o próprio experimento, quando enquadrado numa ciência, pode ser utilizado numa certa perspectiva "teórica" própria dessa ciência. Um fenômeno produzido de modo experimental no campo de uma determinada ciência pedirá então para ser "identificado" não apenas de maneira empírica, mas também teórica. A identificação "teórica" de um fenômeno produzido por via experimental é decerto mais completa do que de um produzido por via teórica; mais completa por um lado, mas na mesma medida mais "problemática" por outro, porque a própria parte "teórica" da ciência permanece "problemática". No quadro das ciências de qualquer tipo, o experimento funciona em combinação com outras vias de conhecimento, conforme o potencial metodológico próprio das ciências em questão. Nenhum pesquisador se contenta, quando produz algum fenômeno por via experimental, com sua simples "identificação" empírica. O pesquisador aspira com toda sua energia à "identificação" teórica do fenômeno experimental, independentemente dos riscos de se perder no "problemático". Os progressos de qualquer ciência somente foram possíveis com base em tal audácia. O entrelaçamento do experimento com a teoria se dá no espírito duma adaptação recíproca. Fato é que, sem a ousadia de "errar", não se registra nenhum avanço na história de nenhuma ciência.

Com propósito de ver o quanto se torna problemático ou em que erros às vezes pode incorrer a identificação teórica dos fenômenos experimentais, paremos em alguns exemplos da história da química. Pegamos os exemplos da atividade de pesquisador de Priestley (século XVIII), que, como se sabe, passa ao lado de Scheele como descobridor do "oxigênio" (1774). Priestley dedicou grande parte de sua atividade ao estudo dos "gases", mas antes ele tinha se dedicado também à pesquisa dos fenômenos elétricos ou da "matéria" elétrica.[1]

---

[1] Acerca dessas coisas, ele publicou um estudo de grande importância em Londres em 1767. [Trata-se de *The History and Present State of Electricity*. (N. E. Romeno)]

Priestley tinha aptidões de excelente experimentador. Suas iniciativas nesse aspecto são epocais. Procedendo ao estudo dos gases, Priestley faz uso de maneira especialmente ousada e num espírito todo moderno dos meios colocados à disposição pelas experiências acerca dos fenômenos elétricos. Os riscos enfrentados pela identificação teórica dos fenômenos experimentais são ilustrados de maneira particularmente plástica pelas façanhas de Priestley. Ele enclausurou ar atmosférico num tubo de vidro onde também havia uma quantidade de água e, em seguida, provocou faíscas elétricas para dentro do tubo várias vezes. Consequentemente, Priestley observou uma diminuição do volume de ar. Numa tentativa semelhante com o gás de amoníaco, ele percebeu justo o contrário: o gás aumentava seu volume. Acerca do gás de amoníaco, Priestley observou depois que este muda sua natureza química. Priestley sustentava que o gás se torna um "ar inflamável". Este "ar inflamável" não era outra coisa senão o "oxigênio". Não esqueçamos que nos encontramos ainda antes de Lavoisier. Para o desenvolvimento da ciência da química no espírito moderno, as experiências de Priestley eram, sem dúvida, de grande importância. Não perderemos de vista, no entanto, que ele não aperfeiçoou suficientemente sua metodologia. Experimentador engenhoso, ele não efetua suas pesquisas em perspectiva "quantitativa" até o fim. Ele cultiva ainda em grande parte o experimento qualitativo; insistindo em sua linha de trabalho, com meios mais primitivos, temos um van Helmont, que, partindo da observação e experimento, aspirava no máximo chegar a estabelecer alguns "conceitos genéricos" com bases empíricas (van Helmont, deste modo, introduziu na ciência da natureza o "conceito genérico" dos gases). Ao mesmo tempo, um Boyle fixou também o conceito científico moderno de "elemento químico", entendido como fator irredutível por meio químico. Priestley ocupa na história da ciência um lugar de transição sob a maioria dos aspectos. Ele desenvolveu muito o experimento no sentido das pesquisas "quantitativas", mas não foi até o fim. Fazendo experimentações, ele produz certos "fenômenos". Priestley irá proceder à "identificação" dos fenômenos produzidos; a operação de "identificação" acontece com ele tanto no sentido empírico como no sentido "teórico". A teoria geral em cuja perspectiva ele fazia suas experimentações era a do *flogiston*,[2] que dominou a química no século XVIII. Segundo essa teoria, existiria na natureza um elemento químico do "fogo" (*flogiston*). Todo processo de queima consistiria na eliminação do corpo do *flogiston*. Permanecendo sob domínio dessa teoria, Priestley interpretava seus fenômenos experimentais à luz da teoria corrente. Assim, depois de descobrir de fato o "oxigênio", ele o "identifica" empiricamente, descrevendo uma porção de propriedades deste elemento, mas ele o "identifica" também "teoricamente" como "ar deflogistizado", ou seja, como ar do qual foi eliminado o *flogiston*. Também, depois de conseguir isolar o "hidrogênio", Priestley esclarecia-se *empiricamente* acerca do fenômeno produzido, mas tentava ao mesmo tempo "identificá-lo" também "teoricamente"; ele acreditava estar diante do "*flogiston* puro" (em perspectiva empírica pura, o hidrogênio era para ele "ar inflamável").

A "identificação" dos fenômenos experimentais acontece sempre nesses dois sentidos: empírico e teórico. A identificação empírica pura limita-se à *descrição* do fenômeno por conceitos dos mais adequados. Por identificação "teórica" chega-se à interpretação do fenômeno experimental na perspectiva de uma "teoria". Claro, o erro pode adentrar o corpo da ciência especialmente por esta via, mas é igualmente claro que nenhuma ciência daquelas que cultivam a "teoria" irá parar apenas na identificação empírica do fenômeno, mas procurará passar à sua identificação "teórica". Em nenhuma das ciências constituídas de modo autônomo se aspira com tanto ardor à identificação *teórica* dos fenômenos experimentais como na ciência de tipo galileo-newtoniano, dentro da qual também a teorização ocorre em ótimas condições metodológicas.

O físico contemporâneo produziu por via experimental um fenômeno reproduzido por fotografia na ilustração a seguir. O que vemos realmente na fotografia?

---

[2] *Flogiston* é uma substância imaginária que motiva a queima – termo usado com predileção pelos alquimistas da Idade Média (N. E. Romeno).

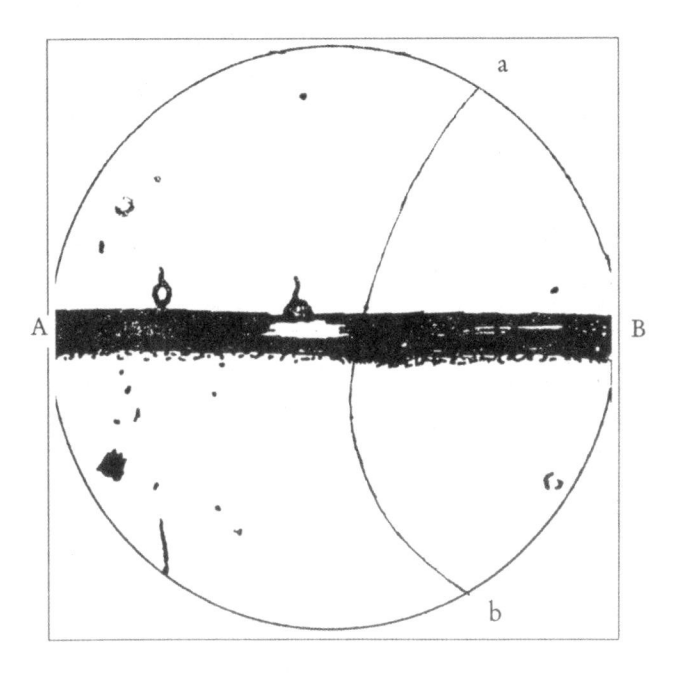

Figura 1. A trajetória a – b de um pósitron, desviado num campo magnético; o pósitron percorreu a placa de chumbo A – B, perdendo parte de sua energia (a modificação da curvatura).

A fotografia é a de uma câmara repleta de vapores de água, em que o físico lança diversas radiações.[3] Vê-se na fotografia uma listra. Estamos na presença de um fenômeno empírico fixado por meios fotográficos. Como se faz a identificação do fenômeno em questão? Se nos limitarmos a uma descrição em conceitos mais adequados aos fatos empíricos como tais, podemos começar pela descrição das condições, dos aparelhos e das operações experimentais e passar depois para a descrição do fenômeno obtido: uma listra que foi possível ser fotografada e que é como um colar de pérolas... Se, contudo, nos contentássemos apenas com uma identificação empírica pura do fenômeno, reduzir-se-ia tudo a fatos desprovidos de significação. Somente quando começa a identificação "teórica" podemos realmente adentrar uma zona de significados mais precisos, seja qual for a dosagem de "problemático" que iria misturar-se nesses supostos significados. Somente quando o experimento é

---

[3] Nas edições anteriores, o termo científico "radiação" foi substituído aqui e *abaixo* por "raio". Cf. p. 225, n. 1. (N. E. Romeno)

colocado na perspectiva teórica em que se realizou *de facto*, somente quando passam a ser considerados fatos teóricos, como seriam as "radiações" e os "corpúsculos" (invisíveis) como tais, levamos a cabo a identificação do fenômeno numa zona de significações científicas: numa câmara carregada com vapores, corpúsculos (pósitrons) invisíveis como tais foram lançados; os vapores condensaram-se ao redor dos corpúsculos e tornaram visível a trajetória de tal corpúsculo. Evidentemente, numa fase avançada da ciência de tipo galileo-newtoniano, fica muito mais claro o amplo papel que obtém a "identificação teórica" de um fato experimental.

Um dos mais difíceis problemas da teoria do conhecimento e da lógica, sem dúvida, é o da relação entre a empiria (experimento) e a teoria. Goethe, outrora, meditando acerca dessa questão, exclamou: "Mas quanto de 'teoria' será que se mistura mesmo em qualquer ato de conhecimento empírico?!" No presente estudo, pensamos, não é o caso de trazer à baila o problema sob uma forma tão radical. Na exclamação de Goethe intervém, claro, uma ampliação enorme da acepção que se confere de praxe ao termo "teoria". Mas, por semelhante ampliação da acepção que se confere ao termo "teoria" temos a impressão de que são anuladas *a priori* uma série de distinções possíveis que, num olhar mais atento, se impõem à "teoria do conhecimento". Quando questionava "Mas quanto de 'teoria' será que se mistura em qualquer ato de conhecimento empírico?!", Goethe pensava decerto em atos "intelectuais" envolvidos na organização dos dados empíricos recebidos através dos sentidos; ele pensava provavelmente também nos "conceitos" que intervêm nos atos de recepção desses "dados"; talvez ainda pensasse nos processos de constituição dos "conceitos" em direta ligação com a empiria. De nossa parte, não gostaríamos de chamar de atos "teóricos" semelhantes atos intelectuais implicados no conhecimento empírico. Gostaríamos de reservar esse termo, como de fato se faz de maneira corrente, para designar outra fase do processo cognitivo. Os atos intelectuais obscuros, alguns de organização e de natureza funcional, outros de constituição espontânea de conceitos que estão em conjunção com os dados dos sentidos, não são, na concepção usual, de natureza "teórica". De maneira corrente, entende-se por "teoria" um complexo de resultados de uns atos intelectuais extremamente rebuscados e de senso explicativo em relação a certos dados da empiria. Quando falamos em "teoria", referimo-nos então a aspectos muito floridos do processo cognitivo, não a aspectos de raiz dele. Uma "teoria" é, numa primeira aproximação, uma criação espiritual que ultrapassa a empiria que está em sua base... Nesse sentido, qualquer teoria tem o dom de colocar sob uma nova luz a própria empiria que lhe serve de fundamento. Em todo caso, os atos intelectuais implicados na empiria vulgar – a que Goethe se refere como a algo "teórico" – são atos *a priori* que, na discussão que nos preocupa, não podem ser colocados no mesmo plano com a "teorização" propriamente dita. Sem essa distinção necessária entre os atos intelectuais obscuros implicados na empiria vulgar e os atos "teóricos" propriamente ditos que se seguem a uma empiria já constituída ou que antecedem uma empiria que será realizada por via experimental, não será possível dar nenhum passo para elucidar um problema tão complicado quanto as relações possíveis entre "experimento" e "teoria". O experimento e a teoria determinam um ao outro. Nesse aspecto, é significativo que a "teoria" participa mesmo, como já vimos, na identificação dos fatos experimentais. Significativo para a determinação recíproca em questão é, depois, o fato de a participação da "teoria" na identificação dos fatos experimentais se tornar tanto mais evidente quanto mais observamos o aspecto em fases mais adiantadas das ciências experimentais. Nesse entendimento, o mesmo Goethe assinalou em certo ponto de *Farbenlehre* [Teoria das Cores], obra em que expunha algumas de suas ideias metodológicas, que "... todo experimento é... teorizante; ou ele brota de um conceito ou propõe tal conceito imediatamente".[4]

Este fato da participação da "teoria" na realização ou identificação de um fenômeno experimental foi focalizado com frequência por pesquisadores ou pensadores das mais diversas formações. Pasteur sublinha: "nada podes realizar sem ideias antecipadas; tens, contudo, de haver a habilidade de não

---

[4] Johann Wolfgang Goethe, *Zur Farbenlehre*. Viena, 1812, p. 439.

acreditar nas próprias deduções antes de serem confirmadas pela experiência".[5] Ou Poincaré:

> Sustenta-se com frequência que não é permitido experimentar baseado numa opinião antecipada. Isso não é possível; assim, não apenas todo experimento tornar-se-ia estéril, como também almejar-se-ia algo impossível de ser levado a efeito.[6]

Um físico experimentador como Heinrich Hertz sustentava em sua tese de doutorado (1880) o seguinte:

> Embora seja errado manter a qualquer custo no decorrer de uma pesquisa uma opinião antecipada, no começo desta pode-se dizer que uma opinião antecipada não só não é prejudicial, como é justamente necessária.

E Pierre Duhem, que se ocupou de maneira ampla com o método experimental, sustenta: "Uma experiência física não é pura e simplesmente a observação de um fenômeno; ela é, além dela, a interpretação teórica daquele fenômeno". O mesmo autor afirma: "A enunciação do resultado de uma experiência implica de maneira geral um ato de fé num conjunto inteiro de teorias".[7] Que os fenômenos experimentais são produzidos desde o começo numa certa perspectiva "teórica" e depois – porque apresentariam algumas particularidades imprevistas – são interpretados e identificados também em perspectiva teórica para além da simples identificação empírica, parece-nos um fato atestado a todo passo no decorrer histórico das ciências experimentais. O que não foi assinalado é que essa situação se acentua de modo progressivo no curso do desenvolvimento das ciências experimentais. Ainda antes de Newton, o italiano Grimaldi insistiu em verificar de maneira experimental a ideia de proveniência vagamente empírica segundo a qual a luz se propaga segundo todas as regras da geometria. Grimaldi faz nesse sentido um experimento e, para sua surpresa, descobre o

---

[5] Citação segundo Paul Volkmann, *Erkenntnistheoretische Grundzüge der Naturwissenschaften*, Teubner Verlag, 1910, p. 72.

[6] Henri Poincaré, *Wissenschaft und Hypothese*, op. cit., p. 114.

[7] Segundo Émile Meyerson, *Du Cheminement De La Pensée*, vol. 3. Paris, Éditions Felix Alcan, 1931, n. 35.

fenômeno de difração. O fenômeno era inesperado, pois ele significava um infirmar parcial da ideia acerca de uma propagação da luz "segundo todas as regras da geometria". Sem "teoria", no entanto, nem Grimaldi experimentou. Ainda, mesmo que o experimento infirme sob certos aspectos a "teoria" com que havia partido para sua pesquisa, pode-se sustentar que Grimaldi não teria percebido o fenômeno da difração se este fenômeno não o tivesse chocado como uma anomalia diante daquilo que esperava descobrir em conformidade com a ideia preconcebida acerca do modo de propagação da luz. O fenômeno da difração serviu depois como ponto de partida para uma nova "teoria". Recém-descoberto, o fenômeno da difração incita Grimaldi a meditar acerca da natureza mais profunda da luz. Grimaldi é o primeiro a chegar à hipótese de que a luz poderia ser de natureza ondulatória. O fenômeno da difração, para além de sua identificação empírica, como uma anomalia diante do que se pensava acerca da geometria da propagação da luz, encontra uma identificação teórica aproximada na perspectiva de que a luz teria uma propagação ondulatória. E as coisas não pararam por aí. Na perspectiva da nova teoria acerca da natureza ondulatória da luz, Grimaldi descobrirá um novo fenômeno, desconhecido até então: a interferência da luz. O fenômeno da interferência ótica é produzido por via experimental, é registrado como tal, identificado empiricamente em suas particularidades e depois identificado também "teoricamente". Passo a passo, o experimento e a teoria se influenciam de maneira recíproca, ganhando a teoria um papel cada vez mais decisivo na produção e identificação dos fenômenos experimentais. Sabe-se como a física evoluiu desde Newton e Huygens. Nos primórdios de tal ciência, a identificação de um fenômeno se dá de maneira predominantemente empírica; nas fases mais adiantadas dessa ciência, a operação de identificação dos fenômenos experimentais é efetuada de modo cada vez mais em perspectiva "teórica". Sabe-se o quão *necessária* se torna a perspectiva "teórica" para cada novo passo dado nas pesquisas atuais de microfísica, onde, aliás, nem a mais vaga identificação dos fenômenos seria possível. Que poderia ser dito acerca do fenômeno fotografado na Figura 1 sem recorrer a uma interpretação em perspectiva "teórica"? Nós nos encontraríamos diante de uma empiria da qual não poderíamos arrancar nenhum significado.

A circunstância que fizemos questão de destacar acima, que consiste na acentuação progressiva do papel da teoria nas operações de interpretação dos fatos experimentais, é um precioso indício da direção em que se move a ciência a partir do momento em que decidiu adotar o método experimental. A circunstância em questão nos mostra que, desde o começo, por meio do método experimental, não se almeja apenas a ampliação da empiria como tal; pelo método experimental almeja-se também uma penetração mais profunda na própria natureza dos fenômenos, nomeadamente no sentido de uma dominação destes pelo homem.

Na ciência antiga, o experimento aparece de modo incidental. Afirma-se, por exemplo, que Demócrito se prestou a algumas "experimentações", mas nada seguro se sabe acerca de tal atividade. Aristóteles efetuou realmente algumas experimentações. De maneira mais sistemática, e até segundo critérios "quantitativos", experimenta Arquimedes. Sabe-se ainda que no tempo do helenismo alexandrino procedeu-se à verificação experimental de certas ideias aristotélicas acerca do lançar e cair dos corpos, alcançando-se resultados que infirmavam as ideias aristotélicas. De qualquer modo, o experimento era incidental, esporádico. Apenas em Arquimedes o experimento se torna um "método". A ciência tinha na Antiguidade, do ponto de vista metodológico, um aspecto rapsódico. O experimento era mais um anexo da observação empírica. A evidência de que os antigos pouco sabiam fazer uso, num sentido convergente e sistemático, de mais métodos de pesquisa resulta da maneira como se procedeu diante de certos resultados do pensamento científico da época. Lembramos a atitude adotada pelos antigos perante a façanha de Eratóstenes, que, por meios primitivos mas combinados de modo criativo – especulações, observação de alguns fenômenos físicos e geográficos, aplicação da matemática –, conseguiu fazer ideias espantosamente justas acerca da esfericidade e do tamanho da Terra. É curioso que os antigos nunca tenham procedido a uma verificação empírica dessas ideias científicas de Eratóstenes. Por sua vez, os alexandrinos, que submeteram à prova "experimental" certas ideias físicas de Aristóteles, alcançando resultados que infirmavam as ideias do estagirita, não fizeram caso, no entanto, de este infirmar como teria merecido. O motivo só poderia ser um: a Antiguidade não tinha ainda o sentimento justo do valor do experimento, assim como não tinha nem aquele da combinação fértil de diversos métodos de pesquisa.

Nos tempos modernos, o "experimento" irá conquistar aos poucos o valor de "método" e, ao menos em relação à simples observação empírica, ele irá ganhar cada vez mais o papel de liderança perante a empiria. Essa mudança profunda de atitude, que se declarou acerca da apreciação do experimento como método, é observada até em alguns pesquisadores que se encontram ainda, de tantas maneiras, na linha de uma ciência de tipo antigo; por exemplo, em Paracelso, em van Helmont ou em Goethe – o que fica de certo modo sintomático para a orientação do espírito moderno. Nessa nova atmosfera ocorre também a constituição da ciência de tipo galileo-newtoniano. Não vem ao caso repetirmos aqui o que mostramos em outro lugar acerca do potencial metodológico da ciência de tipo galileo-newtoniano. O experimento participa a todo vapor da constituição deste potencial metodológico. Não omitiremos, no entanto, que o experimento, uma vez assimilado à ciência de tipo galileo-newtoniano, foi desde o começo impelido a aceitar a forma de um par "metodológico" em conjugação com a matemática. E não omitiremos que o experimento, escoltado pela matemática, foi impelido por um "supramétodo" a engrenar-se num conjunto de pares metodológicos heterogêneos, sempre conjugados com a matemática. Só assim se tornava possível um controle recíproco de todos os métodos que se encontram no corpo da ciência de tipo galileo--newtoniano. É esta a situação.

Na ciência de tipo galileo-newtoniano, o experimento é chamado a avançar, mais do que em outras ciências, em zonas cada vez mais "teóricas", tendo também a missão de verificar as perspectivas teóricas em que ele acontece. Uma vez que o experimento assumiu na ciência de tipo galileo-newtoniano, de modo acentuado, uma função condicionada "teoricamente", foi possível alcançar resultados nem sequer sonhados pela ciência antiga.

De fato, se nos fosse pedido caracterizar de maneira sucinta o processo que ocasionou os resultados aludidos, deveríamos falar no caso da ciência de tipo galileo-newtoniano sobre um processo de "autopotenciação" metodológica. Em que consiste essa autopotenciação metodológica da ciência de tipo galileo-newtoniano?

"Experimentar" significa, entre muitas outras coisas, fazer uso, para a pesquisa da natureza, não só de meios espirituais, mas também de meios *físicos*, de ferramentas, de aparelhos. Sabe-se, por exemplo, que entre os instrumentos que servem à experimentação encontram-se também alguns destinados a ampliar a área de percepção própria dos sentidos (o microscópio, o telescópio, a fotografia). Examinando mais de perto a natureza desses instrumentos, percebemos que eles mesmos são, por todas as suas implicações, invenções da ciência de tipo galileo-newtoniano. Quanto aos instrumentos em questão, acredita-se que não fariam mais do que ampliar os sentidos. Que eles facilitam vermos mais do que vemos sem eles é muito verdadeiro, mas, com uma constatação tão banal, estamos longe de esgotar sua função e eficácia. O instrumento com que se experimenta, visto na perspectiva de suas implicações espirituais, é ele próprio a resultante de certa forma congelada de uma soma de experimentações. Nenhum instrumento foi inventado sem "experimentações" prévias (voluntárias ou involuntárias). Não passaremos em revista os instrumentos usados pelo experimentador, pois não é nesta direção que nossas considerações se movem. Pelas presentes considerações, gostaríamos de estabelecer em que consiste a contribuição de conjunto de alguns dos instrumentos usados pelo experimentador num caso de necessidade, ou seja, a contribuição positiva que faz com que o "conhecer" apareça de fato promovido. Meditemos um pouco acerca dos instrumentos de que se fala que "ampliam os sentidos" (microscópio, telescópio). Com a ajuda de tais instrumentos, podemos "observar" coisas que antes escapavam à nossa capacidade de percepção pelos sentidos. Mas esses instrumentos são a resultante congelada de umas "experimentações"; daqui se segue que a observação simples com o auxílio de tais instrumentos não mais é *simples* "observação", mas "uma observação" que implica de fato todas as "experimentações" que estão, de maneira resumida, contidas na própria natureza dos instrumentos. Destarte, "observar" com o auxílio dos instrumentos, como o microscópio ou o telescópio, significa, ao menos num plano de implicações, *eo ipso* também "experimentar". "Observar" com a ajuda de instrumentos como microscópio ou telescópio significa então estender a "observação" para zonas de pesquisa que antes da invenção dos instrumentos em questão eram reservadas às nossas faculdades "teóricas". A opinião de que os instrumentos do tipo acima mencionado teriam apenas o papel de "ampliar os sentidos" é não somente imprecisa como incompleta. "Observar" com o auxílio de instrumentos significa de fato *elevar* a "observação" para zonas que, em condições naturais, são vetadas aos sentidos humanos, para zonas que são objeto de pesquisa apenas da "teoria". Aliás, o que se torna acessível à "observação" com a ajuda de instrumentos pode ser, mais ou menos justo, "identificado" apenas em perspectivas "teóricas", e algumas dessas perspectivas "teóricas" são até implicadas, pois sem elas os instrumentos nem teriam sido inventados. Poder-se-ia dizer que os instrumentos em questão não são apenas "experimento", mas também "teoria" congelada. Em suas coordenadas específicas e devido a alguns instrumentos por ela inventada, a ciência de tipo galileo-newtoniano consegue realizar não uma simples ampliação dos sentidos, uma ampliação da empiria, mas diretamente uma elevação, um salto, uma mudança da empiria para zonas que, em condições naturais próprias do gênero humano, são por princípio reservadas ao conhecimento "teórico". (Dessa vantagem desfrutarão também algumas ciências modernas que não são de tipo galileo-newtoniano – por exemplo, a biologia.) A descoberta da natureza "celular" dos organismos é uma descoberta tal que significa um avanço da empiria para zonas inacessíveis aos sentidos naturais, para zonas que o espírito humano rondou apenas de modo "teórico-especulativo". O avanço da empiria para zonas que para o homem "natural" são por princípio "teóricas" é um dos aspectos da "autopotenciação" metodológica de que se mostrou capaz a ciência de tipo galileo-newtoniano. No entanto, semelhante mutação da empiria tem como consequência um progresso dos processos "teóricos" para zonas cada vez mais profundas da fenomenalidade.

Sem uma "experimentação" desde o início orientada em perspectivas "teóricas", não teriam sido possíveis as grandes conquistas da ciência moderna, conquistas que sob aspecto epistemológico podem ser circunscritas pelas palavras: a mutação da empiria e a mutação dos processos "teóricos" em níveis vetados ao homem em condições naturais. A ciência de tipo antigo-aristotélico, que não soube explorar o "experimento" no sentido em que se move a ciência de tipo galileo-newtoniano, poderia ter alcançado no máximo uma "ampliação" da empiria como tal e uma ampliação por consequência da "teoria", mas nunca uma mutação da empiria em nível "teórico" e uma mutação da "teoria" em níveis que antes pareciam suprateóricos. O principal mérito desse progresso é atribuído ao "supramétodo" a que se deve a realização do alto potencial metodológico próprio da ciência de tipo galileo-newtoniano. O "supramétodo" que, assim como já vimos, orienta a ciência de tipo galileo-newtoniano possibilitou também o processo da "autopotenciação metodológica" que procuramos focar no presente capítulo. O processo da "autopotenciação" metodológica ocorre após a constituição como tal da ciência de tipo galileo--newtoniano. Resta-nos ver se esse processo de autopotenciação metodológica é um processo infinito ou se não poderia levar a impasses devidos a eventuais limites a ele inerentes.

# 9. AS DUAS LINHAS DE DESENVOLVIMENTO DO EXPERIMENTO

Já mostramos num dos capítulos deste estudo de que maneira, começando no século XIII, o método "experimental" assume um desenvolvimento que se amplifica sempre, como ninguém havia sonhado na Antiguidade. O desenvolvimento ocorre em duas grandes linhas, em direções divergentes. Às vezes, as duas linhas se entrelaçam, sobretudo numa primeira fase de evolução; outras vezes, as duas linhas se repudiam reciprocamente. Começando por volta de 1600, as duas linhas de desenvolvimento da matéria experimental se movem em direções diametralmente opostas. Operando seja numa, seja noutra das duas linhas, os pesquisadores divergem tanto em questões metodológicas quanto no que tange aos resultados, muitas vezes contraditórios, a que se chega por meio da aplicação de um ou de outro dos dois modos do método experimental.

Um das duas linhas de desenvolvimento do método experimental é mais velha e não faz mais do que continuar uma linha antiga, apenas ampliando e acentuando a importância do "experimento" como tal, como anexo da empiria. Nesse caminho andam os naturalistas que se desprenderam da mística da natureza, cultivada com frequência na Idade Média ocidental. Sabe-se que o pensamento antigo, aristotélico ou neoplatônico, jorrou com força nesse período. Concomitantemente a essa recrudescência do interesse dedicado à natureza, o experimento é atraído com maior insistência para a esfera das pesquisas. O experimento é colocado em exercício como método de pesquisa tanto para descobrir fatos novos como também para controlar certas ideias oriundas da Antiguidade. O experimento começa a ser utilizado com certa preferência, o que constitui um momento novo em comparação com a Antiguidade. No entanto, não é menos verdade que o experimento é compreendido apenas como uma lógica da empiria e nada mais. A que resultados podia levar esse modo de aplicação do experimento? O pesquisador, intervindo "ativamente" no curso da natureza, tinha a oportunidade de observar como certas mudanças nas condições de produção de um fenômeno podiam modificar o fenômeno resultante. Não há dúvida de que essa oportunidade oferecia uma rica fonte de novos conhecimentos empíricos acerca da natureza e, evidentemente, tais conhecimentos novos promoviam o aparecimento de novas especulações "teóricas" acerca da natureza. Os pesquisadores, aplicando o experimento apenas com a intenção de ampliar sua empiria, operavam de maneira costumeira com "conceitos genéricos" e enriqueciam com suas experiências a visão classificatória dos fenômenos naturais. Como em Aristóteles, com base numa empiria acrescida pelo experimento, os pesquisadores podiam agora aspirar também ao estabelecimento de fórmulas semelhantes a "leis". Aqui, no entanto, não se tratava de "leis" no sentido pleno do termo, pois as formulações circunscreviam apenas conhecimentos obtidos por procedimentos indutivos do concreto ao geral; e tais conhecimentos de uma generalidade um tanto elástica são forçados por sua própria natureza a formular-se apenas sob a forma de "regularidades" desprovidas de "necessidade interior".

Quando no século XVII nasce a ciência de tipo galileo-newtoniano, o experimento tomará outro rumo. O "experimento" por um lado se conjuga com a matemática e por outro se realiza com maior firmeza e precisão em perspectivas "teóricas", também matematizadas a seu modo. Com isso, de fato, o experimento deixa de ser uma simples "ampliação" da empiria; dessa vez, o experimento se substitui, em certo sentido, à empiria comum, promovendo o avanço do conhecimento em direção transempírica, para chegar a formulações com aspectos de "leis". Como se abriu o caminho para o "transempírico" e como foi introduzido o "rigor" nas formulações? E o acesso para a transempiria? Isso foi possível porque o experimento era constituído, em seus próprios termos, de certas perspectivas "teóricas" que visavam a planos mais profundos da existência. O "rigor" no corpo das formulações? Também isto tornou possível. Os pesquisadores, aplicando seus métodos de pesquisa somente na forma de "pares" com a matemática, conseguem dar espaço ao espírito matemático também nos resultados alcançados. Os conceitos fundamentais com que eles trabalham são agora conceitos "relacionais" matematicamente determináveis. Às vezes, seus conceitos são a expressão sumária de algumas "leis" de aspecto também matemático. O potencial metodológico próprio da ciência de tipo galileo-newtoniano permitia aos pesquisadores cortar seus caminhos para a enunciação de "leis" que têm algo da construtividade e necessidade interior da matemática. (Tais "leis" podiam ser alcançadas naturalmente apenas com uma condição: permitir à nova ciência certos atos prévios, licenciosos de seu modo; mas, acerca disso, falaremos mais tarde.) O experimento, assimilado à ciência de tipo galileo-newtoniano e à complicada engrenagem metodológica própria dela, ganhava características e funções que não podia ter no quadro da ciência de tipo antigo. Acerca das particularidades e funções do experimento de tipo galileo-newtoniano não podemos ter nenhuma ideia justa se considerado apenas um método de ampliação da simples empiria, como é o experimento dentro do quadro das ciências de natureza indutivo-teórica, mas não matematizadas. De uma total falta de compreensão diante do experimento de tipo galileo-newtoniano deram prova em suas pesquisas metodológicas justamente aqueles pesquisadores que se esforçaram por apresentar o experimento como método indutivo a serviço da empiria como tal. Nomeamos Francis Bacon e Stuart Mill. Estes lógicos falaram sem dúvida coisas notáveis acerca do experimento, digamos, "qualitativo", que por indução pode levar a uma ampliação da empiria, à descoberta de "regularidades" empíricas no campo da natureza. No entanto, os lógicos mencionados naufragaram lamentavelmente diante do experimento assimilado à ciência de tipo galileo-newtoniano. Eles não surpreenderam nenhuma das particularidades que criam as chances do experimento galileo-newtoniano.

Se os lógicos não contribuíram muito para a compreensão dos dois modos do experimento, os pesquisadores procuraram colocar o método em exercício, ora um, ora outro, das duas linhas possíveis de desenvolvimento, o que levou a choques inevitáveis, pois, no decorrer do tempo, a divergência que se abria entre as duas linhas era cada vez mais aguda. A adversidade explodiria sob formas violentas assim que aparecessem pesquisadores proeminentes que aplicassem sobre o mesmo domínio de fenômenos, de maneira consequente, seja o experimento "qualitativo" (na linha de desenvolvimento da ciência antiga), seja o experimento matematizado (segundo o potencial metodológico da ciência de tipo galileo-newtoniano). E, de fato, o choque aconteceu de modo espetacular.

O choque ocorreu no domínio da ótica. Sabe-se como Goethe trabalhou esse domínio, efetuando centenas de experimentos no espírito da ciência de tipo antigo. Fundamentado em seus experimentos, Goethe era levado a conclusões teóricas diametralmente opostas às formuladas por Newton um tempo atrás, que também havia pesquisado o mesmo domínio, e também de maneira experimental, mas no espírito da ciência de tipo novo.

Muito se escreveu sobre esse antagonismo entre Goethe e Newton. No entanto, continua estranho o fato de aqueles que escreveram sobre o naturalista Goethe (e entre eles encontra-se o físico Heisenberg) terem omitido justamente suas ideias acerca do método experimental. Apesar disso, no entanto, seria o caso de dizer que o método experimental de linha "antiga" nunca alcançou um florescimento tamanho e jamais tomou tanta consciência de si como na "teoria das cores" e nos estudos da natureza de Goethe. Por motivos diversos, que mostramos alhures, o experimento como método de pesquisa não foi muito desenvolvido na Antiguidade nem teve a possibilidade de dar frutos naquele tempo. Somente a partir do século XIII, e em especial de 1600 para cá, criaram-se de fato as condições necessárias para a aplicação em larga escala do método experimental. O experimento de linha antiga não chegou até seu desenvolvimento máximo, por assim dizer, na Antiguidade, mas nos tempos modernos, anterior e concomitantemente ao experimento de tipo galileo-newtoniano.

Goethe, em especial, tornou-se não apenas o apologeta mais convicto do experimento da linha antiga; ele também aplicou esse método com esforço e paciência imperturbáveis, num tempo em que o experimento de tipo galileo-newtoniano colhia nos seus caminhos ascendentes os maiores triunfos. Em dado momento é declarado um total desentendimento entre as duas concepções acerca do método experimental, e isto em ligação direta com a atividade científica de Goethe.

Fixemos as posições, sob muitos aspectos diametralmente opostas, dos dois conceitos de experimento. Seguindo as tendências secretas do experimento de tipo galileo-newtoniano, observar-se-á que este aspira de certo modo a substituir a empiria simples, ao passo que o experimento de tipo antigo-goethiano não quer mais do que ser uma prolongação, uma amplificação, um precisar da empiria simples.

A ciência de tipo galileo-newtoniano procura ajeitar seus experimentos em condições claramente escolhidas e em todo o caso em perspectiva quantitativo-mecânica. A ciência de tipo galileo-newtoniano opera como se pudesse "isolar" o fenômeno experimental do resto do universo. Ela parte do pressuposto de que tem a possibilidade – no espaço "isolado" escolhido por ela – de observar a variação quantitativa, por nada alterada, de um fenômeno em função da variação quantitativa de uma condição conhecida que está em poder do experimentador. O pesquisador sabe que o "isolamento" do fenômeno experimental do resto do universo não é um fato realizável, mas ele se permite olhá-lo como fato, dado que ele cuida ao máximo para que todas as condições do universo, com exceção daquela que ele mesmo submete a uma variação controlada, participem na produção do fenômeno experimental na forma de "constantes". O "isolamento" do fenômeno experimental não se efetua então por meio de uma isolação *de facto*; esta requisitaria definitivamente uma anulação prévia do universo inteiro; o isolamento é efetuado tomando-se medidas para que, enquanto a condição experimental propriamente dita varia quantitativamente sob o controle do experimentador, todas as outras condições (universais) fiquem o quanto possível constantes. As condições supostamente constantes durante a experimentação não alteram de maneira decisiva o fenômeno experimental. Existe neste sentido também a possibilidade de certo controle. O controle consiste na inversão do experimento. Newton deixa passar um raio de luz através de um prisma; este se decompõe nas sete cores do espectro; com um dispositivo inverso, Newton refaz, depois das cores do espectro, o raio inicial de luz branco. Lavoisier decompõe uma substância química em seus elementos através de análise; ele recompõe depois por via da síntese a mesma substância inicial a partir dos "elementos". Estes experimentos destinados a refazer por via inversa o fenômeno inicial sobre o qual se experimenta podem ser chamados em geral de "experimentos cruciais". Com base no experimento assim entendido e dispondo de tantas facetas metodológicas, a ciência de tipo galileo-newtoniano chega ao estabelecimento de "conceitos" que por sua natureza são conceitos "relacionais" ou conceitos que expressam virtualmente "leis" matematizadas. A luz branca não é mais "conceito genérico" com uma correspondência puramente empírica, mas um fenômeno de composição físico-matemática, tendo por componentes todas as cores do espectro; e a cor não é uma qualidade puramente empírica independente, mas um fenômeno complexo que ocupa um lugar matemático determinável no espaço onde se estende a faixa espectral de todas as cores. Mais ainda: no plano "teórico", a cor se torna uma soma de corpúsculos luminosos de um certo tamanho (Newton) ou um feixe de ondas de um certo comprimento (Huygens). Assim, por seus resultados, o experimento, da forma como é utilizado na ciência do tipo galileo-newtoniano, anula a empiria não experimental, chegando a substituí-la.

A concepção antigo-goethiana não enxerga no experimento mais do que um prolongamento e uma amplificação ou um precisar da empiria habitual. Goethe não pode entender como se poderia "isolar" o fenômeno experimental do resto do universo e como seria possível abstrair-se das condições universais, já que são "condições". Eis o que Goethe fala neste aspecto: "Na natureza viva não acontece nada que não esteja em relação com o todo, e se os experimentos nos parecem como que isolados e se devemos ver os ensaios (experimentais) como fatos isolados, com isso não se diz que eles são isolados de verdade..." E mais adiante: "Dado que tudo que existe na natureza, e ainda mais as forças e os elementos gerais, está em relação eterna de eficiência e reciprocidade, pode-se dizer de qualquer fenômeno que esteja ligado a um sem, número de outros tantos... Se já fizemos semelhante tentativa, se já efetuamos semelhante experiência, então devemos pesquisar em primeiro lugar o que faz fronteira diretamente com ela e o que se segue imediatamente depois dela. A isto devemos atentar mais do que ao que se pode colocar de modo abstrato em relação com o fenômeno observado. A amplificação múltipla de qualquer tentativa (experimental) é então o dever de todo naturalista".[1] Nesse sentido aplica Goethe o experimento na "teoria das cores", e é nesta perspectiva metodológica que ele toma sua atitude crítica e polêmica perante a ótica de Newton. Cada uma dessas duas concepções, que, como veremos, se encontram na maioria dos aspectos em posições diametralmente opostas, é acompanhada nos seus respectivos expoentes pela consciência da exclusiva justificativa. Quais são as opiniões de Goethe acerca do "experimento" de tipo galileo-newtoniano? Elas são expostas por extenso na *Farbenlehre*. Podemos imaginar as eventuais opiniões que Newton teria expressado acerca dos experimentos de Goethe, se tomarmos como ponto de referência uma página de sua correspondência com um cientista da época. Referimo-nos a uma página em que Newton exprime algumas opiniões acerca do valor do "experimento", que não leva em consideração os postulados da ciência de que ele se julgava um dos representantes autorizados. Trata-se da carta dirigida por Newton a Oldenburg, um intelectual proeminente da época, que assumiu o encargo de fazer os contatos entre os pensadores e cientistas de seu tempo. Oldenburg havia pedido a Newton esclarecimentos acerca de alguns experimentos efetuados pelo cientista Anton Lucas de Liège e que pareciam infirmar a teoria newtoniana acerca da natureza composta da luz branca e acerca das cores. Newton responde: "No que tange aos outros experimentos do Sr. Lucas, sou-lhe muito grato pelo interesse despendido ao objeto e pelas esforçadas meditações, e mais ainda, de minha parte sou-lhe tanto mais devedor quanto é ele o primeiro

---

[1] *Goethes Sämmtliche Werke*, vol. XIV. Stuttgart, Cotta Verlag, 1872, p. 420.

a mandar-me experimentos para a pesquisa da verdade; mas ele será mais rápido e mais plenamente satisfeito se modificar o método que ele se impôs e, no lugar de tantas coisas, tentar apenas o *experimentum crucis*, pois não o número das experiências, mas seu peso tem de ser levado em consideração e, se conseguir com um, por que precisaríamos de mais outros?" Newton mostra depois na carta que ele mesmo fez uma série de experimentos, entre os quais também os de Lucas, que, no entanto, não mais levou em consideração, pois "se alguns experimentos têm poder demonstrativo pleno, então não é mais preciso ajuda...".[2] Evidentemente, Newton nem quer entrar numa discussão de detalhe acerca dos experimentos de Lucas, mas responde por meio de considerações "metodológicas". Newton pretende que uma tentativa como *experimentum crucis* tenha outro "peso" que o sem-número de experiências que podem ser feitas de maneira comum. Seriam então possíveis experimentos escolhidos, raros, que abrem nossos olhos, permitindo-nos olhar mais profundamente para dentro da natureza dos fenômenos. A possibilidade de um *experimentum crucis*, ou seja, a circunstância que através de certos meios podia obter uma análise (até os elementos) de um fenômeno e depois, pela inversão dos meios, podia obter também a reconstituição sintética do fenômeno inicial, era decisiva para a consciência científica de Newton. *Experimentum crucis* constituíam para Newton uma prova peremptória de que ele conseguiu isolar em tão grande medida o fenômeno, que pode fazer abstração de todas as condições do fenômeno, com exceção das que determinam físico-matematicamente o processo de análise e de síntese.

Em sua réplica, Goethe acha que o método de Newton seria inadmissível, porque não existiriam senão experimentos de uma e da mesma qualidade, uns sendo apenas mais simples, outros, mais complexos. Em todo experimento considerar-se-iam todas as condições intrínsecas e extrínsecas do experimento. Goethe é muito consequente consigo próprio quando exige uma amplificação o mais possível múltipla do experimento em qualquer domínio de pesquisa. Ele expõe na *Farbenlehre* centenas e centenas

---

[2] Johann Wolfgang Goethe, *Zur Farbenlehre*, op. cit., p. 596.

de experimentos, não apenas alguns, como Newton em sua ótica. Resta um fato indubitável: através de experimentos do tipo goethiano, a "empiria" se amplifica e, com base em tais experimentos, se chega a "experiências de ordem mais alta" que podem ser formuladas, assim como o próprio Goethe sustenta, "na forma de leis". Mas entendamos-nos. Em comparação com as "leis" formuláveis no quadro da ciência de tipo galileo-newtoniano, de uma apresentação matemática e tendo algo do rigor e da construtividade da matemática, as "leis" a que Goethe chega com base em seus experimentos, e que não entram nunca num par com a matemática, só fazem amplificar a "empiria"; estas "leis" goethianas têm, assim como também as "leis" aristotélicas, apenas o valor de "regularidades empíricas". Goethe percebe, por exemplo, fundamentado em numerosas experiências e experimentos, que um meio branco transparente visto sobre um fundo escuro aparece azul. Ao formular sob uma forma geral esta constatação, Goethe dá expressão não a uma "lei" em sentido newtoniano, mas a uma "regularidade" empírica. Essas pretensas "leis" goethianas não afirmam como as coisas sempre acontecem em certas condições. As pretensas "leis" goethianas dizem apenas que é assim que as coisas acontecem na maioria dos casos, em condições empíricas costumeiras, que são inúmeras.

Foi possível perceber do já exposto que os dois modos do método experimental aparecem enquadrados a cada vez por uma teoria inteira do conhecimento que assume para si o papel de dar indicações exclusivamente válidas tanto para o que tange às vias quanto ao alvo do conhecimento humano. Um ar de intolerância se depreende de tudo o que Goethe fala acerca do método experimental de Newton, e uma atitude negativa quase geral descobrimos nos cientistas de tipo galileo-newtoniano diante da "cromática" de Goethe.

Com propósito de seguirmos a discórdia, paremos sobre umas observações anotadas por Goethe à margem da ótica de Newton. Uma objeção de conjunto feita por Goethe é que Newton, almejando um "isolamento" do mais perfeito do fenômeno experimental do resto do universo, esforça-se por "diminuir ou eliminar a importância de todas as condições externas que intervêm no experimento prismático. Ele [Newton] enumera seis de semelhantes condições, para negá-las uma depois de outra..." Eis as "condições" em torno dos quais foi travar-se a luta:

*Primeira condição:* Contribui a espessura diferente do vidro no fenômeno cromático?

Newton responde: Não.

[Goethe acredita que "sim". (N. E. Romeno)]

*Segunda condição:* Em que medida as aberturas maiores ou menores da tábua da janela contribuem na figura do fenômeno, mormente no que diz respeito à relação entre seu comprimento e largura?

Newton considera sem importância esta condição.

[Goethe atribui importância a esta circunstância. (N. E. Romeno)]

*Terceira condição:* Em que medida contribuem com a produção do fenômeno os limites do luminoso e do escuro?

[Newton não leva em consideração esta condição que, segundo a opinião de Goethe, seria justamente decisiva. (N. E. Romeno)]

*Quarta condição:* Contribuem de alguma forma para a produção do fenômeno certas desigualdades e defeitos no corpo do vidro?

[Goethe acredita que desigualdades e defeitos no corpo do vidro podem produzir cores que manifestam irregularidades, mas estas cores se produziriam segundo a mesma "lei" que as cores claras através do vidro do mais puro. (N. E. Romeno)]

*Quinta condição:* Diz respeito ao ângulo de incidência dos raios no fenômeno prismático. Acerca da indiferença deste ângulo para a redução das cores, Goethe concorda com Newton.

*Sexta condição:* Se após a refração os raios se propagam em linhas curvas, produzindo destarte a imagem tão estranhamente alongada?

Newton argumenta o contrário.

[Goethe tem no mínimo dúvidas neste aspecto. (N. E. Romeno)]

Evidentemente, Goethe faz questão de não perder de vista nenhuma das condições que colaboram na produção do fenômeno, isso segundo seu princípio de que na produção de um fenômeno participa o universo inteiro. Ao passo que Newton manifesta a tendência de fazer abstração de quanto mais condições do fenômeno para que, uma vez alcançada a situação de arranjar o *experimentum crucis*, fundamentar tudo nele e afirmar que o prisma não faria mais do que decompor a luz branca em pretensos fatores componentes que seriam as cores do espectro. Com base em umas operações preliminares de eliminação das condições universais e depois com base em um fenômeno experimental considerado totalmente "isolado", Newton estabelece "leis" matematizadas da luz e constrói uma "teoria" também matematizada acerca da natureza dela.

Goethe realiza sua concepção inteira acerca da ciência em oposição direta com este modo de visão. Partindo de um grande número (muitas centenas) de experimentos não matematizados e levando em conta a maior parte das condições destes experimentos, Goethe estabelecerá uma série de "regularidades" de natureza empírica e uma teoria "qualitativa" acerca da natureza dos fenômenos óticos e cromáticos. (As cores são consideradas produtos de mistura entre luz e escuridão. As fontes dessa teoria chegam até Aristóteles.)

É claro que o método experimental, assim como foi assimilado à ciência de tipo galileo-newtoniano, e o método experimental de linha antigo-goethiana perseguem vias e alvos diferentes. Será visto que uma discussão de "incompatibilidade" entre elas não se coloca. Uma insuficiência que tornava inútil uma discussão fértil de verdade entre os representantes das duas concepções acerca do experimento era a circunstância de que há um século e meio a própria ótica de tipo galileo-newtoniano não estava, naquela fase, na situação de poder levar em consideração os resultados a que, por outras vias, Goethe chega dentro do mesmo domínio. No estágio de então da ciência de tipo galileo-newtoniano, os resultados goethianos não podiam ser mais que uma coisa pura e simplesmente incompreensível. Talvez a física comece apenas a partir de hoje a elaborar para si meios suficientemente sutis a fim de poder levar em consideração em algum momento os resultados da ótica goethiana. A esta física incumbe o dever, não de contestar previamente qualquer dos resultados goethianos, mas de transformar esses resultados em igual número de "problemas" que solicitam solução. Mas, além desse aspecto da questão, o problema de uma eventual relação possível entre a física de tipo galileo-newtoniano e a ciência de tipo antigo-goethiano pode ser levantado também de outra forma.

Perguntamo-nos por exemplo se não se poderia colocar a questão da "matematização" de alguns procedimentos antigo--goethianos para tornar possível sua assimilação pela ciência de tipo galileo-newtoniano. Lembramos que Aristóteles não foi sempre estranho a uma certa aplicação da matemática na física dele. A matemática era, no entanto, usada de modo incidental e era aplicada com maior frequência de modo errôneo ou no mínimo desastrado. É um fato, ainda assim, que Aristóteles não aplicava a matemática em ligação direta com o procedimento mais característico da sua metodologia. Mostramos já em outra parte qual é esse procedimento. Identificamos o procedimento na tendência de se estabelecerem certas "regularidades" *empíricas* no que tange ao comportamento dos fenômenos naturais. Essas "regularidades empíricas" mostram não o que acontece de maneira necessária e geral, mas o que acontece na maioria dos casos nas condições naturais cotidianas da nossa empiria humana – demasiadamente humana. Ou seja, a Antiguidade não tinha ainda uma matemática capaz de articular na sua linguagem própria relações de tal natureza. A situação teria sido outra se pressupuséssemos impossível que a Antiguidade grega tivesse conhecido a matemática das "probabilidades". Num caso deste, o estagirita teria podido vestir suas pretensas "leis", que no fundo são simples regularidades empíricas, numa forma matemática, mostrando que suas fórmulas têm valor de "leis estatísticas". As regularidades empíricas podem de verdade assumir o aspecto de "leis estatísticas" se exprimidas na perspectiva do cálculo das probabilidades. A antiguidade não conhecia, no entanto, semelhante cálculo, e as "regularidades empíricas" a que os pesquisadores gregos conseguiam chegar não podiam de nenhum modo ser representadas por eles na forma de "leis estatísticas". As mesmas coisas podem ser ditas também das pretensas "leis" da ótica (cromática) de Goethe. Elas são de fato "regularidades empíricas", obtidas por meio de observação e devido a certa maneira de experimentação que representa uma amplificação da empiria. Goethe, que, em seu tempo, só podia conhecer as formas da matemática aplicadas então no quadro da ciência de tipo galileo-newtoniano, formas caracterizadas pela rigidez e necessidade abstrata, assume, no que tange à pesquisa dos fenômenos da natureza,[3] uma atitude em geral antimatematizante. Goethe repudiava o artificioso e a mortificação de que a matemática se fazia culpada na consideração da natureza. Espírito orientado por todas "as"suas características a apreciar a empiria, Goethe se esforçava por chegar na ciência a um tipo de "experiências de uma ordem mais alta". Essas experiências de uma ordem mais alta são as "leis"; mas as "leis", assim como Goethe as entendia, não são leis em sentido newtoniano, mas uma espécie de "regularidades empíricas" que, expressadas no espírito matemático comportado por elas, seriam aquilo que atualmente se entende por "leis estatísticas".

Interpretando dessa forma a orientação e os procedimentos próprios da ciência de tipo antigo-aristotélico-goethiano, não fazemos outra coisa a não ser preparar o terreno para certas considerações que exporemos em outro capítulo e que se referem a um possível compromisso entre a ciência de tipo galileo-newtoniano e a ciência de tipo antigo. Parece que para tal compromisso se direciona também o desenvolvimento recente da própria ciência de tipo galileo-newtoniano, que, no entanto, não parece ter nem um pouco de consciência acerca desse fato. Temos a impressão de que a ciência de tipo galileo-newtoniano se encontra no caminho e na condição inevitável de assimilar

---

[3] Não é desprovido de interesse histórico mostrarmos que entre os poucos grandes espíritos que apreciaram de maneira positiva o modo goethiano de fazer "ciência" está Hegel. Numa carta de Hegel para Goethe (reproduzida por este no *Zur Farbenlehre*, p. 171), o filósofo da dialética realça a importância do método goethiano. De fato, Hegel mesmo continua em sua física uma espécie de ciência da natureza na linha antigo-goethiana, colocando o acento metodológico na descoberta de "leis" que nós chamamos de "regularidades empíricas" e que, exprimidas sob a mais adequada forma matemática, apresentar-se-iam a nosso ver como "leis estatísticas".

para si de seu modo certos procedimentos da ciência de tipo antigo. Trata-se não de um compromisso das ideias e dos resultados, mas de um compromisso metodológico, de um compromisso metodológico que, apesar de "compromisso", assume, no entanto, um aspecto acentuadamente moderno no espírito matemático e que não faz outra coisa que coroar a própria ciência de tipo galileo-newtoniano.

# 10. O EXPERIMENTO NA PERSPECTIVA DE SUAS IMPLICAÇÕES LICENCIOSAS E DE SEUS FRUTOS

A intervenção ativa do homem no decorrer dos fenômenos naturais é um fator que entra na definição mesma do "experimento". Sob esse aspecto, todo experimento pode ser visto tanto como meio para "produzir" o fenômeno quanto um meio para "observá-lo". Todo experimento ocorre num espaço por nada limitado, ou seja – pura e simplesmente –, no universo. No que tange à relação entre o fenômeno e o resto do universo, não existe nenhuma diferença essencial entre o fenômeno produzido em condições naturais e o fenômeno produzido por via experimental. Uma vasta experiência acerca do determinismo e da interdependência dos fenômenos nos diz que qualquer fenômeno é condicionado, em última análise, pelo universo inteiro. Essa cumplicidade universal na produção de um fenômeno é um fato reconhecido pelos pensadores dos mais diversos grupos. Na perspectiva da cumplicidade universal, todo fenômeno que tentamos explicar como tal torna-se um *problema infinito*. Evidentemente, os fenômenos produzidos pela via experimental não fazem, nem eles, exceção: não importa como viramos e desviramos as coisas, é evidente que também aqui estamos diante de fenômenos para cuja produção temos de ver uma cumplicidade universal. Qualquer fenômeno ocasionado por via experimental é então, por conseguinte, um problema infinito. Mas a partir deste ponto se abre no plano gnoseológico uma questão das mais graves. Dado que o "experimento" é produtor de um fenômeno que abre um problema infinito, coloca-se a pergunta: como pode o experimento ser constituído num "método de pesquisa"? O embaraço se justifica, pois todo método de pesquisa implica uma delimitação do objeto, não uma ilimitação deste. Parece-nos que, enquanto vemos no experimento uma oportunidade para abrir um problema infinito, não podemos entender como ele poderia tornar-se um "método de pesquisa". Nenhum argumento pode ser invocado de modo sério contra tais considerações. O único argumento que poderia opor-se a essas considerações seria um que derivasse de uma perspectiva "eleata" que nega principalmente qualquer multiplicidade e mudança no universo – ou seja, também a cumplicidade universal na produção de um fenômeno. Acrescentemos já, no entanto, que na perspectiva eleata é possível fazer metafísica, mas não ciência.

Diante de qualquer fenômeno, seja ele natural ou experimental, estamos de frente com um problema infinito, e isto por causa da cumplicidade universal na sua produção. Ao manter-se com todo vigor numa tal perspectiva, não vemos como o experimento poderia ser transformado em "método de pesquisa". No entanto, o experimento era desde o começo destinado a ser um método de pesquisa. E a história das ciências, principalmente a partir da fundamentação da ciência do tipo galileo-newtoniano, prova de sobejo a fertilidade deste método de pesquisa. Como sair desse dilema? Como reconciliar esta situação de consagração do experimento, na sua qualidade de método de pesquisa, com a perspectiva aniquilante a que se deve que todo fenômeno sofre uma problematização infinita, o que constitui uma circunstância destinada a impossibilitar a entrada em funcionamento do experimento como método?! A ciência, por um lado, não pode negar a perspectiva da multiplicidade, da mudança e da cumplicidade universal sem, contudo, serrar o galho debaixo dos próprios pés, e, por outro lado, essa perspectiva, uma vez admitida, dir-se-ia que tornaria impossível o experimento como método de pesquisa. Essa questão-dilema foi resolvida de maneira prática e extremamente razoável. Para que o experimento possa se tornar método de pesquisa, tem de se proceder previamente a uma redução em larga escala da cumplicidade universal que supostamente interviria na produção de todo fenômeno. A redução tem de atingir na medida do possível todas as condições universais do fenômeno, além das que estão sob o nosso domínio quando o produzimos por via experimental. Mas como poderiam ser "reduzidas", ou seja, *aniquiladas*, de uma maneira ou de outra, justamente aquelas condições que, nem prática nem teoricamente, estão sob nosso poder? É claro que *nesse sentido* uma redução da cumplicidade universal fica impossível. Em semelhante situação de dificuldade fora do comum, a ciência se ajudou, recorrendo a truques ou a certos atos *licenciosos* possíveis de ser justificados apenas devido a sua efetiva fertilidade. A redução em questão, da cumplicidade universal, se dá não direta, mas indiretamente. Em que consistem os mais importantes destes atos licenciosos?

Considera-se que a cumplicidade universal sofreu uma "redução" quando podemos imaginar que a imensa maioria das condições universais do fenômeno experimentado se mantêm "constantes" durante a experimentação; dizemos a imensa maioria das condições, ou seja, todas as condições com exceção daquelas que nós, tendo-as em nosso poder, submetemos intencionalmente a umas variações a fim de vermos as suas consequências. Em outras palavras, a "constantização" de certas condições é considerada como se fosse uma real "redução". A constantização das condições é tida de modo licencioso como fator que aniquilaria a cumplicidade delas na produção do fenômeno. Está aqui uma "licença" que a ciência se permite a fim de atingir seu escopo, e o escopo fica este: a transformação do experimento em "método de pesquisa". Somente por meio dessa separação das "condições" que *variamos* da imensa massa das condições que admitimos como "constantes" (e, por consequência, neutras em relação ao fenômeno produzido e examinado), somente através desta licenciosidade podemos transformar o experimento de "produtor" do fenômeno em "método de pesquisa" do fenômeno. Essa primeira licença atrai atrás de si uma série de outras licenças. Não enumeraremos todas, mas colocaremos em destaque algumas delas. Eis uma de tais licenças: quando se ensaia uma "redução" da cumplicidade universal, pelo truque da "constantização" das condições, não podemos nunca verificar de maneira exaustiva se no decorrer da experimentação as condições em questão permaneceram de fato "constantes". Aceitando o princípio de que tudo está em permanente mudança, somos obrigados a admitir que, durante a experimentação, nenhuma das condições supostamente constantes permaneceu sem mudar. Nesse dilema e para sair do impasse, a ciência multiplica suas "licenças": ela sustentará que aquelas condições universais que admitimos como fixas sofrem, justo é, também variações, mas essas variações não teriam nenhuma importância diante das variações a que submetemos as condições experimentais que estão sob o nosso domínio. Em outras palavras: variações ínfimas, semelhantes com as que fazem o objeto da pesquisa são consideradas equivalentes a invariações. Ocorre nessas considerações do pesquisador certa "licenciosidade"? Não resta dúvida. E essa licenciosidade é acompanhada imediatamente de outra. A fim de assegurar que as "variações ínfimas" das condições universais são equivalentes às "invariações", o pesquisador lança mão de um controle que também implica uma "licença". O pesquisador procura ao máximo "repetir" os experimentos, pois apenas um experimento repetido pode aumentar a garantia de que não entraram em jogo condições que escaparam à observação. A repetição se torna assim um postulado metodológico! Mas, num universo dinâmico, não é possível uma "repetição". Em nenhum momento do universo, os processos e as condições são exatamente as mesmas do momento precedente ou do próximo. No entanto, a "experimentação" como método de pesquisa pressupõe que a repetição seja não só possível no universo como realizável tantas vezes quantas se "experimenta". Sem este postulado da repetição, o experimento não poderia constituir "método de pesquisa".

Para poder colocar em funcionamento o experimento como método de pesquisa, o pesquisador se permite, acerca da existência, apreciações e julgamentos que são no mínimo "licenciosos". O experimento, de simples "produtor" de um fenômeno (que é a cada vez um problema infinito), se torna "método de pesquisa" somente graças a truques e atos licenciosos que contradizem até certo ponto a perspectiva da dinâmica e da interdependência universal. Sem estas atitudes "licenciosas" acerca da existência, não se obterá um "método experimental" operante. Através de seus termos objetivos, a situação parece não oferecer ao espírito nenhuma chance nesta direção. Assim mesmo, o espírito humano cria por meio de truques e atos licenciosos estas chances. Verdade é que os truques e atos licenciosos são facilitados ao homem no caminho de constituir um método experimental para a pesquisa da natureza, pelo fato de ele abandonar previamente a atitude de pesquisa contemplativa da existência. Enquanto o espírito humano perseguiu apenas um conhecimento contemplativo das coisas, não pôde despertar dentro de si a tendência de forçar as portas no sentido da conquista de um método "experimental". O experimento como método de pesquisa só aparecerá no momento em que o espírito humano se orienta para formas de conhecimento que abrem possibilidades de dominar a natureza. A constituição do método experimental implica desde o começo não somente uma atitude cognitivo-teórica, mas também uma atitude prática diante da natureza.

Vimos então que, para se chegar ao "experimento" entendido como método de pesquisa, foi antes necessário recorrer à licenciosidade. Acerca da justificação última dessa licenciosidade, decide no fim a correlação entre a prática humana e a existência circundante. Graças aos resultados cognitivos obtidos por via experimental, é provado verdadeiramente de modo prático que o espírito humano pode chegar a dominar a natureza – e isso de maneira progressiva.

O método experimental, uma vez criado, passa por um longo processo de esclarecimento. Uma longa experiência mostra que os resultados são tanto mais concludentes quanto o experimentador intervém no mesmo lugar e no mesmo tempo com variação mínima das condições. A norma em vista de uma experimentação ótima é operar com a variação de condições suscetíveis de ser isoladas umas das outras. O limite postulável nesse sentido é operar no espaço experimental com a variação de uma só condição, a fim de observar as consequências. Com uma só condição se pode operar de duas maneiras: 1. Elimine-se totalmente uma condição qualitativa, para ver as consequências de semelhante eliminação no espaço experimental. 2. Introduza-se, por completo, no espaço experimental uma nova condição qualitativa para observar as consequências. Em ambos os casos, a situação criada por operação abre possibilidades de múltipla interpretação e possibilidades de incerteza: nunca se pode saber desde o começo, com suficiente segurança, se se operou com a variação de "uma só" condição ou se a condição, supostamente singular, será decomposta em duas ou mais outras. Está aqui uma fonte de incerteza que se soma ao acima mostrado. Essa fonte de incertezas é secundária, mas difícil de afastar.

A ciência de tipo galileo-newtoniano pressupõe a crença na possibilidade de conhecimentos de certeza superior, certeza que poderia ser obtida através da combinação de diversos métodos com a matemática, e isso no quadro de um controle recíproco deles com a supervisão de um "supramétodo". Quando a ciência de tipo galileo-newtoniano decidiu assimilar o experimento como método de pesquisa, era natural que esse método fosse aceito somente fazendo "par" com a matemática. Uma consequência direta dessa circunstância foi o "experimento" de sentido "quantitativo". Um experimento se efetua no quadro da ciência de tipo galileo-newtoniano em primeiro lugar com o propósito de ver as consequências que tem, dentro do espaço experimental, a variação "quantitativa" de uma e da mesma condição. Somente conjugado com o espírito matemático o experimento se tornou completamente assimilável à ciência de tipo galileo-newtoniano. Com semelhante ajuste do experimento, tencionava-se implicitamente evitar ao máximo a fonte de erros do experimento "qualitativo". O experimento matematizado, colocando o acento na variação quantitativa de uma e da mesma condição, tem a vantagem de conduzir a conhecimentos de um grau de precisão que os conhecimentos obtidos através do experimento qualitativo nunca poderão ter.

O experimento aparece então no desenvolvimento histórico das ciências sob diversas formas. São relevantes duas formas fundamentais. Existe por um lado o experimento de tipo antigo-aristotélico-goethiano, entendido mais como uma ampliação da empiria usual. Trata-se aqui do experimento qualitativo que opera seja eliminando certas condições do espaço experimental, seja introduzindo aqui novas condições. Por esse modo experimental tende-se ao conhecimento de pretensas "leis" da natureza que, vistas mais de perto, representam, no entanto, simples "regularidades empíricas". Esse modo, sem ser de todo estranho de implicações teóricas, afeiçoa-se muito à empiria; mas, por mais afeiçoado à empiria, este modo tem também de recorrer previamente a uma série de atos licenciosos, sem os quais, como já visto, o experimento em geral não pode tornar-se método de pesquisa. Existe por outro lado o experimento matematizado (na perspectiva de certas premissas teórico-construtivas) de tipo galileo-newtoniano, que não representa apenas uma amplificação da empiria usual, mas de certo modo se substitui à empiria costumeira. Com fundamento nos experimentos de tal tipo tende-se ao estabelecimento de "leis" de expressão matemática tendo em sua natureza uma premência e uma generalidade superiores às simples "regularidades empíricas". Essa maneira de experimentação, em suas específicas perspectivas teóricas ousadas-construtivas que de certo modo desdenham da empiria, implica, no entanto, ainda mais premissas "licenciosas" que a maneira de experimentar de tipo antigo-goethiano. As conclusões a que chegamos acerca das duas maneiras fundamentais de "experimentação" são um tanto paradoxais do ponto de vista "metodológico":

1. O experimento de tipo galileo-newtoniano se baseia em menos implicações licenciosas, mas leva apenas ao conhecimento de "regularidades empíricas". (Esse tipo de experimentação leva em consideração numa medida mais ampla a perspectiva dinâmica acerca do universo e a interdependência dos fenômenos, mas faz uma seleção entre as condições do fenômeno produzido por experimentação, a fim de pesquisá-las em relação a sua eficiência. Para poder "estudar" um fenômeno, o experimentador de tipo antigo-goethiano é também constrangido a "reduzir" em certa medida a "problemática infinita" intrínseca a todo fenômeno.)

2. O experimento de tipo galileo-newtoniano se fundamenta em atos licenciosos mais graves e em maior número, mas leva à formulação de "leis" de expressão matemática geral e de superior premência interior.

## 11. Leis de precisão e leis estatísticas

Pelas suas condições, todo fenômeno produzido por via experimental acusa uma cumplicidade universal. Está aqui um ponto de vista que não pode ser ignorado, a não ser, talvez, por concepções filosóficas de orientação "eleata". Mas, como já mostramos, a perspectiva "eleata" é imprópria para fundamentar uma ciência dos fenômenos. Por outro lado, o ponto de vista da "cumplicidade universal" (da dinâmica e da interdependência universal) continua sendo uma perspectiva que, em si e por si, não pode fundamentar o "experimento" como "método de pesquisa": todo fenômeno, por acusar uma cumplicidade universal, se torna um *problema infinito*. Para que o "experimento" se torne aparentemente um método de pesquisa, é necessária uma operação de "redução" da cumplicidade universal; tal redução, em escala mais larga, como na ciência de tipo antigo-goethiano, sempre implica certos atos licenciosos. O espírito humano recorre a "licenças", pois é esta a única via para fazer do experimento um método de pesquisa.

As condições que na perspectiva da cumplicidade universal tornam possível um fenômeno experimental são de diversos tipos:

1. condições externas;

2. condições ligadas à aparelhagem do experimento;

3. condições ligadas aos procedimentos de observação do fenômeno por parte do experimentador.

A redução licenciosa da cumplicidade universal ocorre no quadro de todas essas categorias de condições. A redução em questão é feita, praticamente, da seguinte forma: sustenta-se, por exemplo, que se pode fazer abstração de certas condições externas ao fenômeno experimental, porque elas seriam "constantes". Ou sustenta-se que se pode fazer abstração de certas condições intrínsecas à aparelhagem experimental, porque elas, pela própria natureza, seriam "constantes". Ou sustenta-se que se pode fazer abstração dos meios físicos (por exemplo, um cone de luz com que se ilumina um corpo macroscópico) a que o experimentador recorre a fim de manter sob observação o fenômeno também, pois sua influência sobre o fenômeno em questão seria ínfima.

Na realidade, quando se sustenta que se pode fazer abstração de certas condições externas por elas serem "constantes", recorre-se a uma licença, pois todas as condições variam o tempo todo. A licença seria "justificável", pois essas variações incessantes podem ser omitidas, uma vez que as influências ressentidas pelo fenômeno experimental seriam de uma ordem de grandeza ínfima diante da ordem de grandezas do fenômeno experimental. A licença a que se recorre no caso das condições inerentes da aparelhagem experimental é do mesmo tipo e se justifica da mesma forma. Em geral, as licenças a que se recorre se "legitimam" pela "desproporção radical" entre a ordem de grandezas do fenômeno experimental e a ordem de grandezas das influências que o fenômeno experimental sofre por parte das variações incessantes próprias das condições intrínsecas da aparelhagem experimental. No que tange à possível influência dos meios físicos de observação sobre o fenômeno experimental, desde o início entendemos que ela poderia ser omitida por ser de uma ordem de grandezas ínfimas diante da ordem de grandezas do fenômeno experimental.

A justificativa de algumas das "licenças" usadas a fim de poder pôr em função o "experimento" como método de pesquisa encontra-se então em desproporção radical entre a ordem de grandeza das diversas influências possíveis e a ordem de grandezas do fenômeno experimental. Naturalmente, não se trata aqui de uma justificação em absoluto, mas apenas de uma justificação, digamos, prática de algumas licenças que teoricamente permanecem "licenças". Enquanto o método experimental é aplicado em domínios em que a desproporção radical entre a ordem de grandezas ínfimas das influências por parte das condições intrínsecas da aparelhagem experimental ou das ferramentas de observação e a ordem de grandezas do fenômeno experimental permanece em vigor, o método experimental, digamos, se move num caminho praticável. A situação do método experimental se modifica, no entanto, quando é aplicado a fenômenos de uma ordem de grandezas equivalente à ordem de grandezas ínfimas que eles, os fenômenos, sofrem seja por parte das condições externas, seja por parte das condições intrínsecas da aparelhagem experimental, seja por parte dos meios de observação. Dessa vez, o experimento não pode mais permitir-se a licença de omitir as influências que os fenômenos sofrem por parte de tais condições. Pelo contrário, experimentando em fenômenos de uma ordem de grandezas ínfimas, que se ressentem bastante da influência das condições que em outras circunstâncias poderiam ser omitidas, o experimentador tem de prestar muita atenção ao método de pesquisa a ser adotado na nova situação. Tem de levar em consideração a eficiência de uma série de condições de que ele antes fazia abstração. *Não nos esqueçamos, no entanto, que o experimentador fazia abstração de tais condições, entre outras, também porque só assim ele podia pôr em exercício um método que levava ao estabelecimento de "leis" de precisão. A nova situação não mais permite, no entanto, abstrair-se das condições em discussão; de onde se segue que na nova situação o experimentador não pode mais operar com o método (experimental) destinado a levar ao estabelecimento de "leis de precisão". Ele é agora obrigado a observar o desenvolvimento do fenômeno experimental nas condições múltiplas dadas e formular aquilo que ele realmente observa; ele é obrigado mesmo, no quadro do "experimento", a fazer simples empiria, uma empiria em cuja base ele poderá chegar, no máximo, ao estabelecimento de algumas "regularidades empíricas" que podem ser expressas também como "leis estatísticas", mas não como "leis de precisão" de tipo galileo-newtoniano.*

De método de pesquisa que substitui a empiria, a fim de dar à pesquisa teórica a possibilidade de chegar a estabelecer "leis de precisão", o experimento se torna de novo um método de pesquisa que amplifica apenas a empiria e que só pode dar à pesquisa teórica a oportunidade de estabelecer "regularidades empíricas" (ou "leis estatísticas").

O experimento, assim constituído como método de pesquisa no quadro da ciência de tipo galileo-newtoniano, é um método de pesquisa em perspectiva quantitativa ou, dito de outro modo, um método conjugado com a matemática. Entre as implicações sem as quais este tipo de experimentação não teria nascido encontra-se também a "redução da cumplicidade universal" na forma "licenciosa", admitida pela desproporção radical entre a ordem de grandezas dos fenômenos experimentais e a ordem de grandezas ínfimas próprias de algumas das influências suportadas pelo fenômeno experimental da parte de condições externas ou da parte de condições intrínsecas da aparelhagem experimental e dos meios físicos de observação. A ciência de tipo galileo-newtoniano colocou em exercício esta forma de experimentação desde o início até hoje, sem se dar conta de maneira lúcida da licenciosidade de que faz uso e de que num dado momento pode perder qualquer justificativa prática ou teórica. Da simples análise das premissas e de suas implicações resulta que o experimento de tipo galileo-newtoniano pode aproximar-se de situações em que o fator da "desproporção radical" fica suscetível a desaparecer. Em tal situação, as licenças em discussão que o experimento de tipo galileo-newtoniano se permite perdem a "justificativa", mesmo relativa, que elas teriam. Chegando a semelhante patamar, a ciência de tipo galileo-newtoniano parece constrangida a recorrer a uma experimentação de outro tipo, a uma experimentação que tem parentesco próximo com aquela de tipo antigo-aristotélico-goethiano. Essa experimentação teria o significado de uma simples amplificação da empiria (no quadro experimental) e não mais forneceria oportunidades para estabelecer "leis de precisão", mas apenas ocasiões para formular "regularidades empíricas". As "regularidades empíricas" formariam, no entanto, um corpo estranho na ciência de tipo galileo-newtoniano; para serem assimiladas por esta, elas têm de se tornar suscetíveis a uma combinação com a matemática. O cálculo das probabilidades coloca à disposição da ciência de tipo galileo-newtoniano o meio mais natural e mais elegante para assimilar as "regularidades empíricas". As formulações que expressam as "regularidades empíricas" mostram não aquilo que tem de acontecer e por necessidade, mas aquilo que, em condições múltiplas e incontroláveis, acontece na maioria dos casos. Tais formulações podem ganhar também, se expressas matematicamente, a aparência de "leis", de "leis" estatísticas. Impõe-se, em outras palavras, uma distinção nítida entre as "leis" que chamamos "de precisão" (a cujo estabelecimento chega a ciência de tipo galileo-newtoniano com base em um método experimental que substitui a empiria usual) e as "leis estatísticas" (a que a ciência de tipo galileo-newtoniano pode chegar alicerçada num método experimental que amplifica apenas a empiria habitual).

A análise mais atenta do potencial metodológico em geral e do método experimental em especial, próprio da ciência de tipo galileo-newtoniano, nos conduz, segundo já visto, à conclusão de que a ciência de tipo galileo-newtoniano pode chegar num determinado momento ao patamar de não mais justificar de maneira satisfatória certas "licenças". Este momento crítico pode-se declarar assim que o fator da "desproporção radical" que já mencionamos se transforma em fator de equivalência, ou seja, assim que o fenômeno experimental seja da mesma ordem de grandezas que as influências ínfimas que o fenômeno suporta por parte das condições cósmicas de aparelhagem e de observação, condições essas de que se faz abstração nas pesquisas "macroscópicas". Chegada a semelhante impasse, a ciência de tipo galileo-newtoniano recorrerá em suas pesquisas aos meios disponíveis em tais situações: resta a ela aberto apenas o caminho da observação empírica (em quadro experimental e com certos meios experimentais). O experimento tem desta vez o significado de uma simples amplificação da empiria e nos conduz, por consequência, apenas para o estabelecimento de algumas "leis estatísticas". Especulando acerca do futuro do espírito científico, poder-se-ia conjeturar que a ciência de tipo galileo-newtoniano procurará as vias de transformar no decorrer do tempo o fator de "equivalência" de novo em fator de "desproporção radical", a fim de ela reentrar na sua função reveladora de "leis de precisão".

A especulação na margem da metodologia de tipo galileo-newtoniano nos permitiria, em outras palavras, um prognóstico aproximado acerca do desenvolvimento do método experimental. Poderia predizer-se para a ciência de tipo galileo-newtoniano um desenrolar alternante em cujo curso ela usará ora o experimento que permite o estabelecer de "leis de precisão", ora o experimento que permite o estabelecer de "leis estatísticas". A possibilidade de semelhante desenvolvimento alternante deduzimos do exame puramente filosófico da metodologia própria da ciência de tipo galileo-newtoniano. Um exame mais atento e de natureza filosófica da metodologia da ciência do tipo galileo-newtoniano abre uma perspectiva ilimitada, mas de fases alternantes para o desenvolvimento dessa ciência. Nessa ordem de ideias, não é isento de interesse relembrar que em geral a ciência física não começou com uma fase do "espírito de precisão": esta fase de precisão começa de maneira maciça e ampla apenas em 1600, no momento em que se clarificavam as premissas do fato galileano. Na Antiguidade, apenas Arquimedes tinha conseguido alcançar, num domínio limitado e estreito, certas leis de precisão. Em geral, na Antiguidade a ciência chegou a estabelecer "regularidades empíricas", fato que em termos atuais poder-se-ia circunscrever pelas seguintes palavras: a ciência começou por um longo período em que as condições de trabalho permitiam o estabelecimento de "leis estatísticas". Consistindo o patrimônio de observações empíricas em "regras", para cuja tesaurização chegou o espírito humano nos períodos pré-históricos que duraram centenas de milhares de anos, pode ele também ser considerado como pertencente à fase inicial "estatística"; com a ressalva de que as "regularidades empíricas" não se expressavam "matematicamente" nem na pré-história nem na Antiguidade. Que queremos dizer com isso? Nada além de que, na pré-história e na Antiguidade, os homens, não conhecendo o cálculo das probabilidades, não tinham a possibilidade de expressar as "regularidades empíricas" na forma "estatística" a que se prestam. Fato é que Aristóteles, se tivesse conhecido o cálculo das probabilidades, poderia ter enunciado suas pretensas "leis" (que apenas representam o mesmo tanto de "regularidades" empíricas) na forma de "leis estatísticas". Graças a Galileu, Newton, Huygens, graças à falange inteira de homens ilustres que desenvolveram a física desde 1600 até hoje, essa ciência entrou na fase do espírito de "precisão". Atualmente, essa fase está próxima de esgotar-se. São suficientes os sinais de que a física, pelo menos em alguns de seus setores, entrará numa nova fase "estatística". De qualquer forma, o exame filosófico da metodologia de tipo galileo-newtoniano sugere a impressão de que não temos que ver apenas com um só método experimental nem com apenas um desenvolvimento na linha contínua deste. Das coisas precedentes, resulta antes que o método experimental se bifurca em dois grandes tipos e que a ciência física esboça uma evolução em fases alternantes.

Quando afirmamos que há sintomas de que a física se aproxima de uma nova fase "estatística", referimo-nos decerto ao descobrimento das "relações de incerteza" de Heisenberg. O físico alemão estabeleceu as relações de incerteza em 1927. Em pouco tempo, essa descoberta foi reconhecida como um bem de base da teoria dos *quanta*. As "relações de incertezas" foram no entanto formuladas numa situação teórica específica da qual elas se destacam necessariamente. Elas não têm um caráter conjetural e não se depreendem de um exame filosófico geral da metodologia científica, assim como os resultados e conclusões a que nós chegamos acima. Heisenberg conseguiu estabelecer as "relações de incerteza" fundamentado na teoria acerca da natureza dupla tanto da luz quanto da matéria (a luz é considerada em perspectivas "complementares" como sendo tanto de natureza ondulatória quanto corpuscular – assim como a matéria também). As "relações" de Heisenberg são condicionadas por certa teoria científica acerca da natureza da luz e da matéria. As "relações de incertezas" baseiam-se também em certos "experimentos físicos" de aspecto preciso, e não num exame puramente filosófico da metodologia experimental em geral, como é o caso das ideias por nós expostas no presente trabalho. Certo é que os "experimentos" propostos por Heisenberg são de natureza "intelectual" (*Gedankenexperimente*); esse aspecto, porém, nada subtrai de seu valor "experimental" como tal. Um dos "experimentos" em que Heisenberg baseia suas relações de incertezas é aquele, frequentemente citado, da observação auxiliada por um suposto ultramicroscópio com raios[1] γ do comportamento de um elétron dentro do conteúdo de um átomo. A fim de poder efetuar as determinações desejadas, o pesquisador tem de recorrer à observação experimental com o auxílio de uma luz de onda muito curta. Nesse *Gedankenexperiment* usam-se raios γ invisíveis ao olho nu. As ondas da luz visível são grandes demais para poder usá-las na observação do elétron. Que os raios γ não sejam visíveis para o olho nu, não constitui uma dificuldade no caminho da pesquisa, pois os raios γ podem ser reconhecidos graças a seu efeito fotográfico. E, agora, sigamos o experimento imaginado. Pela escolha de uma luz adequada para a observação da posição do elétron, pôde ser afastada uma fonte de imprecisão que seria constituída pela utilização de uma luz de comprimento de onda demasiado grande. Mas, agora, por termos recorrido a uma luz de onda muito curta, enfrentaremos uma nova dificuldade, desta vez muito séria, na pesquisa. A luz não é apenas de natureza ondulatória, mas também de natureza corpuscular; por consequência, a luz que decidimos usar como auxílio para observar o elétron influencia o elétron ao comunicar-lhe uma reação. Tal reação será tanto maior quanto menor for o comprimento de onda da luz. De tudo isso se segue poder determinar com precisão maior possível a posição do elétron, quanto menor for o comprimento de onda da luz utilizada com a finalidade de observação. Das premissas se segue ao mesmo tempo ainda mais uma coisa: quanto menor o comprimento de onda da luz que utilizamos para efetuarmos a observação, tanto maior será a reação que ela comunica ao elétron e, por conseguinte, tanto mais imprecisa se torna a determinação do "impulso" e da "velocidade" do elétron. O inverso dessa situação experimental é também possível. Quanto maior o comprimento de onda da luz usada na observação, menor será a reação comunicada por ela ao elétron; quanto mais precisa a determinação do impulso e da velocidade do elétron, mas exatamente na mesma medida, a determinação da posição do elétron fica mais incerta. De "experimentos" desse tipo, Heisenberg deduz que, pelo menos sob um

---

[1] Nas edições anteriores, o termo "raio" foi substituído aqui e *adiante* por "radiação". Cf. p. 186, n. 1 (N. E. Romeno).

dos dois aspectos possíveis, as observações do físico acerca dos fenômenos que ocorrem dentro do átomo se tornam "principal e inevitavelmente" *incertas*. Dizíamos que os experimentos imaginados por Heisenberg para estabelecer as relações de incertezas se articulam nas perspectivas de certas teorias físicas precisas (a teoria dos *quanta*, a teoria sobre a natureza dupla da luz, etc.). As relações das incertezas de Heisenberg encontraram uma expressão física e matemática elegante em fórmulas sólidas às quais nada temos por enquanto que exprobrar. As relações de incerteza de Heisenberg são um marco de referência na história da física. Infelizmente, Heisenberg não se contentou com isso. Ele não se sentia apenas um pesquisador, mas se via também adepto de certa "filosofia", fato que o encaminhou para vias exegéticas. Das "relações de incertezas" escorrega-se para uma série de interpretações que não resultam necessariamente dessas relações e nas quais se desvelam apenas certas atitudes próprias do "filósofo". De qualquer forma, a exegese filosófica dada por Heisenberg na margem das "relações de incerteza" não se impõe com a necessidade que parece ser atribuída ao grande físico. As "relações de incerteza" se fundamentam em certas suposições de natureza científica, por exemplo, na suposição de que a luz seja de natureza ondulatória e corpuscular ao mesmo tempo; na suposição de que a energia seja de natureza quântica; na suposição de que existiria a constante de Planck como uma grandeza liminar na natureza (o *quantum* elementar de ação: $h = 6,55 \times 10^{-27}$ erg s);[2] na suposição de que existem átomos materiais da ordem de grandeza de $10^{-8}$ cm. Sabe-se em geral que o pesquisador tende com demasiada facilidade a "absolutizar" semelhantes suposições. Isso ainda mais enquanto os fatos experimentais não o constrangem a modificar tais suposições. Não menos que tal "absolutização" constitui em si, no entanto, uma interpretação "filosófica" dos resultados científicos. A semelhantes interpretações de caráter filosófico disfarçado adiciona-se uma série de interpretações de natureza abertamente filosófica. Heisenberg fala acerca de "limites" de princípio no conhecimento da natureza e porque, segundo sua opinião, o conhecimento físico

---

[2] O valor que se considera atualmente para a constante de Planck é $6,62 \times 10^{-27}$ erg s. (N. R. T.)

tem de ser necessariamente "experimental", o físico alemão falará acerca das "relações de incerteza" e dos limites de princípio do conhecimento em geral. Mais ainda: para se ver em que medida as concepções de natureza filosófica manifesta são contribuições de Heisenberg quando "interpreta" suas relações de incerteza, vale lembrar também outras de suas ideias que ele sustenta firmemente, mas que não conseguiram a adesão nem da parte de todos os físicos, muito menos da parte dos filósofos. Heisenberg professa, no que tange à "ciência", uma concepção "filosófica" orientada no sentido do neopositivismo; em todo caso, também Heisenberg foi vítima da concepção neopositivista segundo a qual para um físico só deve "existir" o que é faticamente apoiado em uma observação experimental. Esse princípio fica, no entanto, estreito demais para definir em seu conjunto metodológico e de perspectiva a física de tipo galileo-newtoniano. Tributário a esse "princípio", Heisenberg interpreta seus famosos experimentos em cuja base conseguiu estabelecer as relações de incerteza num sentido que o situa numa posição contrária ao postulado "determinista". Evidentemente, se olharmos as coisas na perspectiva experimental "operacionalista",[3] neopositiva", o comportamento do elétron, tido sob observação no quadro do átomo com meios físicos conhecidos, tem aspectos de "indeterminação". Nessa perspectiva, Heisenberg interpretará a própria natureza na reunião dela no sentido "indeterminista". No entanto, não é o caso de confundirmos o que é estritamente *científico* em relações de incertezas de Heisenberg com o que é "interpretação", ou seja, com todos aqueles acréscimos exegéticos que formam a filosofia pessoal desse físico. Tanto o caráter *principialmente* "limitativo", que Heisenberg atribui às relações de incerteza no plano gnoseológico em relação com a natureza em geral, quanto a filosofia do indeterminismo, de maneira tão paradoxal fundada numa atitude neopositivista, resultam de uma "absolutização" incorreta de alguns *resultados* científicos e

---

[3] Um conhecido representante do "operacionalismo" é P. W. Bridgeman. Este afirma que, "em geral, por um conceito não se designa outra coisa senão uma série de operações [de medida (N. E. Romeno)]; o conceito é o sinônimo que corresponde a uma série de operações (*The Logic of Modern Physics*. Nova York, 1928, p. 5). Os operacionalistas não veem no conceito a imagem da realidade, mas a expressão de algumas operações de medida. Formam um matiz do positivismo logicista.

de algumas "teorias" científicas, igualmente também de um filosofar neopositivista contradito totalmente pelas perspectivas em que a ciência de tipo galileo-newtoniano trabalhou desde a sua fundação até hoje.

Neste trabalho, chegamos a uma série de conclusões *filosóficas* quanto ao método experimental. As nossas considerações filosóficas destacam-se da análise dos métodos como tais atribuídos pela ciência de tipo galileo-newtoniano. *O que mostramos em relação às leis de precisão e às leis estatísticas destaca-se exclusivamente do exame da metodologia científica* e não implica necessariamente nem uma *"teoria científica"* nem *experimentos científicos especiais*, como é o caso das relações de incerteza de Heisenberg. Segundo nosso parecer, a ciência de tipo galileo-newtoniano é encaminhada *pela própria natureza dos seus métodos* a passar por fases históricas alternantes no curso das quais faz uso ora do experimento que conduz ao estabelecimento de algumas leis de precisão, ora ao experimento que leva à estabilização de algumas leis estatísticas. Em nossa perspectiva, as relações de incerteza de Heisenberg podem ser interpretadas como simples "casos" numa situação metodológica muito mais geral que admite inúmeras possibilidades. Por nenhum de seus aspectos, "as relações de incerteza" de Heisenberg obrigam a aceitarmos limites no desenvolvimento da ciências. As relações de incerteza, com o que têm de estritamente científico em si, são, segundo nosso parecer, simples indícios de que a ciência de tipo galileo-newtoniano se aproxima, ao menos em alguns de seus setores, do limiar onde o experimento que serve para o estabelecimento de algumas leis de precisão passará a ser inoperante durante um tempo, devendo ser substituído nesse período pelo experimento que leva ao estabelecimento de algumas leis estatísticas.

Mas a ciência física teve também na Antiguidade uma fase quase-estatística ("regularidades empíricas"). E atualmente nenhuma consideração nos impede de admitir, no que diz respeito ao futuro da física, uma alternância, principalmente ilimitada, das fases de precisão com as fases estatísticas. A tanto obrigam as considerações filosóficas ligadas ao experimento como método de pesquisa, e a nada mais.

# Adendo

Senhoras e Senhores,

As ideias platônicas são os ícones originários de todas as classes de coisas. São as essências das coisas, as essências que não mudaram, imutáveis, acessíveis ao pensamento, mas inacessíveis aos sentidos.

Platão define a reta assim: "A linha cujo meio cobre as extremidades". Na geometria, guardou-se no entanto outra definição de reta, menos "estática" e mais "corpórea" que a definição de Platão: "A reta é o caminho mais curto entre dois pontos". Essa definição venceu; ela é, porém, do ponto de vista grego, inadequada ao objeto definido. Se na geometria se tivesse mantido a definição de Platão – em perfeito acordo com a geometria de espírito euclidiano –, nunca teriam aparecido as geometrias não euclidianas.

Os matemáticos em torno de Platão eram geômetras brilhantes, e ele mesmo era um pensador com pendores matemáticos, muito superior a Aristóteles. No frontispício de sua Academia, Platão havia escrito: "Aqui não se entra sem geometria".

*\*\*\**

Em geral, o espírito grego é estranho à ideia de observar o funcionalismo matemático entre os fatores dinâmicos da natureza subordinados a um aumento ou diminuição. Os procedimentos pitagóricos, em vez de medir quantidades – aspectos expressáveis em grandezas – da natureza, numeram qualidades. Assim, o matemático se mistura de maneira arbitrária com as qualidades dos objetos. O matematismo pitagórico, às vezes mágico, nunca ultrapassou esse "arbitrário" e por isso se diferencia profundamente do matematismo moderno, que tem caráter de necessidade.

\*\*\*

Mesmo quando o espírito grego consegue expressar a ideia de infinito, parece que no mais das vezes o infinito é antes o indefinido do que o infinito com que opera o pensamento europeu moderno.

Com a ideia de infinito se encontram na ciência os matemáticos da escola pitagórica. Trata-se dos números irracionais. Em Platão, os números irracionais chamam-se ainda *ogkói* (volume), diferentes dos números que no *Teeteto* são chamados *dynameis*. O número irracional é então, segundo Platão, o número em movimento, o número que foge, que não pode ser apanhado e contido dentro de limites! Este número irracional, também ele um modo do infinito, não podia ser do gosto do espírito grego. O espírito grego luta com o irracional, com o que não pode ser determinado e limitado. Esse número é para o espírito grego algo irritante. O fato de Platão o chamar de *dynameis* não é um simples acaso e nem uma simples metáfora sem significado. Esse número, ao mesmo tempo infinito de certo modo, pertence a seu ver à região do devir: o número irracional não é, mas devém. O espírito grego manifesta um distanciamento diante do indeterminável, diante do ilimitado, diante do devir.

\*\*\*

Pitágoras (c. 580-c. 500) foi uma espécie de homem universal da Antiguidade: matemático, naturalista, filósofo, mágico e fundador de uma ordem religiosa. Pitágoras desconfiou da existência de relações matemáticas na estrutura dos fenômenos naturais e entre diversos aspectos da natureza. Ele observou, por exemplo, que os sons de cordas, cujas extensões são relacionadas com os números inteiros, realizam juntos uma harmonia. De modo semelhante, existiria no Universo uma harmonia das esferas cósmicas. Interessante é que o pitagorismo [...] não aplicou, no entanto, a matemática no sentido científico inaugurado por outros pensadores gregos, como Arquimedes, no sentido que alcançou peculiar florescimento nas ciências europeias modernas. O que Arquimedes nos oferece é uma relação entre grandezas matemáticas: o peso do corpo é matematicamente mensurável; o peso da água, o volume do corpo, também. A matemática é aqui aplicada sobre aspectos puramente quantitativos da natureza. Pitágoras [...] foi um espírito complexo e grego demais para permanecer apenas nesse tipo de aplicação da matemática. Ele inaugura de fato a aplicação *simbólica* da matemática sobre os fenômenos, não a partir dos aspectos quantitativos, mas das qualidades de "configuração" dos fenômenos. O ponto era simbolizado pelo número 1, a linha pelo número 2, a superfície plana pelo número 3, um corpo plástico pelo número 4. O número 9 simbolizava, assim, a virtude. Como, porém, Pitágoras insistia em aplicar a matemática sobre as configurações, chegou a um emprego simbólico da matemática, por ela numerar qualidades. Dessa tentativa malsucedida resultou toda a cabalística numérica, o magismo pitagórico de mais tarde, a que se dedicaram diversas escolas de orientações ocultistas. A tentativa fracassou, mas tem "estilo".

***

Para os gregos, a falta da medida era "campo vazio", ou algo puramente negativo, que de certo modo nem podia ser levado em consideração nos cálculos. Somente a partir de uma atitude positiva de tudo diante da ideia de nada, de vazio, de *neanto*, própria do espírito índico, pôde nascer o conceito matemático de zero, tão fecundo na matemática. Esse conceito numérico teve seu papel não só para a constituição da técnica operatória no quadro do sistema decimal, mas ele condiciona também o surgimento do conceito matemático das grandezas negativas, das grandezas "menos", conceito que tem em seu fundo a mesma atitude positiva diante do nada, vazio, *neanto*.

Aos gregos pareceria uma coisa absurda operar com grandezas negativas, assim como a Parmênides parecia absurdo afirmar que o "*neanto*" existe. Se ao espírito índico, com sua atitude positiva diante dos negativos, cabe a descoberta do zero, da mesma forma cabe a ele a descoberta do cálculo algébrico desta supra-aritmética.

O espírito grego, com seu pendor para volumes e cheios, era direcionado de maneira inevitável para a formulação da geometria de Euclides, assim como o espírito dos índicos, com a tendência para o "abstrato" e "vazio", encaminhava-se para a descoberta e formulação das operações algébricas e seus acessórios (zero, grandezas negativas).

\*\*\*

Para quem seguiu alguma vez a história árabe, é claro que a álgebra tinha de achar um clima propício também entre os árabes. A filosofia islâmica que floresceu em inúmeras variantes e escolas é caracterizada por uma pronunciada tendência a substituir todos os fenômenos e grandezas vistas por uma existência totalmente abstrata. Essa tendência de substituir o "concreto" pelo abstrato, de ancorar-se totalmente no absoluto, de ver no concreto apenas uma veste acidental do abstrato, é de fato um traço espiritual algebrizante.

A pedra filosofal é o problema crítico da ciência árabe, assim como a quadratura do círculo tinha sido o problema crítico da geometria grega e como *perpetuum mobile* foi o problema crítico da mecânica europeia.

Os árabes adotarão com entusiasmo a concepção ptolomaica das esferas, mas o que nos gregos se impõe por considerações puramente científicas (a pluralidade das esferas) impõe-se nos árabes também numa perspectiva *metafísica*. Em verdade, as esferas são, nos árabes, apenas algumas das inúmeras vestes da Divindade. Nos interiores, as mesquitas têm uma suíte inteira de portais que indicam tantas vestes da Divindade.

Uma ciência especial fundada pelos árabes, por assim dizer, dando-lhe uma forma matemática, é a ótica. Assim como os gregos são os autores da mecânica estática, os árabes são os pais da ótica. O fato de os árabes terem cultivado a ótica – ciência matemática da luz – nos parece um dos mais brilhantes exemplos da natureza daqueles que podem ser citados a favor da tese que nós sustentamos: a ciência, em seus tenteamentos, foi encaminhada por certas antecipações teóricas preparadas por um longo tempo, que têm suas correlações e correspondências numa série de outras manifestações de uma cultura qualquer.

\*\*\*

Na matemática, Leonardo dá os primeiros passos na direção do cálculo infinitesimal. Aliás, a maioria de suas anotações, escritas ao contrário, para que pudessem ser lidas apenas no espelho, se refere a problemas matemáticos e mecânicos. Graças à necessidade que domina a natureza, pode-se aplicar também a matemática à natureza.

\*\*\*

Que a experiência se torna científica através da aplicação da matemática aos dados empíricos – eis uma ideia que se tornou uma das principais preocupações de Descartes!

\*\*\*

E, em 1871, Immanuel Kant publicou *A Crítica da Razão Pura*, onde, de modo lapidar e pungente, se desenvolve e se tenta a legitimidade da ideia de que a experiência científica significa a aplicação da matemática sobre dados empíricos.

CIP-Brasil. Catalogação na Publicação
Sindicato Nacional dos Editores de Livros, RJ

B56e

Blaga, Lucian, 1895-1961
    O experimento e o espírito matemático / Lucian Blaga ; tradução Cristina Nicoleta Manescu. - 1. ed. - São Paulo : É Realizações, 2014.
256 p. ; 24 cm.    (Filosofia atual)

Tradução de: Experimentul și Spiritul Matematic
ISBN 978-85-8033-112-7

1. Matemática - Filosofia. 2. Ciência - Filosofia. I. Título. II. Série.

14-15985                                                         CDD: 510.1
                                                                              CDU: 510.2

16/09/2014    18/09/2014

Este livro foi impresso pela Edições Loyola para É Realizações, em setembro de 2014. Os tipos usados são Minion Condensed e Adobe Garamond Regular. O papel do miolo é off white norbrite 66g, e o da capa, curious metallics galvanised 300g.